類型別
中小企業のための
会社法 第2版
Corporation Law

柴田和史
Shibata Kazufumi

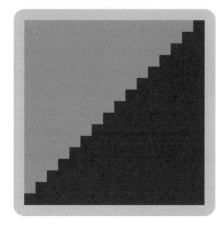

三省堂

第2版　はしがき

　わが国には、約250万社の株式会社が存在するが、その99％以上は非上場の株式会社であり、ほとんどがいわゆる中小企業である。そのような中小企業である株式会社に適用される会社法の条文は、実は、極めて分量の多い会社法典の中の一部にすぎない。本書は、中小企業である株式会社に適用される条文に的を絞って、会社法という法律を、過不足なく簡潔に解説したものである。まさに、中小企業のための会社法の解説書である。

　幸い、初版は多くの読者から絶賛され好評を博すことができた。2012年に初版を公刊した後、会社法の改正法が2014年6月27日に成立し、2015年5月1日から施行されることとなった。また、この改正法を受けて、法務省令である会社法施行規則・会社計算規則にも改正がなされ、2015年2月6日に公布された。

　改正により、監査等委員会設置会社の新設、株式等売渡請求制度の新設、仮装払込規制の新設、多段階代表訴訟（多重代表訴訟）制度の新設、株式併合制度の整備、全部取得条項付種類株式制度の整備、詐害的会社分割制度の整備、社外取締役・社外監査役の定義規定の変更などがなされた。このうち、中小企業である株式会社に縁の薄いものを除き、必要なものをすべて取り込んで解説を加え、ここに新たに第2版を刊行することになった。

　第2版は大幅に初版を改善しており、より多くの読者が本書を活用されることを強く望むものである。

　なお、もっぱら図解によって会社法を解説するものとして、柴田和史（著）『ビジュアル図でわかる会社法』（日本経済新聞出版社）がある。併用していただけると、楽しみながら会社法を理解することができる。また、判例や学説などの詳しい解説を求めるのであれば、柴田和史（著）『会社法詳解』（商事法務）を参照して頂けると幸いである。

　本書第2版を刊行するにあたり、初版のときと同様に、数十回にわたり、構成、内容、表現の全般にわたって検討し相談に応じていただき的確な助言を戴いた三省堂の井澤俊明氏に心からの感謝を申し上げる。また、本書の品格にかなったイラストを作成してくれた柴田彬史君にもお礼を申し上げる。

2015年3月

柴田　和史

初版　はしがき

　本書は、これから小規模・中規模の株式会社の設立を考えている人や、現在、実際に小規模・中規模の株式会社の実務に従事する人、株主であったり取締役や監査役である人、また、小規模・中規模の株式会社の相談を受ける弁護士・司法書士・行政書士・公認会計士・税理士・中小企業診断士といった専門家の方々のために、最小限必要な会社法の知識を、可能な限りわかり易くコンパクトに、かつ、正確に解説したものである。

　資本金の額だけで考えるとき、資本金100万円の株式会社と資本金10億円の大規模な株式会社の比率は、メダカ（3㎝）と鯨（30m）の比率に等しくなる（100万円：10億円＝3㎝：30m）。会社法を解説する書物は数多く出版されているが、そのほとんどは、大規模な株式会社（上の例の鯨）を中心に解説している。小規模な株式会社（上の例のメダカ）については、そのところどころで、例外的に解説する程度である。

　しかし、メダカや鯉の飼い方を知りたいときに、鯨の飼い方を教えてもらってもあまり有益ではない。

　他方で世の中に目を転じると、平成17年（2005年）に制定された会社法の施行以降、資本金10万円、100万円といった株式会社が続々と設立されており、株主が1人でその者が取締役も兼ね、資本金額が1円といった株式会社の設立も可能となっている。こういった株式会社を対象に、弁護士や税理士などの実務家の手による解説書は刊行されているが、会社法研究者の手によるものはほとんどない。そこで、著者は、そのような資本金の額の小さい株式会社（上の例で言えば、メダカや鯉）についての会社法の制度や法理を、研究者として正面から解説する書物が必要であると考え、本書を執筆した。

　本書はもっぱら会社法について解説するものであり、会社にまつわる税務や労務、公的融資の受け方などを解説するものではない。また、本書でいう「中小企業」とは、中小企業基本法などにおけるそれではなく、上で述べたような、いわゆる非公開会社であって資本金額や機関構成などの面で比較的規模の小さな株式会社である旨、ご理解を願いたい。

　本書は、大きく、2部構成になっている。

　本書の第1部は、会社法の原理原則や制度趣旨、必要な条文についての解説である。本書の特徴は、いわゆる非公開会社を中心に据えて解説していること

である。学説の対立や細かな論点、判例の詳細には立ち入らず、可能な限り正確かつコンパクトに解説することを心がけた。日本には、約250万社の株式会社が存在するが、その99％以上の会社は、いわゆる非公開会社である。非公開会社を正確に述べると、発行する株式の全てに譲渡制限の定めのある会社ということになる。したがって、会社法の中の公開会社に特有の事項については解説が不要となり、解説を省略している。また、中小企業である株式会社を対象とするため、やはり解説が不要となり省略している事項がある。すなわち、主なところでは、募集設立手続、特別取締役、監査役会、会計監査人、委員会設置会社、計算書類についての承認の特則、剰余金の分配についての分配の特則、社債、新株予約権付社債などの項目である。

第2部では、株主の数および取締役の数に着目して、中小規模の株式会社を、7つの類型に分けて解説をしている。例えば、株主が複数、取締役が1人の株式会社については、第2部第3章で解説している。資本金の額は、共通して仮に1万円としてある。

おそらく、第2部を読むだけで、希望する株式会社を設立することはできるであろうし、成立した株式会社を経営することも可能と思われる。しかし、実際には、事あるごとに、さまざまな問題が生ずるはずである。そのときは、第1部の必要な箇所の解説を読んで、問題を解決していただきたい。そういった使い方ができるよう、第2部では第1部にある該当箇所への参照をなるべく丁寧に施すよう心がけた。

なお、この本を読まれる方は、第2部第1章の完全一人会社の解説は必ず読んでいただきたい。そして、その次に、関心のある型の株式会社の解説を読んでいただきたい。例えば、設立しようとしている株式会社においては株主が4人、取締役が2人いるというのであれば、第1の型と第5の型を読めばよいことになる。

なお、本書が難解に思われる方のために、もっぱら図解によって会社法を解説するものとして、柴田和史（著）『ビジュアル株式会社の基本[第3版]』（日本経済新聞社）がある。併用していただけると、会社法の難解さが雲散霧消し、楽しみながら会社法の心髄をきわめることができる。また、繁雑になるのを避け、会社法の骨格を簡潔に示すことを心がけたため、判例への言及を必要最小限とし、その年月日等も原則として表記していない。学説の議論も省略している。このような点に物足りなさを感じるとき、また、より詳しい解説を求めるときは、柴田和史（著）『会社法詳解』（商事法務）を参照して頂けると幸いである。

はしがき

　最後になったが、原稿の内容について詳細な検討を行ってくれた法政大学非常勤講師の笹久保徹氏、石井宏司氏に、また、本書の企画からお世話になり、原稿の構成や表現についても常に的確な助言を戴いた三省堂の井澤俊明氏に心からお礼を申し上げる。

2011年12月

柴田　和史

目　次

第1部　会社法の解説

第1章　会社法のはじめに……2
- 第1節　会社の種類……2
- 第2節　株式会社法の歴史……3
- 第3節　株式会社の長所と短所……4
- 第4節　株式会社の現状と類型……8

第2章　株式会社総論……11
- 第1節　営利性……11
- 第2節　社団性……11
- 第3節　法人格……12
- 第4節　法人格否認の法理……13

第3章　設　立……19
- 第1節　発起人……19
- 第2節　定款……20
- 第3節　発起人による株式の引受け・出資の履行……30
- 第4節　設立時取締役・設立時監査役……32
- 第5節　設立の登記およびその効果……33
- 第6節　発起人・設立時取締役等の責任……33
- 第7節　設立の無効……35

第4章　株式①——株式と種類株式……37
- 第1節　株式総論……37
- 第2節　株式の内容についての特別の定め……39
- 第3節　種類株式……42
- 第4節　株式買取請求権……52

第5章　株式②——株主名簿と株券など……54

第1節	株主名簿等	54
第2節	所在不明株主の有する株式の売却制度	58
第3節	株式の譲渡	59
第4節	株券と株券不発行	64
第5節	自己株式	70
第6節	株式の併合・分割・株式無償割当て・消却	78
第7節	株式の単位	82

第6章　株　主　85
第1節	総論	85
第2節	株主の権利および義務	85
第3節	株主平等の原則	87
第4節	単独株主権・少数株主権	89
第5節	株主の権利行使と会社の利益供与	90
第6節	株式等売渡請求制度	92

第7章　株主総会　94
第1節	株主総会総論	94
第2節	株主総会の権限	95
第3節	株主総会の種類	97
第4節	株主総会の招集手続	98
第5節	株主総会の決議	103
第6節	株主の議決権	107
第7節	株主提案権	113
第8節	検査役・総会検査役	115
第9節	取締役・監査役の説明義務	116
第10節	株主総会の議長・延期続行・議事録	117
第11節	株主総会の決議の瑕疵	118

第8章　取締役①——資格と権限　122
第1節	総論	122
第2節	取締役会非設置会社の取締役	128
第3節	取締役会	130
第4節	代表取締役	135

第5節	表見代表取締役	138
第6節	業務執行取締役	139
第7節	社外取締役	139

第9章　取締役②——義務と責任 …… 141
| 第1節 | 取締役と会社の関係 | 141 |
| 第2節 | 取締役の会社に対する責任 | 154 |

第10章　取締役③——株主代表訴訟・対第三者責任 …… 158
第1節	責任の免除	158
第2節	取締役と株主との関係	162
第3節	取締役の第三者に対する責任	167

第11章　監査役 …… 171
第1節	監査役総論	171
第2節	監査役を設置する場合	172
第3節	会計監査権限のみの監査役	178

第12章　会計参与 …… 180
第1節	会計参与総論	180
第2節	会計参与の選任・資格・任期・報酬等	180
第3節	会計参与の職務・権限	181
第4節	会計参与の義務・責任	181

第13章　計算・配当 …… 183
第1節	会計帳簿・計算書類	183
第2節	決算の手続	190
第3節	計算書類等の開示	192
第4節	剰余金の分配	194
第5節	剰余金の配当等に関する責任	198
第6節	資本金の額等の変更	202

第14章　定款変更 …… 206

目次

第15章　新株の発行 ··· 207
- 第1節　募集株式の発行等（総論） ································ 207
- 第2節　募集株式の募集事項の決定 ································ 208
- 第3節　募集株式引受けの通知・申込み・割当て ············· 211
- 第4節　出資の履行 ··· 212
- 第5節　募集株式の株主となる時期と登記 ······················· 212
- 第6節　株主割当ての場合 ··· 213
- 第7節　募集株式発行等の差止め ·································· 214
- 第8節　新株発行無効の訴え・自己株式処分無効の訴え ····· 215
- 第9節　新株発行不存在確認の訴え等 ····························· 216
- 第10節　募集株式の発行等に係る責任 ···························· 217

第16章　新株予約権 ··· 219
- 第1節　新株予約権（総説） ·· 219
- 第2節　新株予約権の発行 ··· 219
- 第3節　新株予約権原簿 ·· 226
- 第4節　新株予約権証券 ·· 227
- 第5節　新株予約権の譲渡 ··· 227
- 第6節　自己新株予約権および新株予約権の消却 ·············· 228
- 第7節　新株予約権の行使 ··· 228
- 第8節　新株予約権に関する責任 ·································· 229
- 第9節　新株予約権発行差止請求権 ······························· 230
- 第10節　新株予約権発行無効の訴え等 ··························· 230

第17章　合　併 ·· 231
- 第1節　合併総論 ·· 231
- 第2節　吸収合併の手続 ·· 233
- 第3節　吸収合併の効果 ·· 237
- 第4節　簡易合併・略式合併 ·· 237
- 第5節　吸収合併無効の訴え ·· 239

第18章　会社分割 ··· 241
- 第1節　会社分割制度の意義 ·· 241
- 第2節　新設分割 ·· 243

| 第3節 | 吸収分割 | 247 |

第19章　株式交換・株式移転 … 251
| 第1節 | 株式交換 | 251 |
| 第2節 | 株式移転 | 256 |

第20章　事業譲渡 … 261

第21章　解散・清算 … 263
第1節	解散	263
第2節	解散後の会社	265
第3節	清算	266

第2部　類型別 会社法の要点

第1章　完全一人会社 … 273
第1節	完全一人会社　はじめに	275
第2節	設立の関係	275
第3節	株主総会の関係	279
第4節	取締役の関係	281
第5節	監査役	287
第6節	計算・配当の関係	287
第7節	株主の変動の関係	291
第8節	組織再編等および解散・清算	293

第2章　擬似一人会社 … 295
第1節	擬似一人会社　はじめに	295
第2節	設立の関係	296
第3節	株主総会の関係	296
第4節	取締役の関係	298
第5節	監査役	305
第6節	計算・配当の関係	305
第7節	株主の変動の関係	305

第8節　組織再編等および解散・清算 ··· 306

第3章　有限会社型株式会社 ··· 307
　　　第1節　有限会社型株式会社　はじめに ··· 308
　　　第2節　設立の関係 ·· 308
　　　第3節　株式・種類株式 ··· 309
　　　第4節　株主総会の関係 ··· 314
　　　第5節　取締役の関係 ·· 317
　　　第6節　監査役 ··· 319
　　　第7節　計算・配当の関係 ··· 319
　　　第8節　株主の変動の関係 ··· 319
　　　第9節　組織再編等・解散・清算の関係 ··· 321

第4章　監査役設置型株式会社 ··· 322
　　　第1節　監査役設置型株式会社　はじめに ······································· 323
　　　第2節　設立の関係 ·· 324
　　　第3節　株式・種類株式 ··· 324
　　　第4節　株主総会の関係 ··· 325
　　　第5節　取締役の関係 ·· 325
　　　第6節　監査役 ··· 328
　　　第7節　計算・配当の関係 ··· 332
　　　第8節　株主の変動の関係 ··· 333
　　　第9節　組織再編等・解散・清算の関係 ··· 333

第5章　複数取締役型株式会社 ··· 334
　　　第1節　複数取締役型株式会社　はじめに ······································· 335
　　　第2節　設立の関係 ·· 335
　　　第3節　株式・種類株式 ··· 336
　　　第4節　株主総会の関係 ··· 336
　　　第5節　取締役の関係 ·· 337
　　　第6節　監査役 ··· 339
　　　第7節　計算・配当の関係 ··· 339
　　　第8節　株主の変動の関係 ··· 339
　　　第9節　組織再編等・解散・清算の関係 ··· 340

第6章　取締役会設置一人会社················ **341**
　第1節　取締役会設置一人会社　はじめに ·········· **342**
　第2節　設立の関係 ···························· **343**
　第3節　株主総会の関係 ························ **343**
　第4節　取締役の関係 ·························· **345**
　第5節　監査役 ································ **350**
　第6節　計算・配当の関係 ······················ **350**
　第7節　株主の変動の関係 ······················ **352**
　第8節　組織再編等・解散・清算の関係 ·········· **355**

第7章　取締役会設置型株式会社 ················ **356**
　第1節　取締役会設置型株式会社　はじめに ········ **357**
　第2節　設立の関係 ···························· **357**
　第3節　株式・種類株式 ························ **357**
　第4節　株主総会の関係 ························ **358**
　第5節　取締役の関係 ·························· **358**
　第6節　監査役 ································ **358**
　第7節　計算・配当の関係 ······················ **359**
　第8節　株主の変動の関係 ······················ **359**
　第9節　組織再編等・解散・清算の関係 ·········· **359**

事項索引 ·· **361**

── 法条の表記と法令名略称について ──

　本書では、特に断り書きや法令名を付記することなく条番号のみを記載してある場合、会社法の条番号を表す。また、本書で用いた主な法令の略称表記は以下である。

・施規……会社法施行規則　　・計規……会社計算規則
・施令……会社法施行令
・会社法整備法……会社法の施行に伴う関係法律の整備等に関する法律
・商登……商業登記法　　・民……民法　　・刑……刑法

組版＝木精舎

第1部　会社法の解説

第 1 章

会社法のはじめに

第1節 会社の種類

　会社には、株式会社、合名会社、合資会社、および、合同会社の4種類がある。平成17年に会社法が制定される以前には、有限会社法が存在し、有限会社を設立することができたが、現在では新たに設立することはできない（既に存在する有限会社は特例有限会社とされ、原則として株式会社として扱われる。）。現代の経済社会においては株式会社がその中心を占めるので、本書では、特に断らない限り、「会社」とは株式会社を意味することとし、株式会社に関する解説を行う。

● 有限会社 ●

　有限会社は、昭和13年に制定された有限会社法に基づいて設立された会社である。有限会社法は、平成18年に廃止されたが、全国に100万社を超える数の有限会社が事業活動をしていたため、現在でも、会社法整備法2条1項により、会社法の適用される株式会社として存在が認められている。現在、存続している有限会社を、法律上、「特例有限会社」と呼ぶ（会社法整備法3条2項）。実務上、「○○有限会社」という商号を使い続けることは許されている（同法3条1項）。今後、新たに有限会社を設立することはできない。なお、特例有限会社は、定款変更によりいつでも株式会社に移行することが認められている（同法45条）。

第2節 株式会社法の歴史

　歴史的には、ヨーロッパ中世にイタリアを中心として発展した香辛料貿易において、株式会社の萌芽が誕生したといわれる。すなわち、巨大な帆船を建造し、船長・船員を雇って遠隔地までの往復の航海を実行するためには、第1に、多額の資本の結集とその確保、第2に、難破・海賊・疫病等の損害に備えるための危険の分散という2つの要請が重要な問題であった。まさしくこの問題に応えるものとして、黎明期の株式会社が形成された。

　その後、1602年に設立されたオランダ東インド会社が最初の近代的な株式会社であるといわれる。この時代には、必要に応じて国家が特別の許可を与え、設立する株式会社ごとに個別の株式会社法を制定し、そのような個別の法律に基づいて株式会社が設立された。その間、株式会社法はゆっくりと進化をした。株式会社は資本主義の申し子であるといわれるように、株式会社法が発展するためには、フランス革命（1789年）後の近代市民社会における資本主義経済の爆発的な発展が必要であった。1807年に制定されたフランス商法典に株式会社に関する規定（29条から40条まで）が設けられた。ドイツでは、1843年にプロイセン株式会社法、1861年にドイツ普通商法典が制定され、ドイツの資本主義経済の興隆に伴って株式会社法も頻繁に改正され発展した。

　わが国では、ドイツ普通商法典の第2改正法（1884年）を範として明治23年（1890年）に旧商法典が成立したが、旧民法典についていわゆる法典論争が勃発したことにより施行が延期された。しかし、歴史的には、軽工業が十分に発展し、来るべき日清戦争（1894年）を控えたわが国経済界においては、机上の空論に時間をとられる余裕はなく、会社法、手形法および破産法の施行が緊急不可欠のものとなっていた。経済界のたっての要請を受け、旧商法典の中のそれらの部分についてのみ、明治26年（1893年）より施行された。その後、明治32年（1899年）に現行の商法典が成立した。当時、株式会社に関する規定は商法典119条ないし234条であった。以来幾多の改正を経て、ついに平成17年（2005年）に、商法典の中にあった株式会社（および持分会社）に関する規定が全て廃止され、同時に、昭和13年（1938年）に制定された有限会社法

も廃止され、新たに単独立法としての「会社法」が制定された。会社法は979条から成る大法典である。

第3節 株式会社の長所と短所

1 株式会社の長所

(1) 有限責任の享受（個人事業と株式会社の違い――その1）

　株主が1人でその者が取締役を兼ねているといった小規模な株式会社の場合、個人が事業を行うのと同じように思えるが、個人事業の場合と異なり、株式会社の場合にはその個人が有限責任の恩恵を享受できる点が大きな差異である。

　このことを解説しよう。個人でも株式会社でも、それが事業活動を行っていれば、ときとして契約または不法行為等を原因として、事業の財産だけでは弁済しきれないほど多額の債務を負うことが考えられる。このとき、債務を弁済しきれないとして倒産した場合、どうなるか。個人事業の場合、その債権者は、事業を行っていた個人事業者が所有する全ての個人財産（不動産・動産・債権・特許権など）を責任財産とすることができ、これらの財産を売却しその代金から弁済を受けることができる。

　これに対し株式会社では、同様の場合に、会社債権者が取締役や株主の個人財産から弁済を受けることはできない。株式会社では、会社債権者は会社が有する財産だけを責任財産とするからである。株主は、会社に出資した財産を失うことになるが、それが責任の限界であり、それ以上の責任を負わない。つまり、株式会社では株主の会社債権者に対する責任額が有限である（これを有限責任という）が、個人事業では事業者の会社債権者に対する責任額が無限である（これを無限責任という）。

　以上のように、株主が有限責任の恩恵を享受できることが株式会社の最大の長所であり、この長所ゆえに、株式会社は経済社会の中心に位置付けられることになる。

　もっとも、株主である者が取締役に就任していた場合、その者が放漫経営を

行っていたり、弁済する見込みなく契約を締結したりしたときには、会社債権者から取締役としての責任を追及される可能性が生じる。これが「取締役の第三者に対する責任」である（1部10章3節参照）。また、株式会社という制度を濫用して会社債権者に不利益をもたらした場合や、株式会社そのものが形骸化していた場合には、会社債権者は大株主または取締役である者の個人財産を責任財産とする可能性が生じる。これが「法人格否認の法理」である（1部2章4節参照）。

● **法人格否認の法理と取締役の第三者に対する責任** ●

会社が金融機関等から多額の資金を借り入れ、取引業者に多額の買掛代金債務を負ったまま、会社が倒産したときには、その株主や取締役は会社の債務を弁済する責任を負わなくてよいといったことが、株式会社を設立することの有利性として、述べられることが多い。しかし、株主については法人格否認の法理（1部2章4節で解説する）、取締役については会社法429条（1部10章3節で解説する）が用意されているから、実際には、そのように甘いことにはならない。

---

(2) 事業の永続性（個人事業と株式会社の違い——その2）

個人事業と株式会社の大きな違いに、事業の有限性と永続性の違いを挙げることができる。個人事業の場合、その主体となって活動している人が病気になったり死亡したりすると、ただちに、事業活動の停止や事業の廃止といった問題が生じ、多くの場合、事業活動の連続性が絶たれる。これに対し、株式会社の場合、株主や取締役が病気になったり死亡したりしても、会社が消滅することはない。株主については相続が行われるだけのことであり、取締役についても適任者が新たな取締役になれば問題はなく、その事業活動は継続し、事業活動の連続性が維持されることになる。事業活動を行う者にとっては、事業活動の連続性を維持したまま、自分が苦労して創業した事業をその後継者などに承継させることができるということに、株式会社の大きな魅力があるといえる。

2 株式会社の短所

上に述べたように、株式会社にはメリットがあるが、その反面、株式会社に

ついてはその設立や運営に関して、以下に述べるような様々な厳しい法規制が定められている。

(1) 会社財産の確保の手続

経済社会において活動するために、株式会社は一定の財産を保有しなければならない。原則として、株主または株主となる者が会社に金銭またはその他の財産を拠出する。これを法律上、「出資」という。株主が金銭を出資することを金銭出資といい、何らかの物（例えば、土地、建物、自動車、機械など）や権利やその他の財産を出資することを現物出資という。出資がなされることにより、会社は独立した存在として一定の財産を有することになる。株主が一定額の金銭を出資し、特定の財産を現物出資すると、当該株主の債権者（例えば、株主に金を貸している債権者）はその株主が債務を弁済しないときでも、会社に出資された財産を差押えすることができなくなる。他方、会社の債権者は、会社が弁済しないときには、会社に出資された金銭および財産を差し押えることができる。株主および株主となる者の出資によって、初めて、会社はその独自の財産を所有することになる。したがって、会社法は、出資に関して厳格な規定を設けており、株主や会社はこれに従わなければならない。

(2) 財産の利用形態の明確化

個人事業の場合、個人名義の建物や個人名義の自動車を個人事業者がその事業活動に利用することがしばしば行われる。しかし、株式会社を設立した場合には、会社が株主や取締役個人名義の建物等を利用するときには、会社がその建物等を売買契約により購入するか、または、その建物等について賃貸借契約もしくは使用貸借契約を締結するなどというように、法律関係を明確にしなければならない。逆の場合も同様であり、株主や取締役が会社名義の建物等を利用するときには、法律関係を明確にしなければならない。

(3) 会計関係の書類の整備

会計関係の義務が厳格に定められている。すなわち、株式会社の場合、少なくとも、毎年、貸借対照表・損益計算書・株主資本等変動計算書・個別注記表

といった計算書類および事業報告とこれらの附属明細書を作成しなければならない（435条2項、計規59条1項）。また、このような計算書類の作成のための元となる正確な会計帳簿を作成し（432条1項）、10年間、保存しなければならない（432条2項）。

(4) 会計関係の書類の開示

取締役が作成した計算書類・事業報告およびこれらの附属明細書は5年間本店に備え置き（442条1項1号）、株主または会社債権者からの閲覧請求・謄本抄本交付請求に応じなければならない（442条3項）。また、作成した計算書類のうち、貸借対照表を積極的に公開しなければならない（440条1項2項）。

(5) 経営関係の書類の開示

株式会社においては、少なくとも事業年度ごとに1回は定時株主総会を開催し、また、必要に応じて臨時株主総会を開催し、必要な決議をしなければならない。株主総会を開催したときは、必ず株主総会の議事録を作成し、10年間、本店に備え置き（318条）、株主および会社債権者からの閲覧請求・謄写請求に応じなければならない（318条4項）。

取締役会を設置する株式会社の場合には、さらに、取締役会議事録を作成し、一定の要件の下で、閲覧請求等に応じなければならない（371条）。

(6)法人税

本書では触れないが、株式会社には法人税が課される。

● 株式会社の設立にいくら必要か？ ●

しばしば、資本金1円で株式会社を設立できるという話を聞く。しかし、仮に資本金を1円にしたとしても、会社の設立登記を済ませるためには、公証人に支払う定款の認証手数料5万円（公証人手数料令35条）、収入印紙4万円、登録免許税15万円、会社代表印・会社認め印・銀行届出印の三点セットの作成料（安く見積もって約1万円）等が必要になる。

第4節　株式会社の現状と類型

　ひとくちに株式会社といっても、現実には多種多様な株式会社が存在する。株式が金融商品取引所（証券取引所）に上場されていて、誰でもいつでもその株式の売買ができる株式会社がある。これを上場会社という。これに対し、金融商品取引所（証券取引所）に株式を上場していない株式会社を一括して非上場会社ということができる。大企業でありながら非上場会社という例もあり、他方で、中小企業でも、上場要件の緩やかな新興の金融商品取引所に上場する会社もある。しかし、一般的にいえば、ほとんどの中小企業は非上場会社である。約250万社ある現実の株式会社のうち、上場会社は約5000社であり、残りの大部分は非上場会社である。

　次に、非上場会社を公開会社と非公開会社という観点から分けることが必要となる。定款に全ての株式の譲渡について株主総会または取締役会の承認を必要とする旨の定めを置く会社を「非公開会社」または「全株式譲渡制限会社」という。これに対し、定款に一部もしくは全ての株式の譲渡についてそのような承認を必要としない会社を「公開会社（2条5号）」という。

● 株式の公開と公開会社は意味が違う ●

　世間では、株式を金融商品取引所（証券取引所）に上場することを、「公開」ということが多い。しかし、会社法2条5号は「公開会社」を「その発行する全部又は一部の株式の内容として譲渡による当該株式の取得について株式会社の承認を要する旨の定款の定めを設けていない株式会社」と定義する。わかりやすく述べると、本文のようになる。会社法の下での公開会社には、株式を金融商品取引所（証券取引所）に上場するといった意味あいは全くない。したがって、世間で用いられる「公開」の意味と、会社法の下での「公開会社」の意味とは異なることに注意しなければならない。

　わが国では、非上場会社のほとんどは非公開会社である。多くの場合、中小企業である非上場会社が金融商品取引所への株式の上場を具体的なスケジュールに乗せたとき、その準備段階において定款変更により公開会社となるのが実際である。したがって、非上場会社であって公開会社である会社はほとんど存

在しない。わが国において、圧倒的多数を占めるのは、非上場会社である非公開会社である。なお、非公開会社であれば当然に非上場会社である。下記の表を見て整理していただきたい。

	上場会社	非上場会社
公開会社	新日鐵・トヨタなどの大企業	株式の上場が具体的なスケジュールになっているような株式会社
非公開会社	なし	わが国のほとんどの中小企業（本書が解説する株式会社）

現在、わが国で出版されている株式会社を解説する書籍のほとんどは、基本的に、新日鐵・トヨタなど上場会社である株式会社を想定して、解説がなされている。これに対し、本書は、上の表の中の「わが国のほとんどの中小企業」のために、会社法の解説を行うことを目的とする。したがって、「非公開会社である株式会社」のみを取り上げて、解説を行う。第1部では、「非公開会社である株式会社」に関する会社法の内容を解説する。第2部では、非公開会社である株式会社をさらに7個の類型に分けて、それぞれの類型に沿った詳しい解説を行う。

非公開会社についての7個の類型であるが、非公開会社を取締役会設置の株式会社であるか、取締役会非設置の株式会社であるかにより大きく2分することができる。

次に、株主が1人か2人以上かという観点により、取締役会非設置の株式会社を2分することができ、さらに、取締役が1人か2人以上かという観点により、これを2分することができる。これにより、株主が1人、取締役が1人という取締役会非設置の株式会社の類型ができるが、これについては特に、株主と取締役が同じ人であるか異なるかによって類型を分けることができる。

取締役会設置の株式会社においては取締役の数は3人以上であるから、取締役の数によって類型を分けることは意味がなく、株主が1人か2人以上かという観点により類型を分けることができる。

以上においては、監査役を設置しないものとして類型を設定したが、監査役設置の非公開会社の取締役会設置の株式会社、および、監査役設置の非公開会

社の取締役会非設置の株式会社も本書の対象としたいと考えたため、特に監査役設置の株式会社という類型を設けた。

以上をまとめると以下のようになる。

取締役会非設置の株式会社		
株主の数 取締役の数	株主1人	株主2人以上
取締役1人	完全一人会社（株主＝取締役）〔2部1章〕 擬似一人会社（株主≠取締役）〔2部2章〕	有限会社型株式会社〔2部3章〕
取締役2人以上		複数取締役型株式会社〔2部5章〕

取締役会設置の株式会社		
	株主1人	株主2人以上
取締役3人以上	取締役会設置一人会社〔2部6章〕	取締役会設置型株式会社〔2部7章〕

このほか、以上の全てに共通して監査役を置く類型として、監査役設置型株式会社（2部4章）がある。

第 2 章

株式会社総論

　株式会社は営利社団法人である。以下では、これを分解して、営利性、社団性、および、法人格について解説する。

第1節　営利性

　株式会社は、公益のためにではなく、構成員である個々の株主の利益のために営利活動を行う。営利活動とは、利益を獲得し分配することを目的とする活動である。株式会社は対外的な活動によって利益を獲得し、その利益を剰余金分配（利益分配）または残余財産分配の方法によりその構成員である株主に分けることを目的とする。したがって、株式会社において、剰余金の分配も残余財産の分配も行わないとする定款の定めは無効となる（105条2項）。

第2節　社団性

1　社団と組合

　会社は共同の目的を有する複数人（＝株主）の結合体である。このような複数人によって構成される結合体として、社団と組合がある。
　構成員と他の構成員とが契約により直接に結びつく結合体が組合である。組合の構成員を組合員という。各組合員は組合の財産について合有権者として

物権的持分を有する。これに対し、構成員全員を拘束する定款が最初に存在し、それぞれの構成員は、団体に加入することにより社員（または株主）という形で間接的に結合する団体が社団である。多くの場合、社団の財産は社団自体に帰属し、各構成員は社団に対する持分を通じて社団の財産に間接的に関係する。原則として、構成員が新たに加入しても、また、構成員が脱退しても、社団の同一性は変わらない。そのため、物権、債権・債務その他の財産の変動が頻繁に生じる団体については社団が適している。株式会社（および持分会社）は社団である。なお、持分会社における構成員を社員といい、株式会社の構成員を株主という。

2　一人会社（いちにん）

　従来、社団は複数の構成員の存在を前提として考えられていた。そのため、かつては株主が1人しかいない株式会社（これを一人会社という）というものが認められるかについて疑問が呈せられたが、現在では、一人会社であっても株主が複数になる可能性があることから社団性が認められている。

　本書第2部で述べる完全一人会社、擬似一人会社、取締役会設置一人会社は、株主が1人しかいないから、ここでいう一人会社である。

第3節　法人格

1　法人格

　会社は法人であり法人格を有する（3条）。法人格が備わることにより、会社は自己の名で権利を有し義務を負うことが認められる。すなわち、会社の名で、不動産や動産を所有し、契約を締結することが可能になる。また、会社の名で債権を有し、債務を負うことが可能になる。このほか、民事訴訟において当事者能力が認められる。

2　会社の能力

(1)　会社は、法人格が認められることから、原則として、自然人が享有するのと同一の権利能力が認められる。しかしながら、会社は、自然人としての特性を前提とする権利義務（例えば、生命、身体、親族等に関する権利義務）は享有できない。また、会社は、法令による特別な制限にも服さなければならない。例えば、会社が不法な目的に基づいて設立されたときは、解散を命じられる（824条1項1号）。

(2)　民法34条は、法人の権利能力は定款所定の目的の範囲内に制限されると定めている。この規定は株式会社にも適用される。したがって、株式会社の権利能力は定款所定の目的の範囲内に制限されることになる。しかし、最高裁は、定款所定の「目的の範囲内の行為とは、定款に明示された目的自体に限局されるものではなく、その目的を遂行する上に直接または間接に必要な行為であれば、全てこれに包含されるものと解するのを相当とする。そして必要なりや否やは、当該行為が目的遂行上現実に必要であつたかどうかをもつてこれを決すべきではなく、行為の客観的な性質に即し、抽象的に判断されなければならない」とする極めて弾力的な解釈を示している。したがって、形式的には株式会社に民法34条が適用されるが、実際に会社の権利能力が定款所定の目的の範囲内に制限されることはほとんど考えられないということになる。

第4節　法人格否認の法理

1　法人格否認の法理の解説

　株式会社には法人格および株主有限責任の原則が認められるので、会社が債務超過で倒産したとしても、会社が負担した債務は、原則として会社が有する財産を限度として責任を果たせば良いことになる。このことは、会社の債権者の立場から見れば、債権の全額の弁済が受けられないまま、放置されることを

意味する。しかし、株式会社の背後にいて会社をあやつって不当に利益を得ていた者（以下では、これを背後者という）が存在する場合には、正義・衡平の見地から、その背後者の責任を追及すべきだと考えられる場合が生じる。このとき法人格否認の法理の発動が要請される。法人格否認の法理とは、損害を被っている会社債権者と問題とされた株主などの背後者との関係においてのみかつ当該訴訟においてのみ、株式会社の有する「法人格」という外殻を一時的に存在しないものと考え、会社債権者による問題の背後者の責任追及を認める考え方である。

　具体的に解説しよう。会社が倒産したときに、会社の全財産を現金化しても100万円しかないのに会社の債務の総額が1億円であるという場合、厳格な破産手続に従うとすると、それぞれの会社債権者は会社から債権額の1％の弁済を受けることになる。会社が合名会社であれば、その後、残額について合名会社の各社員に請求することができる（580条1項）。これに対し、同じ状況において株式会社では、株主有限責任の原則により、会社債権者はその残額を会社の社員である株主に請求することができない。会社債権者は会社から上記の1％の弁済を受け、残額（上の例では、債権額の99％が残額となる）についてはあきらめることになる。以上が株式会社における原則である。しかし、正義・衡平の見地から見て、一方で会社債権者の被る損害が多大であり、他方で株主などの背後者に責任なしとすることが許されるべきではないとする特別の事情があるときは、裁判所は、特に法人格否認の法理を適用し、会社債権者がその背後者に対し債権残額の弁済を求めることを許すことがある。

　法人格否認の法理が認められる多くの場合は、株主が1人か実質的に1人であり、代表取締役が株主総会や取締役会を開催することなくワンマン経営をし、会社の財産や利益などが代表取締役個人のそれらと区別なく混在しているような株式会社が、事実上の倒産などの理由により、契約上の債務を履行しない場合または不法行為に基づく損害賠償債務などを履行しない場合である。このような場合に、裁判所は、会社債権者を救済するために、会社の法人格を否認し、背後者であるワンマン経営者の責任を追及することになる。

　最高裁は、法人格が全くの形骸にすぎない場合、または、法人格が法律の適用を回避するために濫用される場合においては、法人格を否認すべきことが要

請される、と判示する。このような考え方に従い、学説や判例は、①法人格の濫用の事例と②法人格の形骸化の事例があると考える。法人格の濫用については、法人格が株主等の背後者により意のままに道具として支配されているという支配の要件、および、背後者に違法または不当の目的があるという目的の要件の両者を満たす必要がある。法人格の形骸化は、背後者が実質的に個人として事業活動を行っていて株式会社の法人格が形骸化している場合をいう。このほか、会社が債務を逃れるために仮装的に事業譲渡を行う場合にも適用される。契約責任や不法行為責任を不正に免れるために、会社の解散・偽装解散・事業譲渡が行われたときに、実質的に同一事業を継続する別会社に対し法人格否認の法理により責任を追及することも認められている。

❷ 法人格否認の法理が適用された典型的な事例

(1) 契約責任の追及における法人格否認（濫用）の事例

　原告Ｘは訴外Ａ会社との間で建設予定のマンションの１室を買い受ける契約（本件売買契約）を締結し約220万円を支払った。ところが、Ａ会社はマンションを建設せず、その敷地を他に売却して倒産し、その後、破産宣告を受けた。Ｘは本件売買契約を解除したが、Ａ社破産のため売買代金約220万円の返還を受けることができず同額の損害を被った。そこで、Ｘは、法人格否認の法理を適用し、Ａ会社の事実上の支配者である被告Ｙに対し上記損害の賠償を求めて訴えを提起した。

　裁判所は、Ｙ以外の取締役はＹの部下であったこと、Ａ会社の株主名簿上の株主等の記載はいずれも名義だけのものであったこと、同社は設立以来毎期欠損金を出しており累積赤字は約6000万円となっていたこと、Ｙは、Ａ会社を含むいわゆるＢグループの各社の実質上の経営者であったこと、Ｂグループの各社の資本金はいわゆる見せ金によるものであったこと、Ｂグループの各社相互間で資金が流用され、各社に経営基盤上の独立性が見られなかったこと、Ｂグループの各社相互間で同一もしくは類似の商号を前後して使用するなど、それぞれが独立した会社としての識別を困難にする程、商号変更を全く安易に行ってその活動主体もしくは責任主体としての所在をあいまいにしていたこと

などを事実認定した上で、「これらの諸点をあわせ考えると、要するに、Yは外形的には独立の法主体であるBグループの各社を自己の意のままに自由に操作し、もってA会社を含むBグループの各社の名称において行きづまりの危険性の高い事業活動をしながら、会社形態を利用して、それらの各社に各独立して法律上の責任を負担させることとする外形により、グループ内の他社やY個人の責任を免れようとはかったものであることが推認され、したがって、Yは、会社形態を不当に利用した。」と述べ、Yに対し「いわゆる法人格否認の法理により、A会社という会社形態を濫用したものとして……A会社と同一の責任を負うべきである。」と判示して、原告Xの請求を認容した。

(2) 契約責任の追及における法人格否認（形骸化）の事例

原告Xは、訴外A会社と工事請負契約を締結し工事を完成したが、請負代金の支払いを受けられなかった。Xは、訴外A会社が事実上閉鎖されているため、法人格否認の法理により、同社代表取締役Yに対し請負代金債務の支払いを求めて訴えを提起した。

裁判所は、Yが訴外A会社の代表取締役であり、同会社はその経営の全てをYが掌握しているYの個人企業であって、株券の発行を行ったことはなく、会社役員も登記簿上の記載として名目的に存在するに過ぎず、会社の運営の一切の権限はYが事実上専行してきたもので、Yは、A会社名義で行った不動産取引に失敗するや、A会社を事実上閉鎖した上、他に相次いで株式会社を設立するなどして、その営業活動において会社の行為と個人の行為との間に区別を明確にすることなく全て一括してこれを掌握処理し、Xとの間の取引に際しても、名義はA会社名義を用いたものの、その実体はYの個人的企業としての不動産取引等のために行われたものであるといった事実を認定した上で、「してみれば、A会社はYの個人会社であって形骸に過ぎず、A会社とXとの間の本件取引は、名義はA会社との間で行われたものではあっても、その実体はYの行為としてなされたものと認めるべきであるから、Xは、A会社の法人格を否認し、右取引によって生じたA会社の債務につき、Yにその責任を追求し得る。」と判示して、原告Xの請求を認容した。

(3) 不法行為責任の追及における法人格否認（形骸化）の事例

　原告XはA会社から食用として牛肉合計約17トンを買い受け、代金を支払った。ところが、この牛肉は、食品衛生法により食用としての販売が禁止されたものであり、A会社の代表取締役Yはその事実を知りながら、これを食用牛肉と偽り原告に売り渡したものであった。その後、上記事実が判明したため、Xは上記牛肉を転売することができず、1000万円超の損害を被った。原告XはA会社から損害賠償金を得ることができなかったため、法人格否認の法理を適用し、損害賠償をYに対し請求した。

　裁判所は、YがA会社の代表取締役として本件売買契約に全面的に関与していたこと、A会社は電話番の従業員が1人いるだけであること、A会社には自前の食肉処理施設はなく電話1本で商売をしていたこと、XもA会社がY個人の営業であると考えて本件売買をしていたことを認定し、「A会社は実質的にはYの個人企業であつて、法人格は全くの形骸にすぎず、事実上はA会社即Yであると認めるのが相当である。」と判示して、原告XのYに対する損害賠償請求を認容した。

3　法人格否認の法理と会社法

　従来の判例・学説においては、株式会社はある程度大規模でなければならないとする共通認識があった。平成2年商法改正以前で考えるとき、資本金の額を1つの基準とすれば有限会社の最低資本額が10万円と定められていた（平成2年改正前有限会社法9条）以上、1960年代の高度経済成長期に生じた大量の個人企業の法人成りを現実として受け入れるとしても、おおよそ200万円くらいからやむなく株式会社として認めざるを得なかったのではないかと思われる。なお、学者によっては、株式会社は当然に数千万円以上の資本金を備えるべきだとする見解も主張された。

　前述したように、株式会社においては、会社が倒産しても会社債権者は株主の財産を責任財産とすることができない。株主有限責任の原則があるからである。株式会社制度の発展も、資本主義の発展も、この原則に負うところが大きい。理論上、このような株主有限責任の原則を確立するためには、会社の責

任財産をある程度の金額とし鞏固(きょうこ)なものにしなければならないと理解されてきた。ところが、平成17年（2005年）に制定された会社法は株式会社の最低資本金の定めを廃止した。バブル経済崩壊後の長期間にわたる不況の中で、理論的な検討がほとんどなされない政治的な要請からの改正であった。資本金額1円はともかく現実には100万円以下の会社が続出することになった。このような会社が倒産したとき、前提条件が異なっているにもかかわらず、なお株主有限責任の原則を旧来のように頑迷に守らなければならないと考えることはできない。損害を被るのは会社債権者である。このような会社債権者には、会社に資金を貸した金融機関のほかに、会社に原材料を供給した取引業者や、会社従業員もいる。資本金額100万円以下というように会社の責任財産が皆無に近い状況で経営を行ってきた株式会社について、株主有限責任の原則を正当化するのは、理論上極めて困難といわざるをえない。一人前の商人として、自己の事業活動に相応する固有の責任財産を確立できないような株式会社の株主に、株主有限責任の原則を享受させる必要があるとは考えられない。

　資本金額の多寡は法人格否認の法理を適用するときに考慮されるべきファクターの1つにすぎないが、上述したように、それが極めて少ないときは高いウェイトがかけられるべきことになると考える。すなわち、資本金額が極めて少ない株式会社については、株主有限責任の原則を認めるべき前提が欠けるのであるから、法人格否認の法理が適用される基準は緩和されることになろう。

第 3 章

設　立

　株式会社を設立するには発起設立と募集設立の2つの方法があるが、中小規模の株式会社の設立にはもっぱら発起設立が採用されるので、本書では、発起設立のみを解説する。発起設立は、設立の際に発行する株式の総数を発起人のみが引き受け（25条1項1号）、他に株主となる者を募集せずに進める株式会社の設立手続である。

第1節　発起人

　発起人は株式会社の設立を企画し実行する者であって少なくとも1人は必要であり（26条）、自然人でも法人でもよい。また、発起人は設立する会社の株式を必ず1株は引き受けなければならない（25条2項）。

　発起人は書面または電磁的記録により定款を作成し、発起人の全員が定款に署名または記名押印（電子署名も可）をしなければならない（26条1項・2項。なお、本書では、原則として、電磁的記録についての言及を省略する）。定款は設立する株式会社の基本事項や重要事項を定める。また、会社の設立に関して発起人と契約する第三者の保護のために、定款に発起人として署名または記名押印した者のみを発起人とし（27条5号）、権限を有し責任を負う者を明確にする。会社法は発起人に種々の権限を与え義務を課している。

● 募集設立手続における擬似発起人 ●

　発起人ではないのに、発起人であるかのようにふるまって会社の設立に関係する

行為を行う者が出てくる。例えば、地元の有力者や有名人などである。そこで、会社法は、募集設立の場合に限り、第三者の保護のために「擬似発起人」の規定を設ける（103条4項）。すなわち、募集設立の場合、募集の広告その他募集に関する書面等に自己の氏名・名称および株式会社の設立を賛助する旨を記載することを承諾した者は、発起人とみなされ（これを擬発起人という）、発起人の責任の規定が適用される（103条4項）。

第2節　定款

1　定款の効力

定款は会社の自治的なルールである。定款に定められた内容は、株主、取締役、監査役、会計参与等に対して効力を有する。会社の設立段階でも事業継続中でも、新たに株主となる者は定款の内容を理解しその全てを承認したものとして株主になると考えられている。定款の定めが強行法規に違反し、また、公序良俗に抵触するときは、その定めは当然に無効である。

> **定款に定めるべき株式会社の機関構造（株式会社の機関設計）**
>
> 俗に、会社法の下では、定款により、様々な事項を定めることが可能になったといわれる。定款自治の範囲が広まったともいわれる。しかし、一般の人々が考えるほど、定款自治の範囲が広いわけではない。あくまでも、会社法が定款によって定めることを許した範囲内でのことにすぎない。定款で定めなければならない重要事項は、3点である。第1が、公開会社とするか、非公開会社とするかである。第2が、取締役会設置会社とするか、取締役会非設置会社とするかである。第3が、第1および第2と関連するが、取締役会・監査役・監査役会・会計参与・会計監査人・委員会などを設置するか否かである。第3の問題は、機関構造決定の問題といわれる。定款で特に定めない場合は、株主総会と取締役だけの機関構造の株式会社となる。当然、第2部で解説する完全一人会社および擬似一人会社はこれにあたる。会社を設立する際に、監査役や会計参与が必要と考えれば、定款にこれらを設置する旨を定めなければならない。なお、会社の成立後に、定款変更の手続により、定款にこれらを追加することも可能である。

重要事項の第1が、公開会社とするか非公開会社とするかの問題である。公開会社と非公開会社は、その会社の株式を譲渡する際に、会社の承認が不要か

必要かという違いによる。詳しくはコラムを参照されたい。

● 公開会社と非公開会社 ●

　発行する株式の全てに譲渡制限が課されている会社を、講学上、非公開会社という。株式に譲渡制限を課すには、107条を根拠として譲渡制限を課す方法と、108条を根拠として譲渡制限を課す方法がある。後者の場合は、譲渡制限種類株式を発行することになる。いずれの場合も、定款にその旨を定めなければならない。定款に定められた発行する予定の株式の少なくとも一部に譲渡制限が課されていない会社を公開会社という（2条5号）。会社法は公開会社以外の株式会社を「公開会社でない会社」とするが、通常は非公開会社と呼ぶ。

　重要事項の第2が、取締役会設置会社とするかの問題である。その簡単な違いについてはコラムを参照されたい。

● 取締役会設置会社と取締役会非設置会社 ●

　平成17年に会社法が制定される以前には、全ての株式会社は取締役会設置会社であった。その当時、全ての有限会社は取締役会非設置会社であった。現在は、会社を設立する段階で、発起人達の合意により、取締役会設置会社とするか取締役会非設置会社とするかを決めることになる。原則として、取締役会設置会社においては、会社の経営に関する事項は取締役会が決定し、株主総会が関与することは制限される。これに対し、取締役会非設置会社においては、株主総会も積極的に会社の経営に関する事項について関与することができる。

　重要事項の第3が、機関構造決定の問題である。株式会社である以上、必ず、株主総会は必要である。このほか、取締役か取締役会が必要である。定款で特に規定しない場合、その株式会社は株主総会と取締役だけを有することになる。取締役ではなく取締役会を設置するとか、監査役、会計参与、会計監査人、委員会を設置するかは、自由に決めることができる。ただし、機関相互の関係から、組合せができない場合もある。詳しくはコラムを参照されたい。

● 機関構成の組合せ ●

1	株主総会	＋	取締役				
2	株主総会	＋	取締役	＋	会計参与		
3	株主総会	＋	取締役	＋	監査役		
4	株主総会	＋	取締役	＋	監査役	＋	会計参与
5	株主総会	＋	取締役	＋	監査役	＋	会計監査人

6	株主総会	＋	取締役	＋	監査役	＋	会計監査人	＋	会計参与
7	株主総会	＋	取締役会	＋	会計参与				
8	株主総会	＋	取締役会	＋	監査役				
9	株主総会	＋	取締役会	＋	監査役	＋	会計参与		
10	株主総会	＋	取締役会	＋	監査役	＋	会計監査人		
11	株主総会	＋	取締役会	＋	監査役	＋	会計監査人	＋	会計参与
12	株主総会	＋	取締役会	＋	監査役会				
13	株主総会	＋	取締役会	＋	監査役会	＋	会計参与		
14	株主総会	＋	取締役会	＋	監査役会	＋	会計監査人		
15	株主総会	＋	取締役会	＋	監査役会	＋	会計監査人	＋	会計参与
16	株主総会	＋	取締役会	＋	監査等委員会	＋	会計監査人		
17	株主総会	＋	取締役会	＋	監査等委員会	＋	会計監査人	＋	会計参与
18	株主総会	＋	取締役会	＋	3種の委員会	＋	会計監査人		
19	株主総会	＋	取締役会	＋	3種の委員会	＋	会計監査人	＋	会計参与

● **監査等委員会設置会社と指名委員会等設置会社** ●

　監査委員会または監査等委員会は機能的に監査役（監査役会）と類似するが、監査役（監査役会）より強力な権限が認められる。監査委員会を設置する株式会社を指名委員会等設置会社、監査等委員会を設置する株式会社を監査等委員会設置会社と言い、会社法は、これらの株式会社を機関構成の自由選択肢として列挙する。ただ、これらの会社は、必ず、公認会計士または監査法人であるところの会計監査人を設置しなければならない。会計の専門家であり外部者である会計監査人による会計監査の強化は、そもそも1974（昭和49）年の商法改正の際に、当時の大会社について、粉飾決算の防止のために新設された制度である。会計監査人の設置が強制される監査等委員会設置会社・指名委員会等設置会社は、中小企業で採用することも可能であるが、基本的には大規模な会社を想定しているといえるので、本書では扱わないことにする。

2　定款の内容

　定款に記載される事項は、絶対的記載事項、相対的記載事項、任意的記載事項に分類される。

(1)　絶対的記載事項

　会社法は定款に必ず記載すべき事項を定める（27条）。これを絶対的記載事項という。必要的記載事項とか法定記載事項と呼ばれることもある。絶対的記載事項の記載の欠缺ないしは記載内容の違法は定款全体を無効にする。以下に

絶対的記載事項を説明する。

(ア) 目的（27条1号）　会社がどのような事業を行うかを記載する。従来は、事業内容についての適法性（＝違法な事業でないこと）、明確性および具体性が要求された。会社法の下では、抽象的・包括的な目的の記載が許される。

(イ) 商号（同条2号）　株式会社の正式な名称である。株式会社は商号に必ず「株式会社」という文字を付けなければならない（6条）。

(ウ) 本店の所在地（同条3号）　本店の所在地としては最小独立行政区画（＝市町村および東京都の区）を意味する。本店の所在地は債務の履行地や会社を原告または被告とする裁判における管轄裁判所を決定する（4条、835条1項）。なお、設立の登記には、本店の所在場所（例えば、千代田区富士見二丁目17番1号）が求められる（911条3項3号）。

(エ) 設立に際して出資される財産の価額またはその最低額（同条4号）　設立に際して発起人が出資する金銭およびその他の財産の価額またはその最低額である。

(オ) 発起人の氏名・名称および住所（5号）　定款に発起人として署名・記名押印した者のみが発起人となる。なお、氏名は自然人の場合、名称は法人の場合である。

(カ) 発行可能株式総数　発行可能株式総数の定めは最初から定款に定められなくてもよいが、その場合は会社の設立の登記の時までに、発起設立では発起人全員の同意により定款に定められなければならない（37条1項）。

　取締役会設置会社においては、発行可能株式総数の定めを授権資本ないしは授権株式数という。会社が発行する株式数の最大限度のことである。通常、会社の設立時には株式を最大限度までは発行せず、その一部だけを発行し、残余分は後に必要に応じて発行することになる。

● 資本金に関する事項 ●

(1) 額面株式と無額面株式
　かつては株式1株の金額の定めが定款に定められており、それが株券上に表示されている額面株式と、株式1株の金額が定款に定められておらず株券上には単に株式数のみが記載されている無額面株式が存在したが、平成13年の商法改正により額面株式は廃止された。これにより、株式には額面と無額面の区別がなくなった。なお、平成13年商法改正後においても、それまで流通していた額面株式の株券が無

効となるわけではない。株券上の券面額の記載は無益的記載事項（記載してあっても法律的に無意味なもの）と考えられる。

(2) 払込金額と資本金の関係
　資本金の額は原則として設立時またはその後の株式の発行に際して払込みをした金銭の額および給付をした財産の額の合計額である（445条1項）。ただし、それらの額の2分の1を超えない額を資本金とせず、資本準備金とすることが許される（445条2項・3項）。

(3) 登記
　資本金の額は定款に記載される必要はないが、登記されなければならない（911条3項5号）。

(4) 資本原則
　資本充実の原則は、登記により公示された資本金額相当の財産が株式を発行する時点では確かに会社に拠出されたことを意味する。資本維持の原則は、決算時において資本金の額に相当する財産が会社に確保されていなければならないことをいう。資本金の額に相当する財産が会社に確保されることは会社債権者にとっての債務履行の拠り所であるから、この原則は、拠出した金銭・財産の株主への払戻しを禁止し、会社債権者が抱く会社に対する信頼を保護するものといえる。

(2) 相対的記載事項

(ア) 相対的記載事項とは、定款に定めることにより初めて効力が生じるが、定款に定めなければ効力が生じない事項である。相対的記載事項が定款に定められていなくても定款自体の有効性に影響はない。例えば、取締役会・会計参与・監査役・監査役会・会計監査人を設置する定め、会社の存続期間の定め、種類株式についての定め、取締役や監査役の報酬額の定めなどであり、相対的記載事項は多数ある。

(イ) 会社が公告をする方法は定款の相対的記載事項である（939条1項）。会社は、公告の方法として、①官報への掲載、②時事に関する事項を掲載する日刊新聞紙への掲載、または、③電子公告のいずれかを定款で定めることができる（939条1項）。特に定めないときは、その会社の公告方法は①の官報への掲載となる（939条4項）。公告についての定款の定めは登記事項である（911条3項27号～29号）。

(3) 変態設立事項

　相対的記載事項のなかに、特に「変態設立事項」と呼ばれるものが4種ある（28条）。すなわち、現物出資、財産引受、発起人の報酬等、および、設立費用

である。変態設立事項は、会社成立後の株主および会社債権者の利益を保護するために特別に定められた規定である。変態設立事項は定款に記載しない限り無効である（28条）。変態設立事項を定款に記載するときは、裁判所の選任する検査役の調査が必要になる場合が生じる（33条、調査については後述する）。

(ア) 現物出資

(a) 出資は金銭によるのが原則であるが、会社が特定の不動産や特定の知的財産などを必要とする場合を考慮して、金銭以外の財産による出資も認められている。これを現物出資という。金銭以外の財産としては、動産、不動産、債権、有価証券、特許権・著作権等の知的財産権、各種の財産が有機的に結合した事業などがある。ただし、合名会社・合資会社などと異なり、株式会社では労務出資や信用出資は認められない。

出資される財産の価額について過大評価がなされると、他の株主と比較し現物出資を行った者が不当に得をし、また、会社債権者を害するおそれが生ずる（従来、会社の債権者は会社の登記から資本金の額を知り、その会社には少なくとも資本金額相当の金銭（およびその他の財産）が出資され（資本充実の原則）、直近の決算時において資本金額相当の財産が確保されていた（資本維持の原則）と考えることができ、これらのことから会社にどれだけの信用を与えるかを判断すると説明されてきた。なお、資本原則については、前掲コラムを参照）。そこで、会社法は現物出資を変態設立事項として定款の相対的記載事項とし（28条1号）、株主となる者に注意をうながし、同時に、株主および会社債権者の保護を図っている。

(b) 現物出資は発起人に限り行うことが許される（28条1号、58条1項2号・3号、63条1項）。現物出資をする者の氏名・名称、出資される財産およびその価額、ならびに現物出資をする者に割り当てる株式の種類・数が定款に記載されなければならない（28条1号）。現物出資をする者は、株式の引受け後遅滞なく、出資に係る財産の全部を給付しなければならない（34条1項）。

(イ) 財産引受

(a) 財産引受とは、発起人が会社の成立を条件として会社のために特定の財産（積極・消極両財産を含む営業財産を一括してもよい）の譲受けを約する契約をいう。会社の成立前に、発起人により、会社が何らかの財産を譲り受け、その対価として金銭を支出することが契約されれば、成立後の会社の資金が減少する

ことになる。また、譲り受ける財産の価額が適正でなければ成立後の会社が損失を被ることになる。さらに、財産引受は、現物出資に関する規制の潜脱として行われる可能性がある。したがって、目的財産、その価額および譲渡人の氏名・名称が定款に記載され（28条2号）、検査役の調査が必要となる（33条1項・4項）。また、発起人に厳格な責任を課し、同時に定款に記載した財産引受契約が成立後の会社に帰属するとして、株主となる者に注意を喚起し、会社は記載された額以上の債務を負わないこととする。財産引受は定款に記載されない限り無効である。なお、会社側からの追認は認められない（判例）。

(b) 会社が成立後すぐ営業を開始できるように、土地・建物・設備を取得し原材料の仕入れや製品の販売ルートを確保しておくなどの行為を開業準備行為と呼ぶ。このような開業準備行為についても財産引受の要件に該当するものは財産引受として処理するのが判例の立場である。

(ウ) **発起人の報酬および特別の利益**

会社設立事務の執行の対価として発起人に支払われるのが報酬であり、会社設立のために尽くした功労に対して発起人に与えられるのが「その他の特別の利益」である。「特別の利益」は報酬とは異なり、例えば、会社が成立した後における会社施設の特別の利用権などである。発起人の報酬は通常は成立後の会社が支払うが、その金額が発起人により決定されるとすれば不当に高額に設定される危険がある。そこで、成立後の会社の財産を確保するために、会社法は、発起人の報酬額とそれを受ける発起人の氏名・名称を定款に記載することとした（28条3号）。会社から特別な利益を受ける場合も同様の理由により、その内容とそれを受ける発起人の氏名・名称を定款に記載することとした（28条3号）。報酬またはその他の特別の利益の価額が適正でなければ成立後の会社が不当に損失を被ることになる。そこで、これらについて裁判所の選任する検査役の調査が必要となる（33条1項・4項）。

(エ) **設立費用**

(a) 設立費用とは会社の設立のために支出される必要な費用である。設立費用の支出を無制限に認めると、成立後の会社の財産的基礎を危うくするおそれが生ずる。そこで、会社法は、設立費用はその金額を定款に記載・記録し（28条4号）、検査役の調査を受けなければならないとする（33条1項・4項）。設立費

用については内容と金額を分けて考えなければならない。
(b) 設立費用の内容であるが、会社法においては、定款の認証手数料、定款に係る印紙税、および、設立登記の登録免許税等の法務省令（施規5条各号）が定める事項は、「設立費用」に含まれない（28条4号括弧書）。これらは、支出が必然でありかつ金額が定額化されており、会社の財産的基礎をおびやかすおそれや発起人が不当に私腹を肥やすおそれがないので、設立費用として定款に記載する必要はないと考えられた。これらは、当然に成立後の会社が負担する。

> ● **当然に会社が負担する諸費用の金額** ●
>
> 定款の認証に係る手数料（28条4号）は5万円（公証人手数料令35条）、定款に係る印紙税（施規5条1号）は4万円（印紙税法別表第一、六）、設立の登記の登録免許税（施規5条4号）は資本金の額の1000分の7に相当する額（ただし、それが15万円に満たないときは15万円、登録免許税法別表－24号（一）イ）である。

したがって、上記以外のものが設立費用に属するかが問題となる。設立事務所の賃借料、設立事務所の事務員の給与、会社の印鑑作成費用などは内容としては設立費用に含まれると考えられる。ただし、以下に述べるように、その金額が全て会社の負担になるとは限らない。

(c) 次に設立費用の金額の問題がある。通常は、設立費用は発起人が立替払いをし、会社の成立後に定款所定の設立費用の範囲内で会社に求償する。発起人が立替払いをしなかった場合に、設立費用の支払義務について争いがある。第1説は、第三者が有する設立費用に関する債権は発起人のみが責任を負い、発起人が定款所定の設立費用の金額の範囲内で会社に求償するとする。第2説は、会社の設立のために必要な行為から生じた債務は原則として会社が負担し、設立費用の金額の範囲を超える部分について成立後の会社が発起人に求償できるとする。第3説は、発起人と会社が重畳的に債務を負担するとする。学説が大きく対立する問題であるが、現在のところ、第1説が有力といえる。

(4) 変態設立事項の調査
(ア) 検査役の調査

定款に上記の4種の変態設立事項のいずれかの記載がある場合、発起人は、

後述する公証人による認証の後遅滞なく、変態設立事項を調査させるため裁判所に検査役選任の申立てをしなければならない（33条1項）。裁判所が選任した検査役（33条2項）は必要な調査を行い、調査の結果を裁判所および発起人に報告する（33条4項～6項）。裁判所はこの報告に基づき変態設立事項を不当と認めるときは、その事項の変更を決定する（33条7項）。

(イ) 検査役の調査が不要な場合

検査役の選任・調査が不要の場合が定められている。すなわち、①現物出資および財産引受の財産として定款に記載された財産の総額が500万円を超えない場合（33条10項1号）、②現物出資および財産引受の財産として記載された市場価格のある有価証券の価額が会社法施行規則6条で定める方法により算定される額を超えない場合（33条10項2号）、または、③現物出資および財産引受の財産として記載された価額が相当であることについて、弁護士、公認会計士等の証明（財産が不動産の場合は不動産鑑定士の鑑定評価も必要）を受けた場合（33条10項3号）、以上の場合については検査役の選任・調査が不要となる。

(5) 任意的記載事項

任意的記載事項とは、必ずしも定款で定める必要がなく、契約や取締役会の定める規則等で定めてもその効力が認められる事項である。例えば、定時株主総会の招集時期、株主総会の議長、取締役や監査役の員数、会長・参与等の役職など、多様な事項がある。このような事項を定款で定める場合、契約等と異なり、内容の変更に厳格な定款変更手続が必要となる。

● 定款自治 ●

平成17年に会社法が制定されたとき、定款自治の範囲が拡大したと喧伝された。しかし、取締役会が必ず設置されていたそれまでの株式会社については、特に拡大された訳ではない。また、それまでの有限会社については、以前から定款自治の範囲は広かった訳であり、会社法の下での取締役会を設置しない株式会社については、それを踏襲したにすぎない。株式会社の機関の設計において、19種類の選択肢があり、定款に定めることにより、そのいずれかを自由に選択できるという点が、過度に、強調された嫌いがある。

任意的記載事項として何らかの事項を定款に定めておけば、会社の成立時からの株主のみならず、その後新たに株主となった者も、当然にその定めに服することになると一般的に考えられるため、株主の権利を制約するような内容を、定款の任意的記載事項として定めておくことを主張する見解を見受けることがある。しかし、定款自治の許される範囲は無制限ではない。

> ● **定款自治の許される範囲** ●
>
> 　会社法がその条文に、定款で定めた場合は〇〇ができるとか、定款の定めがある場合とか、定款の定めがないとき、などのように何らかの形で定款に言及しているときに、定款で何らかの事項を有効に定めることができる。しかし、原則として、会社法の強行規定の条文や会社法の根本原理に抵触するような内容は、定款で定めても無効である。会社法の根本原理としては、株主有限責任の原則、株主平等の原則、資本に関する原則などが代表的なものである。

3　公証人による定款の認証

　定款が作成され、発起人の署名・記名押印が備わると、定款は公証人の認証を受けなければならない。定款の内容を明確にするとともに設立登記がなされるまでの間、定款の内容が変動することを防ぐためである（30条2項）。認証を受けない定款は効力を生じない（30条1項）。公証人は、全国の「公証人役場」にいる。

> ● **公証人の認証** ●
>
> 　公証人の認証によりいったん内容が確定された定款は、会社成立後においては定款変更の手続（466条）により変更することができるが、会社成立以前には原則として変更は許されない（30条2項）。例外として、①検査役の報告を受けた裁判所の決定による定款変更（33条7項・9項）、または、②発行可能株式総数に関する定めの新設もしくは変更（37条1項・2項）の場合、定款の変更ができる（30条2項）。このほか、発起人が現物出資の履行を行わず株式の発行を受ける権利を失った場合、その者は発起人ではなくなるため、定款変更が必要となり、原則として発起人についての記載事項を変更した定款についての公証人の認証が必要となる。

4 定款の備置きおよび閲覧等

会社の成立前には、発起人は定款を発起人が定めた場所に備え置かなければならない（31条1項）。発起人は、発起人が定めた時間内においていつでも定款の閲覧および謄本抄本交付の請求ができる（31条2項1号〜4号）。

会社の成立後には、会社は定款を本店および支店に備え置かなければならない（31条1項）。株主および会社債権者は会社の営業時間内においていつでも上記の請求ができる（31条2項1号〜4号）。

第3節 発起人による株式の引受け・出資の履行

(1) 発起人による設立時発行株式の引受け

発起設立では、発起人が設立時発行株式の全てを引き受けなければならない（25条1項1号）。また各発起人は必ず1株以上を引き受けなければならない（25条2項）。

(2) 全額払込み・給付の履行

設立時発行株式の引受け後遅滞なく、発起人は引き受けた株式につき出資に係る金銭の全額の払込み、または、出資に係る金銭以外の財産の全部の給付をしなければならない（34条1項）。発起人は、金銭の全額の払込みを発起人が定めた払込取扱機関（銀行、信託会社のほかに、株式会社商工組合中央金庫、農業協同組合、信用協同組合、信用金庫、労働金庫など。34条2項、施規7条）の払込取扱場所でしなければならない（34条2項）。設立の登記の際に、発起設立の場合には預金口座の残高証明等があればよいとされる（商登47条2項5号）。現物出資については目的財産の引渡しを要し、登記・登録等を要する場合には必要書類の交付も要するが、登記・登録自体はいったん発起人名義にした後に会社成立後にさらに会社名義に変える面倒を避けるため、発起人全員の同意があれば会社成立後まで延ばすことができる（34条1項但書）。

> ● 預合い・見せ金 ●
>
> 　預合いも見せ金も、資金を持たない者が会社を設立するために用いる違法なテクニックである。
> (1)　預合いとは、払込取扱機関と通謀し、帳簿上の操作だけで、発起人が払込取扱機関から金員を借り、それを払込金額の払込みに当てたことにし、発起人がその債務の弁済をするまでは、成立した会社は払込取扱機関から払込金の引出しを求めないことを約束する場合が典型である。出資に係る金銭の払込みの仮装行為であり払込みとして無効である。刑事罰も科される（965条）。
> (2)　見せ金とは、発起人などが払込取扱機関以外の者から金員を借りて払込金額として払込取扱機関に払い込み、会社が成立した直後に取締役に就任した者がこれを引き出し、借入金を返済するという仕組みである。判例は見せ金を払込みとして無効とする。なお、拡張解釈の禁止から刑事罰を定める965条は適用できないが、判例は見せ金による設立登記行為を公正証書原本不実記載行使罪（刑157条・158条）に当たるとする。

(3)　権利株

　会社成立前の株式引受人の地位を「権利株」と呼ぶ。会社の成立以前における権利株の譲渡はその当事者間では有効であるが、譲渡人も譲受人も権利株を譲渡したことを会社に主張できない（35条、50条2項）。出資の履行（出資に係る金銭の払込みまたは金銭以外の財産の給付（35条））前の権利株の譲渡について35条、出資の履行後の権利株の譲渡について50条2項が規定を置く。

(4)　発起人の株主となる権利についての失権

　発起人は出資を履行しない他の発起人に対して、期日を定め、期日までに当該出資の履行を行うべき旨の通知を同期日の2週間前までにしなければならない（36条1項・2項）。この通知を受けた発起人が期日までに出資の履行をしないときは、同出資に係る設立時発行株式の株式となる権利を失う（36条3項）。発起人の現物出資の不履行は、通常、定款変更が必要となり、再度の公証人の認証が必要となる。金銭出資の不履行は、27条4号が満たされる限り、発起人全員の同意により手続を進めることができる。

第4節 設立時取締役・設立時監査役

(1) 設立時取締役・設立時監査役の選任

　発起人は、出資の履行が完了した後、遅滞なく設立時取締役、設立時監査役（設立時監査役は監査役設置会社のときに限る）を選任しなければならない（38条1項・3項各号）。設立時取締役は、会社が成立するまでは、発起人に対する監督機関である。定款に設立時取締役等に就任する者についての定めがある場合は、発起人の出資の履行が完了した時にそれぞれの者が選任されたものとみなされる（38条4項）。そのような定めがない場合、発起人はその議決権の過半数の決定により設立時取締役等を選任する（40条1項）。この場合、発起人は、出資の履行をした設立時発行株式1株につき1個の議決権を有する（40条2項。定款で単元株式数を定めている場合には、1単元の設立時発行株式につき1個の議決権を有する（40条2項但書））。発起人自身が設立時取締役等に選任されることも少なくない。なお、取締役会設置会社の場合は、設立時取締役の過半数の同意により設立時取締役の中から設立時代表取締役を選定しなければならない（47条1項・3項）。

(2) 設立時取締役・設立時監査役による調査

　設立時取締役および設立時監査役は、その選任後遅滞なく、①現物出資および財産引受に係る財産が33条10項1号および2号により検査役の調査を受けないものである場合に定款に記載された価額が相当であること、②現物出資および財産引受に係る財産の定款に記載された価額について弁護士等の証明が相当であること、③出資の履行が完了していること、および、④上記（①～③）以外において、設立手続が法令もしくは定款に違反していないことを調査し（46条1項）、その結果、法令もしくは定款に違反し、または不当な事項が認められる場合には、発起人に通知しなければならない（46条2項）。これを受けて、発起人は違法とされた事項を適法なものに修正しなければならない。

第5節 設立の登記およびその効果

　株式会社は本店所在地において設立の登記がなされることにより成立する。発起設立手続において設立の登記は、現物出資および財産引受に係る財産についての設立時取締役（および設立時監査役）の調査（46条1項）が終了した日、または、発起人が定めた日のいずれか遅い日から2週間以内にしなければならない（911条1項）。設立の登記において登記すべき事項は911条3項が列挙する。

　本店所在地において設立の登記がなされることにより、第1に、株式会社が成立する（49条）、第2に、権利株が株式になる（50条1項）、第3に、発起人が株主になる（50条1項）、という効果が生じる。

第6節 発起人・設立時取締役等の責任

(1) 会社および第三者に対する一般的な責任

　発起人・設立時取締役・設立時監査役が会社の設立において故意または過失によりその任務を怠り会社に損害を生じさせたときは、会社に対し連帯して損害賠償の責任を負う（53条1項、54条）。株主は会社成立後において発起人・設立時取締役・設立時監査役に対し責任追及のための株主代表訴訟を提起することができる（847条）。

　発起人・設立時取締役・設立時監査役がその職務を行うについて悪意または重大な過失により第三者に損害を生じさせたときは、第三者に対し連帯して損害賠償の責任を負う（53条2項、54条）。第三者には株式引受人も株主も含まれる。

(2) 現物出資および財産引受に係る財産の価額の不足額支払責任

　現物出資および財産引受に係る財産の会社成立時点における価額が、定款に記載された価額に著しく不足するときは、発起人および設立時取締役は会社に

対し連帯してその不足額を支払う義務を負う（52条1項）。ただし、この財産について、裁判所選任の検査役の調査を受けた場合、または、発起人・設立時取締役が職務を行うについて無過失（注意を怠らなかったこと）を証明した場合、発起人・設立時取締役（現物出資者または当該財産の譲渡人である場合を除く）は不足額についての支払義務を負わない（52条2項）。なお、定款に記載されている現物出資および財産引受に係る財産の価額が相当である旨の証明をした弁護士・公認会計士等（33条10項3号）は、発起人および設立時取締役とともに連帯して不足額支払いの義務を負う（52条3項）。

(3) 出資の履行が仮装された場合における発起人・設立時取締役の責任

金銭出資における金銭の払込みまたは現物出資における財産の給付が仮装された場合、出資の履行（35条）を仮装した発起人、払込みを仮装した設立時募集株式の引受人、および、出資の履行の仮装に関与した発起人・設立時取締役は、会社に対し連帯して本来なされるべき出資の履行（なお、会社が現物出資財産の給付に代えて当該財産の価額に相当する金銭の支払いを請求したときはその金銭の全額の支払い）を行う義務を負う（52条の2第1項～3項、102条の2第1項、103条2項）。出資の履行を仮装した発起人・設立時募集株式引受人は無過失責任である（52条の2第2項括弧書、103条2項括弧書）。関与した発起人・設立時取締役等は無過失を立証すれば義務を免れる（52条の2第2項但書、103条2項但書）。

出資の履行が仮装された株式については出資の履行がなされるまで、当該株式に係る設立時株主および株主の権利を行使することはできない（52条の2第4項、102条3項）。ただし、そのような株式を善意無重過失で譲り受けた者は権利を行使できる（52条の2第5項、102条4項）。

(4) 会社不成立の場合の責任

会社が成立しない場合、すなわち、設立の登記がなされない場合、会社の設立に関して行った行為については発起人が連帯して責任を負う。会社の設立に関して立替えとして支出した費用は発起人の負担となる（以上、56条）。どち

第3章 設立

らも無過失責任である。

(5) 責任の免除
　発起人・設立時取締役・設立時監査役の会社に対する責任は総株主の同意により免除することができる（55条）。

第7節　設立の無効

(1) 設立無効の訴え
　株式会社の設立手続において瑕疵（かし）があったとしても、設立の登記がなされれば株式会社は一応成立する。この場合、瑕疵が重大であって損害を被る者や不利益を被る者、また、その職務において法令遵守義務を負う者は設立無効の訴えを提起することができる。

(ア) 原告・被告・提訴期間等
　設立無効の訴えは、株主、取締役、監査役、執行役または清算人に限って提起することができる（828条2項1号、形成訴訟）。被告は設立された会社であり（834条1項1号）、提訴期間は設立登記から2年間である（828条1項1号）。

(イ) 無効事由
　原則として設立手続の重大な法令違反が設立無効事由となる。重大な法令違反として、定款の絶対的記載事項が欠ける場合、公証人による定款の認証がなされていない場合、設立時発行株式を1株も引き受けない発起人がいる場合、設立に際して出資される財産の価額に相当する出資がなされていない場合、設立の登記が無効な場合などがある。

(ウ) 無効判決の効果
　設立無効の判決には遡及効がなく（839条）、設立は判決確定時から将来に向かって効力を失い、会社は解散に準じて清算を行うことになる（475条2号）。設立無効の認容判決は第三者にも効力が及び、いわゆる対世効が認められている（838条）。

(2) 会社の不存在

講学上、会社の不存在という考え方がある。設立の登記はあるが会社の実体がない場合であって、これについては設立無効の訴えによる必要はなく、誰でもいつでも無効を主張できると考えられている（判例）。

第 4 章

株式①
——株式と種類株式

第1節 株式総論

(1) 株式の意義

　個人A、個人B、個人Cが会社という企業形態により事業を始めたとする。A、B、Cは実質的に会社の共同所有者であり、当然に、会社に対し剰余金（利益）、残余財産および経営についての様々な権利を有し、出資義務を負う。これら共同所有者の地位は本来それぞれ異なる内容である。この共同所有者の地位を細分化して株式という最小単位を設け、全ての株式の内容を均一のものとし（持分均一主義）、各株主は複数の株式を有することとする（持分複数主義）。このようにして、株式は、本来、それぞれ内容の質的に異なる共同所有者の地位を、単純に株式数の違いという量的な違いに変える意義を有する。なお、会社法の下では株式は成立前に出資が履行されるので、原則として株主に出資義務は残っておらず、株式は会社に対する種々の請求権（剰余金配当請求権、残余財産分配請求権、議決権等々）の束と考えることができる。そして、このような株式を表章する有価証券が株券である。なお、株式を構成する個々の請求権（すなわち、議決権だけとか抽象的剰余金配当請求権だけとか）を1つ1つ切り離して譲渡し処分することはできない。もっとも、株主総会決議等により、いったん具体化した剰余金配当請求権は譲渡することができる。

(2) 株式を構成する請求権（105条）

　従来から、株式を構成するもっとも重要な請求権は、①剰余金配当請求権、②残余財産分配請求権、および、③議決権であると考えられてきた。105条1項はこのことを確認する。同時に、同条はこれらの一部を欠く株式を認める（105条2項、108条1項3号）。

　規定の意義であるが、第1に、①剰余金配当請求権、②残余財産分配請求権、③議決権の全てを欠く株式は認められないことになる。

　第2に、議決権を欠く株式が認められる。しかし、発行している全ての株式が完全無議決権株式であることは許されない。常に議決権を備える株式が存在することを前提として、完全無議決権株式は認められることになる（108条1項3号）。

　第3に、105条2項は、株式には剰余金配当請求権か残余財産分配請求権のいずれかが備わればよいと定める。しかし、全ての株式に残余財産分配請求権が備わらないとしても、清算時に残余財産が残れば株主に分配せざるをえないから、全ての株式が残余財産分配請求権を欠くということは認めがたい。これについても、残余財産分配請求権を備える株式が発行されていることを前提として、同請求権を欠く株式が種類株式として認められることになろう。

　第4に、105条2項は、残余財産分配請求権が備われば、全ての株式が剰余金配当請求権を欠くことを認めることになる。しかし、これは極めて危険と思われる。定款に1年とか2年といった短期間の会社存続期間の定めがある場合には合理的といえるかもしれないが、無条件に認めることは問題であろう。

(3) 自益権と共益権

(ア)　株式を構成する種々の請求権を自益権と共益権に分類することがある。自益権は、会社に対して経済的利益を要求する権利であり、剰余金配当請求権や残余財産分配請求権、株式買取請求権などがこれに当たる。共益権は、会社の運営に関与する権利であり、議決権や総会決議取消訴権、代表訴訟提起権、取締役等に対する違法行為差止請求権などがこれに当たる。自益権はその全てが単独株主権（1株しか持っていない株主でも行使できる権利）であるが、共益権には単独株主権と少数株主権とがある。株主は個人的な利益を追求して自益権

も共益権も行使してよいと考えられており、株式を構成する種々の権利を自益権と共益権に分ける実益はほとんどない。慣行に従い、一応、自益権と共益権を示しておく。

(イ) 自益権として以下のものがある。剰余金配当請求権（105条1項1号、453条）、残余財産分配請求権（105条1項2号、504条）、株式買取請求権（116条、469条、785条、797条、806条）、名義書換請求権（133条）、単元未満株式買取請求権（192条）、単元未満株式売渡請求権（194条）等である。

(ウ) 共益権のうち、単独株主権として以下のものがある。議決権（308条）、説明請求権（314条）、株主総会決議取消訴権（831条）、代表訴訟提起権（847条）、取締役等に対する違法行為差止請求権（360条）、募集株式発行差止請求権（210条）、新株予約権発行差止請求権（247条）、設立無効訴権（828条1項1号）、新株発行無効訴権（828条1項2号）、吸収合併無効訴権（828条1項7号）、新設合併無効訴権（828条1項8号）、吸収分割無効訴権（828条1項9号）、新設分割無効訴権（828条1項10号）、株式交換無効訴権（828条1項11号）、株式移転無効訴権（828条1項12号）、書類記録等閲覧請求権（31条2項、125条2項、318条4項、371条2項、442条3項）等である。

共益権のうち、少数株主権として以下のものがある。株主総会招集権（297条）、株主提案権（303条、305条）、総会検査役選任請求権（306条1項）、検査役選任請求権（358条1項）、帳簿閲覧権（433条）、会社解散請求権（833条1項）、取締役・監査役等解任請求権（854条）等である。

第2節 株式の内容についての特別の定め

会社は、発行する全部の株式に共通の内容として特に以下の3つの事項に限り、定款に定めを置くことができる。すなわち、①譲渡による当該株式の取得について会社の承認を必要とすること（譲渡制限株式）、②当該株式について、その株主が会社に対し取得を請求できること（取得請求権付株式）、③当該株式について、一定の事由の発生を条件として会社が株主から株式を取得できること（取得条項付株式）である（以上、107条1項）。

発行する全部の株式に共通の内容として定められる譲渡制限株式、取得請求権付株式、取得条項付株式と、後述する種類株式としての譲渡制限種類株式、取得請求権付種類株式、取得条項付種類株式とは区別されなければならない。なお、会社法は、譲渡制限株式と譲渡制限種類株式を合わせて譲渡制限株式、取得請求権付株式と取得請求権付種類株式を合わせて取得請求権付株式、取得条項付株式と取得条項付種類株式を合わせて取得条項付株式と定義する（2条17号～19号）が、前者と後者を区別して考えないときは混乱が生ずるおそれがある。

● 107条の定めと108条の定めの相違 ●

　A種類株式、B種類株式、C種類株式を発行すると定款に定めている会社を想定する。このとき、定款に、107条1項1号を根拠として、「譲渡による取得について会社の承認を必要とする」と定めた場合、3種類の種類株式の全てが譲渡制限株式となる。これに対し、定款に108条1項4号を根拠として譲渡制限を定める場合には、各種類株式について譲渡制限を定めることになる。したがって、後者の場合、A種類株式とB種類株式に譲渡制限を定め、C種類株式には譲渡制限を定めないといったことが可能となる。

---

(1) 譲渡制限株式

　発行する全ての株式の内容として、譲渡による株式の取得につき、原則として会社の承認を要する旨を定款で定めることができる（107条1項1号）。この場合、①株式を譲渡により取得するについて会社の承認を要する旨、および、②一定の場合（例えば、譲り受ける者が既に会社の株主である場合など）に会社が譲渡を承認したとみなすとき（136条、137条1項）はその旨およびその一定の場合を定款で定めなければならない（107条2項1号）。なお、発行する全ての株式についての譲渡制限の定めを定款に新設する場合には、特別決議よりも厳格な、いわゆる特殊決議が要求される（309条3項1号）。なお、譲渡制限株式については、相続その他の一般承継により同株式を取得した者に対し、会社がその株式を会社に売り渡すことを請求できるとする定めを定款に設けることができる（174条）。譲渡制限株式の譲渡の承認および譲渡方法等については、1部5章3節**3**を参照されたい。

(2) 取得請求権付株式

　発行する全ての株式の内容として、株主が会社にその株式の取得を請求できる旨を定款で定めることができる（107条1項2号）。この場合、①株主が会社に対し当該株主の有する株式を取得することを請求できる旨、②1株の取得と引き換えに当該株主に交付する対価に関する事項（すなわち、当該会社の社債・新株予約権・新株予約権付社債、または、当該会社の株式以外の財産に関する種類、数、金額等に関する事項）、および、③取得請求期間を定款で定めなければならない（107条2項2号ヘ）。このほかについては、取得請求権付種類株式のところで一括して解説する。

(3) 取得条項付株式

　発行する全ての株式の内容として、一定の事由が生じたことを条件として、株主の有する株式を会社が取得する旨を定款で定めることができる（107条1項3号）。この場合、①一定の事由が生じた日に会社が株主の有する株式を取得する旨および一定の事由、②会社が別に定める日が到来することをもって「一定の事由」とするときはその旨、③一定の事由が生じた日に株式の一部を取得するときはその旨、および、取得する株式の決定方法、ならびに、④1株の取得と引き換えに会社が株主に交付する対価に関する事項（すなわち、当該会社の社債・新株予約権・新株予約権付社債、または、当該会社の株式以外の財産に関する種類、数、金額等に関する事項）を定款に定めなければならない（107条2項3号）。なお、107条1項3号は「取得することができる」と規定するが、一定の事由が生じたときに会社に取得するか否かの裁量の余地はなく、取得することになる。

　発行する全ての株式の内容として新たに取得条項の定めを定款に設けるとき、また、既存の取得条項の定めを変更するとき（廃止を除く）は、株主全員の同意が必要となる（110条）。このほかについては、取得条項付種類株式のところで一括して解説する。

● 取得請求権付株式と取得条項付株式 ●

会社を設立するときに、1株につき100万円の出資を求め、設立から5年経過した

ら、120万円の対価と引き替えに取得請求権を行使できると定める取得請求権付株式を考える。株主が自らの判断で取得請求権を行使し会社から120万円の交付を受けることができるので、株主としては、出資金が永遠に戻らないとされる株式に出資するより、容易に出資することができる。

会社の行う事業が、初期にとりわけ多額の資金を必要とするものである場合、会社の設立時に取得条項付株式を大量に発行して多額の資金を集め、数年を経て、事業が順調になったときに、会社は、剰余金を使って取得条項付株式を回収し、多額の配当を分配しなければならない圧力を避けることができる。

第3節 種類株式

1 概論

会社は定款の定めにより、以下のような内容の異なる株式（＝種類株式）を発行することができる（108条1項）。すなわち、①剰余金の配当額、配当条件等について内容の異なる種類株式、②残余財産の分配額、分配条件等について内容の異なる種類株式、③議決権制限種類株式、④譲渡制限付種類株式、⑤取得請求権付種類株式、⑥取得条項付種類株式、⑦全部取得条項付種類株式、⑧拒否権付種類株式、および、⑨取締役監査役の選任権付種類株式である。以下に、それぞれを詳しく解説する。

なお、定款に内容の異なる2種類以上の株式の定めがある会社を「種類株式発行会社」という（2条13号）。定款に定めがあれば足り、実際に2種類以上の株式を発行していることは必要でない。

● シリコンバレー型ベンチャー企業 ●

会社法が多様な種類株式を認めたのは、アメリカ合衆国カリフォルニア州の通称シリコンバレーと呼ばれる地域において、1990年代後半に、シリコンバレー型ベンチャービジネスが活況を呈したことに影響されたからである。そこには、コンピュータ、IT、インターネットなどに関する最新の特殊技術を持つ人々と、大量の資金を有し発展性のあるビジネスへの投資を希望する人々が存在した。前者は資金がなく、後者は技術に疎い。そのような人々が、新たにベンチャーと呼ばれる株式会社を設立して、新しい事業を展開し一攫千金の夢に挑戦した。このとき、資金が少なくても株主総会や取締役会での発言権が確保されるとか、一定の期

間が経過すると資金を引き揚げるなどといった当事者の様々な特殊な（あるいは勝手な）要求を満足させるために多様な種類株式が生み出され、平成17年に制定された会社法にもその一部が採用されることとなった。このように、特殊な種類株式は、期限を切って事業の成果を判断する株式会社であって、極めて人間関係がドライであることを前提として成立するシリコンバレー型ベンチャービジネスにおいて有益なものと思われる。

2　剰余金の配当について内容の異なる種類株式

(1)　優先株式・劣後株式

　優先株式とは、剰余金の配当または残余財産の分配について他の株式と比較して優先的な権利を備える株式である。劣後株式（後配株式）とは劣後的な権利を備える株式である。会社は、その業績が好調であれば、劣後株式を発行して既存の株主の利益を害さずに資金調達をすることが可能となり、業績が不振であれば、優先株式を発行することにより容易に資金調達を行うことができることになるといわれる。

(2)　剰余金の配当に関しての優先株式・劣後株式

　会社は剰余金の配当に関して内容の異なる種類株式を発行することができる（108条1項1号）。その内容が他の種類株式に比べて優先的なものであれば、優先株式と呼ばれ、劣後的なものであれば、劣後株式と呼ばれる。会社が剰余金の配当に関して内容の異なる種類株式を発行するには、①当該種類株式の株主に交付する配当財産の価額の決定の方法、②剰余金の配当をする条件その他剰余金の配当に関する取扱いの内容、および、③発行可能種類株式総数を定款に定めなければならない（108条2項柱書・1号）。なお、定款にその内容の要綱を定め、その種類株式を初めて発行するときまでに株主総会（取締役会設置会社では取締役会）において配当財産の具体的な額を決定する旨を定めることができる（108条3項、施規20条）。配当優先株式は、例えば「優先株主に対しては、普通株主に先立ち、1株につき300円の配当金を交付する」というように定められる。これは、その会社に剰余金が生じたとき、普通株主に配当金を交付する前に、この優先株式の株主が300円の配当金を受け取る権利を有することを

意味する。

3　残余財産の分配について内容の異なる種類株式

　会社は、残余財産の分配に関して内容の異なる種類株式を発行することができる（108条1項2号）。そのような種類株式を発行するには、①当該種類株式の株主に交付する残余財産の価額の決定方法、②当該残余財産の種類その他残余財産の分配に関する取扱いの内容、および、③発行可能種類株式総数を定款に定めなければならない（108条2項柱書・2号）。

　残余財産分配優先種類株式は、会社が解散し清算手続が進められるときに意味を持つ。普通株式だけを発行している会社の清算手続においては、会社の財産を全て換価処分し全債権者に対し弁済をした後、残った財産（＝残余財産）を株主に公平に分配することになるが、普通株式のほかに残余財産分配優先種類株式があるときは、残余財産の中から予め定められた一定の金額、例えば1株につき10万円といった金額が先に残余財産分配優先種類株式に分配され、その後に残った金額が普通株式に分配される。

4　議決権制限株式

　会社は、議決権が全くない株式（完全無議決権株式）や特定の決議事項についてのみ議決権を有する株式（議決権制限株式）を発行することができる（108条1項3号）。会社が議決権制限株式を発行するには、定款に、①株主総会において議決権を行使できる事項、②議決権行使の条件を定めるときはその条件（例えば、剰余金配当優先株式において優先配当が受けられないときは議決権が復活するなどと定めることができる）、および、③発行可能種類株式総数を定めなければならない（108条2項柱書・3号）。なお、完全無議決権株式には、議決権だけでなく議決権を前提とする権利（例えば、招集通知を受ける権利、株主総会出席権、株主提案権、株主総会招集請求権、株主総会決議取消訴権、取締役等の解任請求権など）も認められないと解されている。ただし、株式買取請求権は認められる。なお、議決権制限株式と逆の趣旨となる複数議決権株式は認められない。

5　譲渡制限種類株式

　会社は、譲渡による当該種類株式の取得について会社の承認（＝原則として、取締役会非設置会社においては株主総会決議、取締役会設置会社においては取締役会決議）を要する株式（譲渡制限種類株式）を発行することができる（108条1項4号）。

　会社が譲渡制限種類株式を発行するには、定款に、①当該種類株式を譲渡により取得するについて会社の承認を要する旨、また、一定の場合に株主または株式取得者からの譲渡承認請求を会社が承認したとみなすときはその旨および当該一定の場合、ならびに、②発行可能種類株式総数を定めなければならない（108条2項柱書・4号、107条2項1号）。

　譲渡制限種類株式については、相続その他の一般承継により同種類株式を取得した者に対し、会社がその種類株式を会社に売り渡すことを請求できるとする定めを定款に設けることができる（174条。詳細は1部5章5節**4**で述べる）。

　譲渡制限種類株式の譲渡の承認および譲渡方法等については、1部5章3節**3**を参照されたい。

6　取得請求権付種類株式（107条の取得請求権付株式を含む）

　会社は取得請求権付種類株式を発行することができる（108条1項5号）。取得請求権付種類株式とは、定められた取得請求期間において、株主が会社に対しその有する取得請求権付種類株式の取得を請求することができる株式である。この場合、定款に、①株主が会社に対し当該株主の有する株式の取得を請求できる旨、②株式1株の取得と引き換えに当該株主に対して交付する対価に関する事項（すなわち、当該会社の社債・新株予約権・新株予約権付社債、当該会社の株式以外の財産に関する内容、数、金額等）、③株式1株の取得と引き換えに当該株主に対してその会社の他の種類株式を交付するときは、その株式の種類および数またはその算定方法（108条2項5号ロ、取得請求権付種類株式の場合に限られる）、④請求期間、ならびに、⑤発行可能種類株式総数（108条2項柱書）を定めなければならない（108条2項柱書・5号、107条2項2号）。

　株主は取得請求権を行使した日に対価の交付を受ける。交付する対価の帳簿

価額が剰余金の分配可能額を超えるときは請求が認められない（166条1項但書）。会社が取得した取得請求権付株式は会社の自己株式となる（155条4号）。

7 取得条項付種類株式（107条の取得条項付株式を含む）

(ア) 会社は、一定の事由が生じたことを条件として、株主から強制的に取得できる株式（取得条項付種類株式）を発行することができる（108条1項6号）。この場合、定款に、①一定の事由が生じた日に会社がその株式を取得する旨およびその事由、②会社が別に定める日が到来することをもって上記の一定の事由とするときはその旨、③一定の事由が生じた日に株式の一部を取得することとするときはその旨、および、取得する株式の決定の方法、④株式1株の取得と引き換えに当該株主に対して交付する対価に関する事項（当該会社の社債、新株予約権、新株予約権付社債、および、当該会社の株式以外の財産）、⑤株式1株の取得と引き換えに当該株主に対してその会社の他の種類株式を交付するときは、その種類株式の種類および数またはその算定方法（108条2項6号ロ、取得条項付種類株式の場合に限られる）、ならびに、⑥発行可能種類株式総数を定めなければならない（108条2項柱書・6号、107条2項3号）。

　種類株式発行会社が、ある種類株式の発行後に、その種類株式を取得条項付とする定款の定めを新たに設け、または当該事項についての定款の定めを変更する場合（定款の定めの廃止を除く）は、当該種類株式を有する株主全員の同意を得なければならない（111条1項）。当該種類株主にとって、その有する種類株式を会社に強制的に取得されることになるからである。

(イ) 会社が別に定める日が到来することをもって一定の事由が生じた日とする場合には（108条2項6号イ、107条2項3号ロ）、定款で別段の定めをした場合を除き、株主総会（取締役会設置会社では取締役会）の決議によりその日を定めなければならない（168条1項）。取得条項付株式の一部の取得をする旨を定めた場合（108条2項6号イ、107条2項3号ハ）、取得の対象となる取得条項付株式は、株主総会（取締役会設置会社では取締役会）の決議で定めなければならない（169条1項・2項）。決定方法が定款に定められていないときは、株主を平等に扱う方法（例えば、株式番号下1桁が0か5である株式とか）によらなけれ

ばならない。

　定款所定の一定の事由が生じた日に取得の効力が生じる（170条1項）。一定の事由が生じた日に当該取得条項付株式の一部の取得をする旨の定めがある場合は、①一定の事由が生じた日、または、②取得することが決定された取得条項付株式の株主への通知公告の日から2週間を経過した日のいずれか遅い日に取得の効力が生じる（170条1項）。効力の発生により、株主は定められた対価を取得し（170条2項）、会社が取得した取得条項付株式は自己株式となる。ただし、交付する対価が上記（ア）④の場合であってその帳簿価額が剰余金の分配可能額を超えるときは取得の効力が生じない（170条5項）。

8　全部取得条項付種類株式

(ア)　会社は、株主総会の特別決議により、その全部を取得できる種類株式（全部取得条項付種類株式）を発行することができる（108条1項7号、171条1項、309条2項3号）。この場合には、定款に、①全部取得条項付種類株式の全部を会社が取得するのと引き換えに株主に交付する取得対価（＝他の種類株式・社債・新株予約権・新株予約権付社債・その他の財産）の価額の決定方法、②株主総会の決議を行うについて条件を定めるときはその条件、および、③発行可能種類株式総数を定めなければならない（108条2項柱書・7号、171条1項1号）。

(イ)　全部取得条項付種類株式の全部の取得を決定する株主総会の特別決議（309条2項3号）においては、①取得対価の種類・内容・数・価額等、②株主に対する取得対価の割当てに関する事項、③会社が全部取得条項付種類株式の全部を取得する日（＝取得日）が定められなければならない（171条1項・2項）。取締役はこの株主総会において全部取得条項付種類株式の全部を取得することを必要とする理由を説明しなければならない（171条3項）。取得日に取得の効果が生じ（173条1項）、会社が取得した全部取得条項付種類株式は会社の自己株式となる（155条5号）。ただし、取得対価の帳簿価額が剰余金の分配可能額を超えているときは取得できない（461条1項4号）。

(ウ)　全部取得条項付種類株式における株主の保護のために、事前の情報開示の制度が設けられている（171条の2）。会社は、株主総会の2週間前の日、通

知の日または公告の日のいずれか早い日から取得日後6か月を経過する日までの間、取得対価の種類・内容・数・価額等、取得対価の割当てに関する事項、取得日等（171条1項各号）を記載した書面等を本店に備え置かなければならない（171条の2第1項）。株主は、会社に対し営業時間内において、上記書面の閲覧および謄本抄本交付の請求ができる（171条の2第2項）。

全部取得条項付種類株式の取得が法令または定款に違反する場合において、株主が不利益を受けるおそれがあるときは、株主は、会社に対し、同種類株式の取得の差止めを請求することができる（171条の3）。

全部取得条項付種類株式を取得する株主総会の特別決議が成立した場合、株式の取得に反対した株主、または、議決権を行使できない株主（172条1項1号・2号）は、取得日の20日前の日から取得日の前日までの間、裁判所に対し、全部取得条項付種類株式の取得の価格の決定を申し立てることができる（172条1項）。

会社は、取得日後遅滞なく、取得した全部取得条項付種類株式の数その他の同種類株式の取得に関する事項等を記載した書面を作成し、取得日から6か月間、本店に備え置かなければならない（173条の2第1項・2項）。株主または取得日に全部取得条項付種類株式の株主であった者は、会社に対し営業時間内においていつでも、上記書面の閲覧および謄本抄本交付の請求ができる（171条の2第3項）。

(エ) 種類株式発行会社において、特定の種類株式を全部取得条項付種類株式とする定款の定めを新たに設ける場合には、通常の定款変更手続のほか、①当該種類株式の種類株主、②当該種類株式を交付する定めがある取得請求権付株式（108条2項5号ロ）の種類株主、および、③当該種類株式を交付する定めがある取得条項付株式（108条2項6号ロ）の種類株主を構成員とするそれぞれの種類株主総会（当該種類株主に係る株式の種類が2以上ある場合は、当該2以上の株式の種類別に区分された種類株主を構成員とする各種類株主総会）の特別決議を要する（111条2項、324条2項1号）。この特別決議に反対する種類株主には株式買取請求権が認められる（116条1項2号）。特別決議を必要とする理由は、ある種類株式が全部取得条項付種類株式となることにより、当該種類株主にとってその有する種類株式が株主総会決議という多数決により強制的に会社に取得されることになるからである。

9 拒否権付種類株式

　会社は、株主総会または取締役会において決議すべき事項について、当該決議のほか、当該種類株式の種類株主を構成員とする種類株主総会の決議があることを必要とする株式（拒否権付種類株式）を発行することができる（108条1項8号）。この場合、定款に、①当該種類株式を有する株主の種類株主総会の決議（＝普通決議、324条1項）を必要とする事項、②種類株主総会の決議を必要とする条件を定めるときはその条件、および、③発行可能種類株式総数を定めなければならない（108条2項柱書・8号）。例えば、当該会社が消滅会社となるような合併契約については、通常、株主総会の特別決議による承認が必要であるが、仮に合併契約の承認についての拒否権付種類株式が発行されている場合には、通常の株主総会における承認決議のほかに、拒否権付種類株式を有する株主の種類株主総会における承認決議も必要となる。後者の株主総会において承認がなされないときは合併契約の承認が否決されたことになるので、「拒否権付」と呼ばれる。また、Ｍ＆Ａ（企業買収）などの局面では、特に黄金株とも呼ばれる。

● **黄金株** ●

　M&Aの場面では、しばしば、最終的に目標会社（＝企業買収を行う側から見て、買収の対象となる会社）を消滅会社とする吸収合併を行うことが計画される。消滅会社が吸収合併に応ずるにあたっては、通常、株主総会の特別決議による吸収合併契約の承認が必要となる。そこで、企業買収を行う側の会社から見れば、目標会社である消滅会社の議決権総数の3分の2以上の議決権（株式）を取得すれば、目標会社を吸収合併により吸収することが可能になると考える。しかし、普通株式のほかに、1株でも、合併契約の承認についての拒否権付種類株式を発行し、これを特定の株主が有し続ければ、その株主が合併契約に同意しない限り、目標会社である消滅会社の普通株式を有する株主による株主総会において合併契約の承認決議が成立しても、拒否権付種類株式を有する種類株主による種類株主総会において合併契約の承認決議が成立しないことになり、合併を実行することができない。このよう場面を考えるとき、そのような拒否権付種類株式がまさに黄金の価値があることから、黄金株と呼ばれる。ただし、株式会社においては、基本的に、出資した金銭等の金額の多数決によって様々なことを決定するという「資本多数決の原理」が存在し、黄金株はこの原理を覆すものであることから、学説からは批判が強い。

10　取締役監査役の選任権付種類株式

(1)　概説

　非公開会社においては、会社は、種類株主総会で取締役または監査役を選任できる種類株式を発行することができる（108条1項9号）。

　取締役・監査役の選任についての種類株式を発行するには、定款に、①当該種類株式を有する株主の種類株主総会において取締役または監査役を選任すること、および、選任する取締役または監査役の数、②選任することができる取締役または監査役の全部または一部を他の種類株主と共同して選任することとするときは、他の種類株主の有する株式の種類および共同して選任する取締役または監査役の数、③①または②に掲げる事項を変更する条件があるときはその条件およびその条件が成就した場合における変更後の①または②に掲げる事項、ならびに、④発行可能種類株式総数を定めなければならない（108条2項柱書・9号）。

(2)　種類株主による取締役・監査役の選任

　取締役または監査役の選任について内容の異なる種類の株式を発行した場合、その定款の定めに従って取締役・監査役は当該種類株主総会の普通決議において選任される（347条、329条）。この種類株主総会には、決議方法、招集通知、自己株式の議決権の排除等の通常の株主総会に関する規定が準用される（325条）。種類株主総会において選任された取締役も、通常の株主総会において選任された取締役と同様に、その職務遂行に際しては会社ないし全ての株主に対して善管注意義務を負う。

(3)　種類株主総会において選任された取締役または監査役の解任

　種類株主総会で選任された取締役は、いつでもその選任に係る種類株主総会の普通決議によって解任することができる（347条、339条）。種類株主総会で選任された監査役を解任するには、その選任に係る種類株主総会の特別決議が必要となる（347条2項、339条、309条2項7号）。

　取締役または監査役の職務遂行に関し不正の行為または法令もしくは定款に

違反する重大な事実があるにもかかわらず、種類株主総会で当該取締役または監査役を解任する旨の議案が否決された場合には、①種類株主の全議決権の100分の3以上の議決権を6か月前から引き続き有する株主、または、②種類株式の発行済株式の100分の3以上の数の株式を6か月前から引き続き有する株主は、当該種類株主総会の日から30日以内に、裁判所に当該役員の解任を求める訴えを提起することができる（854条3項・4項）。

(4) 定款規定の自動的廃止

取締役選解任権付種類株式（108条2項9号）についての定款の定めは、会社法または定款に定めた取締役の員数を欠き、その員数に足りる数の取締役を選任できない場合には、この定款の定めを廃止したものとみなされる（112条1項）。これはそのような種類株式を有する株主が会社外に存在しない場合を想定している。監査役選任権付種類株式についても同様とされる（112条2項）。

● 中小規模の株式会社と種類株式 ●

多くのビジネス書では、中小企業において中心となって活動する者（多くの場合、社長）の様々な要求を満たすために、種類株式を駆使することが勧められている。例えば、高齢になり社長を退いた後に、元社長の持株比率が50％以下になったとしても、取締役選任決議についての拒否権付種類株式を元社長だけが保有していれば、意に反する取締役の選任決議を成立させないことが可能になるとか、全ての株主に対しては全部取得条項付種類株式を与え、社長だけが、別に、全部取得条項の付かない種類株式を保有していれば、なにか問題が生じたときに、株主総会の特別決議により、全ての全部取得条項付種類株式を取り上げることができるとかといった類である。

このような考え方を支えるのは、結局のところ、「定款自治の原則」である。しかし、会社法には、持株数に比例して議決権やその他の権利を有するという「株主平等の原則」という大原則があり、また、株主として絶対に奪われない権利（固有権）も存在し、これらと定款自治の原則とは、ぎりぎりのところで衝突することになる。したがって、一部の者だけに都合のよい上記のような種類株式は、だまされたとか理不尽だと考える者がいれば必ず裁判においてその有効性が問題とされることになり、その効力が思惑通りに認められるか否かは現時点では不明と思われる。そうだとすると、中小企業において、妙な種類株式を軽率に定款に定めることは、かえって、争いの原因を作りかねないことにもなる。コンサルタントや専門家が勧める場合であっても、十分な注意が必要である。

第4節 株式買取請求権

(ア) 発行する全部の株式の内容として新たに譲渡制限の定めを設ける定款変更を行う場合（107条2項1号）には、全ての株主に株式買取請求権が認められる（116条1項1号）。ある種類株式の内容として譲渡制限の定めまたは全部取得条項の定めを設ける定款変更を行う場合（108条1項4号または7号）には、①当該種類株式を有する株主、②当該種類株式が交付されると定められている取得請求権付種類株式の株主、および、③当該種類株式が交付されると定められている取得条項付種類株式の株主について、株式買取請求権が認められる（116条1項2号）。株式の併合・分割、株式の無償割当て、単元株式数についての定款変更、株主割当てによる株式等の募集、株主割当てによる新株予約権の募集、および、新株予約権の無償割当てを行う場合であって特定の種類株式の株主に損害が生じるおそれがある場合には、当該種類株式の株主に株式買取請求権が認められる（116条1項3号）。ただし、会社が株式の併合・分割等を行うに際して、当該種類株式の株主による種類株主総会の決議を要しない旨を定款で定める場合には当該種類株式の株主に株式買取請求権は認められない（322条2項・3項）。

(イ) それぞれに反対であったり不満を抱く反対株主は、自己の有する株式ないしは種類株式を公正な価格で買い取ることを会社に請求することができ（116条1項）、効力発生日から30日以内に株主と会社の間で価格についての協議が調わない場合は、株主または会社は裁判所に価格の決定を申し立てることができる（117条2項）。このほか、株式買取請求権の詳細については、合併の章における株式買取請求権の解説を参照されたい。

(ウ) 会社が116条所定の株式買取請求権の行使に応じて株式を取得する場合、株主に支払う金銭の額は、支払いの日における剰余金の分配可能額を超過してはならない。超過した場合、職務を行った業務執行者（概ね取締役）で過失ある者は、会社に対してその超過額を支払う義務を負う（464条）。（ア）の行為を行うに当たって株式買取請求がなされる可能性を考慮し、その場合に剰余金の分配可能額を超過しないことが客観的な資料に基づいて予測されていれば、

過失責任を免れることになろう(業務執行者は、後日、過失が認定されないように十分に資料等をそろえるか、株式買取請求により分配可能額の超過支払いが生じたときはその超過額支払いを甘受するか、そもそも①ないし③の実行を中止するか、いずれかを選択することになる)。この超過額支払義務は、総株主の同意がなければ免除できない(464条2項)。

● **M&Aと中小企業** ●

　世間に流布するビジネス書において、「あなたの会社もM&Aに狙われている」とか、「M&Aの買収攻撃に備えて防衛策が必要だ」とか述べられることが多い。しかし、株式を公開していない中小企業ではM&Aの脅威などを心配する必要はないし、防衛策も必要ない。日本に株式会社が約250万社ほど存在するが、そのうちの249万5千社は、発行する株式の全てについて譲渡制限を課している(非公開会社である)。したがって、大株主や支配株主が望まない者は、株式を取得できないし、仮に何らかの方法により株式を取得したとしても、会社は株主名簿の書換えを拒絶できるから、株主総会において発言することも議決権を行使することもできない。M&Aの脅威がありうるのは、株式を証券市場に上場している株式会社だけである。本書の対象である非公開会社においては心配は無用である。

第 5 章

株式②
——株主名簿と株券など

第1節 株主名簿等

1 株主名簿の機能

(1) 株主の権利行使と会社の便宜

　本来、株主は株主総会に出席し議決権を行使するといった株主の権利を行使する際に、その都度、自らが株主であることを証明しなければならない。しかし、株主名簿に記載されている者は、自らが株主であることを証明しなくても、株主としての権利を行使することができる。また、会社は、株主総会の招集通知を発する際に、また、剰余金の配当を交付する際に、本来であれば、いちいち株主の氏名・名称・住所・持株数等を確認しなければならない。しかし、株主名簿に記載された者を株主と考えて株主総会の招集通知の発出、配当の交付などを行えば、仮にその者が株式を譲渡するなどして既に株主でなくなっていたとしても、会社は債務不履行や法令違反の責任から免れることになる（126条1項、457条）。株式の譲渡を行った当事者間でその譲渡の効力が生じたとしても、株主名簿に株式取得者の氏名等を記載しない限り、株式取得者は株主であることを会社に主張できず（130条）、株主総会に出席する権利や議決権を行使する権利等の会社に対する様々な権利を行使することができない。会社は株主名簿の記載に従って株主への対応を行えばよいことになり、随時変動する多数の株主を株主名簿によって管理することができる。

このように、株主名簿は、株主および会社の双方にとっての便宜をはかるものということができる。

(2) 株主名簿の記載事項

会社は株主名簿を書面または電磁的記録により作成しなければならない（121条）。なお、定款に株主名簿管理人（＝会社に代わって株主名簿の作成・備置きその他の株主名簿に関する事務を行う者）についての定めを置くことができる（123条）。株主名簿管理人は登記される（911条3項11号）。

株主名簿に記載すべき事項は、①株主の氏名・名称および住所、②各株主の有する株式の数、種類株式発行会社にあっては株式の種類および種類ごとの数、③各株主が株式を取得した日、ならびに、④会社が株券発行会社である場合には各株主の有する株式（株券が発行されているものに限る。）に係る株券の番号等である（121条各号）。

(3) 株主名簿の備置きと閲覧謄写

株主名簿は会社の本店または株主名簿管理人の営業所に備え置かれ、株主および会社債権者は請求の理由を明らかにして閲覧・謄写を請求することができる（125条1項・2項）。会社または株主名簿管理人は、以下の場合には閲覧・謄写請求を拒むことができる（125条3項）。すなわち、①請求者（＝請求をする株主または債権者）がその権利の確保または権利の行使に関する調査以外の目的で請求するとき、②請求者が会社の業務の遂行を妨げ、または株主共同の利益を害する目的で請求するとき、③請求者が株主名簿の閲覧・謄写によって知り得た事実を利益を得て第三者に通報するために請求するとき、または、④請求者が過去2年以内に、株主名簿の閲覧・謄写によって知り得た事実を利益を得て第三者に通報したことがあるとき、である。

(4) 株主名簿記載事項証明書

株券発行会社以外の会社においては株券が発行されないため、株主は、株主であることを第三者に証明することが困難である。この場合、株主は会社に対し、当該株主について株主名簿に記載されている株主名簿記載事項を記載した

書面等の交付を請求することができる（122条1項・4項）。

2　株主名簿の名義書換え

(1)　株式の譲渡の場合（名義書換共同請求の原則）

　株主名簿の記載事項の書換えは、株主にとって自己が株主であることを会社および第三者に主張するために必要な行為である（130条1項）。したがって、当該株式の発行会社以外の者から株式を取得した株式取得者は、原則として、会社に株主名簿の記載事項の書換えを請求することになる（133条1項）。これを名義書換えという。株式取得者が名義書換えを請求する場合には、原則として株主名簿に記載されている当該株式の株主またはその相続人その他の一般承継人と共同して行わなければならない（133条2項）。

(2)　株式取得者による名義書換えの単独請求（名義書換共同請求の原則の例外）

(ア)　株券発行会社においては、株券の占有者は会社に株券を提示して単独で名義書換えを行うことができる（133条2項、施規22条2項1号）。株券占有者のほか、利害関係人の利益を害するおそれがないものとして法務省令が定める場合（株式取得者が株主である旨の確定判決を得た場合、株式取得者が相続等の一般承継または競売により株式を得た場合など）には単独で名義書換えを行うことができる（133条2項、施規22条）。

(イ)　株式が譲渡制限株式の場合には、株式取得者は譲渡についての承認を受けないと株主名簿の名義書換えを請求できない（134条）。ただし、株式取得者が譲渡制限株式を取得した場合であって、①当該株式取得者が当該譲渡制限株式を取得することについての会社の承認（株式の譲渡人からの譲渡等承認請求に基づく会社の承認、136条）を受けている場合、②当該株式取得者が当該譲渡制限株式を取得したことについての会社の承認（株式取得者からの譲渡等承認請求に基づく会社の承認、137条1項）を受けている場合、③当該株式取得者が140条4項に定める指定買取人である場合、または、④当該株式取得者が相続その他の一般承継により譲渡制限株式を取得した者である場合には、株式取得者単

独による名義書換請求が認められる（134条）。

(3) 会社による名義書換え

株式取得者からの名義書換請求を待たずに、会社が単独で名義書換えができる場合として、①会社が株式を発行した場合、②会社が自己株式を取得した場合、③会社が自己株式を処分した場合、④株式を併合した場合、⑤株式を分割した場合、がある（132条）。

(4) 名義書換未了の株式取得者

(ア) 株式を取得しても株主名簿の名義書換えをしない限り、原則として株式取得者は会社に株主であることを主張できない（130条）。この場合、会社は、株主名簿に記載されている者を当該株式を有する株主として扱えばよい。

(イ) 株式譲受人が故意または過失により株主名簿の名義書換えを請求していない間に、株主名簿に記載されている株主が剰余金の配当を受け取り、また、会社から株式や新株予約権の割当てを受けた場合における株式譲受人（失念株主という）と、株主名簿上の株主との法律関係が問題となる。株主名簿上の株主が配当請求権や株式等の割当てを受ける権利を取得し、失念株主は権利を有さないと解する立場と、株式の譲渡人と譲受人との関係では前者が権利を取得すべきであると解する立場がある。最高裁は、①剰余金の配当や株式分割については失念株主の名簿上の株主に対する不当利得に基づく引渡請求を認め、②株主割当てによる払込みを伴う新株発行については失念株主に何らの権利も認めない。

(ウ) 株式譲渡の事実を知った会社が株主名簿の名義書換えをしていない株式取得者を株主として扱ってよいかという問題があり、学説上、否定説と肯定説がある。

(5) 名義書換えの不当拒絶

株式取得者が株主名簿の名義書換えを会社に請求したにもかかわらず、会社が名義書換えを遅延もしくは拒絶する場合がある。会社が正当な事由なく名義書換えを行わず合理的な期間を徒過した場合には、株式取得者は株主であるこ

(6) 株主名簿の基準日

　原則として、株式はいつでも譲渡が可能であり、株主は常に変動することになる。そこで、剰余金の配当を行い、また、株主に議決権を行使させるために、会社は一定の日を定め、その日の時点で株主名簿に記載のある株主（これを基準日株主という）もしくは登録質権者（基準日登録質権者という）が権利を行使できる者と定めることができる（124条1項・5項）。この日を株主名簿の基準日という（124条1項）。

　基準日は定款で定めることができる。定款によらずに基準日を定める場合には、会社は基準日株主が行使することのできる権利（基準日から3か月以内に行使するものに限る）の内容を定め、基準日の2週間前までに、基準日および基準日株主・基準日登録質権者が行使することのできる権利の内容を公告しなければならない（124条2項・3項本文・5項）。定款に基準日および基準日株主・基準日登録質権者が行使することのできる権利の内容についての定めがある場合には公告は不要となる（124条3項但書・5項）。

　基準日株主の行使できる権利が株主総会または種類株主総会における議決権である場合に限り、会社は、基準日後に株主となった者の全部または一部について議決権の行使を認めることができる。ただし、この場合に当該株式の基準日株主の権利を害することはできない（124条4項）。例えば、基準日後に新株の発行が行われた場合における新株を有する株主が考えられる。

第2節　所在不明株主の有する株式の売却制度

(1) 所在不明株主

　会社から株主に対して行う通知または催告が5年以上継続して到達しない場合には、会社はそれ以後通知または催告を行わなくてよいことになる（196条1項）。この場合、株主に対する会社の義務の履行場所は会社の住所地となる（196条2項）。

(2) 株式売却制度

①会社から株主に対して行う通知または催告が5年以上継続して到達しないため以後の通知または催告を必要としない場合等（197条1項1号、196条1項、294条2項）であって、かつ、②当該株主が継続して5年間剰余金の配当を受領していない場合には、会社は、そのような所在不明株主の有する株式を競売等により売却し、その代金を所在不明株主に交付することができる（197条）。当該株主は株主の地位を失い、この代金についての債権を有する債権者となる。

第3節　株式の譲渡

1　株式譲渡の方法

　株券不発行会社の場合、株式の譲渡人と取得者との間では株式譲渡の意思表示により株式は譲渡される（127条）が、株式取得者が株主であることを会社や第三者に主張し株主としての権利を行使するためには、株主名簿の書換えをしなければならない。この名義書換えがなされた後、初めて株主であることを会社および第三者に主張することができる（130条1項）。

　株券発行会社の場合、株式を譲渡するには、当事者の意思表示と共に株券（株式を表章する有価証券）を譲受人に交付することが必要であり、株券の交付がなければ譲渡の効果は生じない（128条1項本文）。株券発行会社において株券未発行または株券不所持の場合に株式を譲渡するには、株主がいったん会社から株券の発行を受けた上で譲受人に株券の交付をしなければならない。株券発行会社では、株式取得者（＝譲受人）は株券を占有することにより第三者に対抗できるので、自己が株主であることを第三者に主張するためには株主名簿の書換えは必要ない（130条2項）が、会社に主張するには株主名簿の書換えが必要である。

2 法律による株式の譲渡制限

(1) 権利株の譲渡禁止および株券発行前の株式の譲渡禁止

　成立前の会社の株式引受人および発行前の株式の株式引受人の地位を権利株という。権利株の譲渡は当事者間では有効であるが会社には対抗できない（35条、50条2項、63条2項、208条4項）。また、株券発行会社において株券発行前になされた株式の譲渡は、当事者間では有効であるが会社には対抗できない（128条2項）。ただし、株券発行会社が遅滞なく株券を発行しない場合など会社側に何らかの帰責事由があるときは、株券発行前であっても、当事者間の意思表示のみによる譲渡を会社に対抗できることになる（判例）。

(2) 子会社による親会社株式の取得禁止

　子会社は、原則としてその親会社の株式を取得することが禁止される（135条1項）。株主名簿への記載の有無を問わず禁止される。なお、135条2項各号列挙の事由により親会社株式を保有することになった子会社は、相当の時期にその親会社株式を処分しなければならない（135条3項）。子会社は保有する親会社株式について議決権を有しない（308条1項）。

● **親会社と子会社** ●

　ある会社（A会社）が、総株主の議決権の過半数を他の会社（B会社）に保有されている場合、または、法務省令の定めにより他の会社（B会社）に経営を支配されているとされる場合、前者（A会社）を子会社、後者（B会社）を親会社という（2条3号・4号）。

---

3 定款による株式の譲渡制限

(1) 株主総会または取締役会等による譲渡の承認

　会社法は、107条1項1号において会社が発行する全部の株式の内容としての譲渡制限を規定し、108条1項4号で種類株式としての譲渡制限を規定している。いずれにおいても定款でその旨を定めることが必要であり、譲渡制限の定めのある株式・種類株式を譲渡するには会社の承認が必要となる。会社の承

認は、原則として、取締役会非設置会社では株主総会の承認、取締役会設置会社では取締役会の承認であるが、定款により既存株主間での譲渡に限り承認を不要とし、また、取締役会設置会社においても株主総会の承認を必要とするといった定めを置くことができる（139条1項）。株式の譲渡制限を定めたときはその旨を登記し（911条3項7号）、株券発行会社においては株券に株式譲渡制限の定めを記載しなければならない（216条3号）。なお、譲渡制限株式の譲渡が会社の承認なく行われた場合、当事者間では譲渡は有効であるが、会社に対してその譲渡による株式の取得を主張できないことになる（判例）。

(2) 譲渡制限株式の譲渡に関する承認手続

(ア) 譲渡制限株式を他人に譲渡しようとする株主、または、既に株式の譲渡を受けた株式取得者は、会社に対して、当該株式を取得することについての承認を請求することになる（136条、137条1項）。この請求を「譲渡等承認請求」と呼び、この請求をした株主または株式取得者を「譲渡等承認請求者」と呼ぶ（138条、139条2項）。

株式取得者が譲渡等承認請求をする場合には、利害関係人の利益を害するおそれがないものとして法務省令（施規24条）が定める場合を除き、譲渡人であって株主名簿に記載・記録されている株主またはその相続人その他の一般承継人と共同して請求しなければならない（137条2項）。なお、株券発行会社において株券を所持する者が譲渡等承認請求をする場合は、単独で請求することができる（137条2項、施規24条2項1号）。

譲渡等承認請求においては、①株主が譲り渡そうとする、または、株式取得者が取得する譲渡制限株式の数（種類株式発行会社にあっては、譲渡制限株式の種類および種類ごとの数）、②株式を譲り受ける者の氏名・名称、または、株式取得者の氏名・名称、および、③会社が株式の取得を承認しないときに会社または指定買取人による当該株式の買取りを請求するときはその旨を明らかにしなければならない（138条）。譲渡等承認請求者が③の請求をした場合には、会社は当該株式の取得を承認しない限り、必ず会社自身が対象株式を買い取るか、または、指定買取人を指定しなければならない（140条1項・4項）。

(イ) 譲渡等承認請求を受けた会社は、定款に別段の定めがある場合を除き、

取締役会非設置会社においては株主総会の普通決議、取締役会設置会社においては取締役会決議により当該株式の取得を承認するか否かを決定し、その結果を譲渡等承認請求者に通知しなければならない（139条）。この通知は譲渡等承認請求の日から2週間以内にしなければならず、通知をしないときは当該株式の取得を承認したものとみなされる（145条1号）。

(ウ)　会社が当該株式の取得を承認せずに会社自身が買取人となる場合は、株主総会の特別決議により、対象株式を買い取る旨、および、会社が買い取る対象株式の数（種類株式発行会社にあっては、対象株式の種類および種類ごとの数）を定め、譲渡等承認請求者に通知しなければならない（140条1項・2項、309条2項1号、141条1項）。この通知は会社が取得を承認しない旨の通知から40日以内にしなければならず、通知をしないときは当該株式の取得を承認したものとみなされる（145条2号）。会社が買い取る場合には財源規制があり、交付する金銭の帳簿価額の総額が、その効力を生ずる日における分配可能額を超えることは許されない（461条1項1号）。

(エ)　会社が当該株式の取得を承認せずに会社の指定した指定買取人に買い取らせる場合は、定款に別段の定めがある場合（予め指定買取人を定める等）を除き、取締役会非設置会社にあっては株主総会の特別決議、取締役会設置会社にあっては取締役会決議により指定買取人を指定しなければならない（140条4項・5項、309条2項1号）。指定買取人は、指定買取人として指定された旨、および、指定買取人が買い取る対象株式の数（種類株式発行会社にあっては、対象株式の種類および種類ごとの数）を譲渡等承認請求者に通知しなければならない（142条1項）。この通知は会社が取得を承認しない旨の通知から10日以内にしなければならず、通知をしないときは当該株式の取得を承認したものとみなされる（145条2号）。指定買取人の通知の到達により譲渡等承認請求者と指定買取人の間で当該株式についての売買契約が成立すると解されている（判例）。

(オ)　株式譲渡等承認請求に係る株式が株券発行会社の株式である場合には、会社または指定買取人から供託証書の交付を受けた譲渡等承認請求者は、交付を受けた日から1週間以内にこの株式に係る株券を供託し、会社または指定買取人に供託した旨を遅滞なく通知しなければならない（141条3項、142条3項）。譲渡等承認請求者がこの期間内に株券の供託をしないときは、会社または指定

【譲渡制限株式の譲渡の手続】

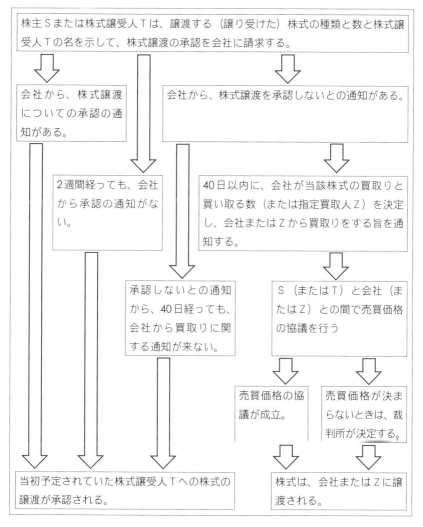

買取人は株式譲渡等承認請求に係る株式の売買契約を解除することができる（141条4項、142条4項）。

(カ) 会社または指定買取人が買い取ることになった場合の株式の売買価格は、会社または指定買取人と譲渡等承認請求者との協議によって定まる（144条1項・7項）。協議により価格が定まらない場合は、会社、指定買取人または譲渡

等承認請求者は、会社または指定買取人からの対象株式を買い取る旨の通知（141条1項および142条1項の通知）があった日から20日以内に、裁判所に対して売買価格決定の申立てをすることができる（144条2項・7項）。なお、会社または指定買取人と譲渡等承認請求者との協議により価格が決定しないにもかかわらず、上記20日以内に裁判所に売買価格決定の申立てがなされない場合には、1株当たり純資産額に会社または指定買取人が買い取る対象株式の数を乗じて得た額が当該対象株式の売買価格となる（144条5項・7項）。なお、1株当たり純資産額の算定方法については、会社法141条2項、会社法施行規則25条が詳細な定めを置く。

(キ) 一人会社（1部2章2節**2**参照）の株主が譲渡制限株式を譲渡する場合には、会社の承認は不要と解される。

4 契約による株式の譲渡制限

株主間で契約により株式の譲渡制限を定めることは、契約自由の原則から認められる。ただし、会社法の定める譲渡制限の定めとは異なる内容の会社同意権を必要とする契約は、株式譲渡自由の原則に抵触する可能性が高く、無効の疑いが強い。従業員持株制度において問題となることが多い。

第4節　株券と株券不発行

1 経緯

株式は目で見ることも手で触れることもできない無体物である。そこで、歴史的には、株式を扱う者の便宜のために、株式を表章する有価証券として株券が創り出された。株券が有価証券であることにより、株券を所持すれば会社に対しても第三者に対しても自己が株主であることを主張することができ、株式の譲渡等を安心して行うことができることになった。株式と株券は別の概念であり、株式の存在しないところに株券を作成しても、それは株式を表章する有

価証券にはならない（非設権証券）。

2 株券発行会社

(1) 株券発行会社と株券の発行

　平成16年改正前の商法の下では、全ての株式会社は株券を発行することが義務付けられていた。しかし、株券の流通量が膨大な上場会社では、事務処理の迅速化のために株券は強制的に廃止され（平成16年法律88号改正附則6条1項）、株式振替制度に移行することになった。他方、小規模な株式会社では株券を発行する必要性が乏しいため、会社に株券の発行を強制しないことになった。したがって、定款で株券を発行する旨を定めた会社（＝株券発行会社）のみが株券を発行することになる（214条）。なお、種類株式発行会社において一部の種類株式についてのみ株券を発行すると定めることは許されない。株券発行会社は、株式を発行した日および自己株式を処分した日以後、遅滞なく株券を発行しなければなならない（215条1項、129条1項）。遅滞なく株券を発行するとは、株券発行に必要とされる合理的期間内に発行することである（判例）。

　株券発行会社が非公開会社であるときは、株主から請求があるまでは株券を発行する必要はない（215条4項、129条2項）。なお、会社は会社成立前または新株の払込期日前には、株券を発行することができず、仮に発行したとしてもその株券は無効となる。

　このほか、単元株制度を採用する株券発行会社において、定款に単元未満株式に係る株券を発行しない旨を定めることができる。

● 中小規模の株式会社と株券の発行 ●

　本文に、小規模な株式会社では株券を発行する必要性が乏しいため、会社に株券の発行を強制しないことになったと述べたが、これは通常の説明であり、この点、著者は懐疑的である。真実の株主は誰かという問題が生じたとき、株券を発行していない場合には、株主名簿の記載が重要になってくる。しかし、中小規模の株式会社において必ずしも株主名簿が厳格かつ正確に管理されているとはいい難いし、改竄防止の技術が高いとも思えない。そうなると、数十年の時を経て、その間に相続なども生じた後、特定の者が株主であるか否かや何株を有するかなどが争われた場合に、真実を究めることは極めて困難となる。そして、多くの場合、

> 立証責任を負わされるのは株主であるから、争いをしている株主側が圧倒的に不利になるのではないかと危惧される。中小規模の株式会社において、上記のような争いの発生を未然に防止し、株主の権利を保護するためには、株券を発行することが望ましいと考える。ちなみに、著者は、昭和初期に発行された中小企業（株式会社）の株券を土地の権利証などと一緒に現在も大切に保管している老婦人の例を知っている。

(2) 株券不所持制度

　株主が株券を自ら保管するとき、盗取されたり紛失したりするおそれがある。このとき、その株券を善意無重過失で取得した者が現れると、この者が株主となり、元の株主は株主でなくなる。そこで、株券を保管することに不安を抱く株主のために、株券不所持制度が設けられた。

　株券発行会社においては、株主が株券不所持の申出をすることができ（217条1項）、会社は株主名簿に株券不所持の旨を記載する（217条3項）。これを株券不所持制度という。この場合、会社は当該株式に係る株券を発行することができず（217条4項）、また、それまでに発行されていた株券であって会社に提出された株券は無効になる（217条5項）。

3　株券

(1) 法定記載事項

　株券は株式を表章する有価証券である。株券には、①会社の商号、②当該株券が表章する株式の数、③株式譲渡制限の定めがあるときはその旨、④種類株式発行会社にあっては当該株券が表章する株式の種類およびその内容、ならびに、⑤株券の番号を記載し、代表取締役が署名または記名押印をする（216条）。なお、株主が会社に対して権利を行使する際に株主名簿の書換えを必要とする株式を記名株式といい、記名株式を表章する有価証券を記名株券という。

(2) 株券の有価証券性

　株券は有価証券であるので、株券を譲り受ける際に、その株券が紛失したものであったり盗取されたものであったとしても、譲受人がそのことに気が付か

ない場合（悪意または重過失がない場合）には、その譲受人は株式の正当な所持人となることができる（131条2項、善意取得）。

● 善意取得 ●

善意取得（131条2項）は、①株券を無権利者から取得する場合、②無権代理人から取得する場合、③譲渡人に錯誤等の意思表示の瑕疵がある場合、および、④権利者でない者を権利者（別人）と誤認して取引がなされた場合に成立する。

　株券を占有する者は適法な所持人と推定されるので（131条1項）、株券の占有者が自らを株主であると主張し株主名簿の書換えを求めるときは、債務者である会社は、悪意の場合、または、善意であるが重過失ある場合を除き、その者を株主として扱い名義書換えに応じなければならない。この場合、会社は名義書換えに応ずることにより、真実の株主等に対し損害賠償等の責任を負うことはない。なお、株券所持人は株主名簿上の株主の協力を必要とせずに名義書換えを行うことができる（施規22条2項1号）。

　株券は、有効な株式が存在してはじめて有価証券となるのであって、株式が存在しないところに株券を作成しても株券は有価証券にはならない（要因証券、非設権証券という）。株券上に記載された文言と株式の内容や性質に差異が生じたときは、本来の株式の内容や性質が有効とされる（非文言証券）。

4 株券発行会社および株券不発行会社における株式譲渡

(ア) 株券発行会社であって譲渡制限の定めがない場合、株式の譲渡人と譲受人との間での株式譲渡の意思表示と株券の交付により、当事者間および対第三者の関係では、譲受人が新株主になる（127条、128条1項、130条2項・1項）。新株主は会社に対して株主名簿書換請求権を有することになる（133条1項・2項、施規22条2項1号）。名義書換えをするかしないかは株主の自由である。しかし、この譲受人が、株主名簿の名義書換えを済ませない限り、会社に対し株主であると主張できない（130条2項・1項）。

(イ) 株券発行会社であって譲渡制限の定めがある場合、株式の譲渡人と譲受人との間での株式譲渡の意思表示と株券の交付により、当事者間および対第三者の関係では、譲受人が新株主になる（127条、128条1項、130条2項・1項）。この譲受人は、会社から株式譲渡についての承認を得た後（137条1項・2項、139条、施規24条2項1号）、初めて会社に対して株主名簿書換請求権を有することになる（134条2号、133条、施規22条2項1号）。名義書換えをするかしないかは株主の自由である。しかし、この譲受人が、株主名簿の名義書換えを済ませない限り、会社に対し株主であると主張できない（130条2項・1項）。

(ウ) 株券不発行会社であって譲渡制限の定めがない場合、株式の譲渡人と譲受人との間での株式譲渡の意思表示により当事者間では譲受人が新株主になる。新株主は前株主と共同して会社に対し株主名簿の名義書換えを請求することができる（133条）。名義書換えをするかしないかは株主の自由であるが、株主名簿の名義書換えを済ませない限り、譲受人は会社および第三者に対し株主であると主張できない（130条1項）。

(エ) 株券不発行会社であって譲渡制限の定めがある場合、株式の譲渡人と譲受人との間での株式譲渡の意思表示により当事者間では譲受人が新株主になる。しかし、この場合、譲渡人または譲受人が譲渡等承認請求を行い（136条、137条）、会社から株式譲渡についての承認を得た後（139条）、初めて会社に対し株主名簿の書換えを請求することができる（134条1号・2号、133条）。名義書換えをするかしないかは株主の自由であるが、株主名簿の名義書換えを済ませない限り、譲受人は会社および第三者に対して株主であると主張できない

(130条1項)。

なお、譲渡制限の定めがある場合の会社の承認等については、本章3節**3**を参照されたい。

5 株券喪失登録制度

(1) 株券喪失登録簿

株券を喪失した者は、会社（または株主名簿管理人、222条）に対し、氏名・名称・住所・喪失した株券の番号を明らかにして株券喪失登録の請求をする（223条、施規47条2項）。株券発行会社（または株主名簿管理人）は株券喪失登録簿を作成し、喪失したとされる株券の番号、喪失した者の氏名・名称・住所等の事項を記載し（221条）、これを会社の本店または株主名簿管理人の営業所に備置きする（231条）。

株券喪失登録がなされた株券は、その登録日（株券喪失登録日）の翌日から起算して1年を経過した日に無効となる（228条1項）。株券が無効となった後、株券喪失登録者は会社に株券の再発行を請求することができ（228条2項）、株券喪失登録者が名義人ではない場合には株主名簿の書換えを請求することができる（230条1項2号）。1年を経過する前に株券喪失登録のなされた株券の所持人（株主名簿上の名義人または株券取得者）が現れた場合、株券の所持人は、会社に株券を提出して当該株券喪失登録の抹消を申請することになる（225条1項・2項）。申請を受けた会社は、遅滞なく、株券喪失登録者に対し抹消申請をした者の氏名・名称・住所・当該株券の番号等を通知し、この通知から2週間を経過した日に株券喪失登録を抹消する（225条3項・4項前段）。株券は、株券喪失登録抹消申請をした者に返還される（225条4項後段）。その後、株券喪失登録者と株券所持人との間で、どちらが当該株式の真の権利者であるかについて話合いや訴訟等により決着がつけられることになる。

(2) 株券喪失登録の効力

会社は、株券喪失登録が抹消された日または株券喪失登録日の翌日から起算して1年を経過した日のいずれか早い日（＝登録抹消日）までの間は、株券喪

失登録がなされた株券に係る株式についての株主名簿の名義書換えをすることができず、株券を再発行することができない（230条1項・2項）。また、株券喪失登録者が株券喪失登録をした株券に係る株式の名義人でない場合、株主名簿上の株主は、登録抹消日までの間は、株主総会または種類株主総会において議決権を行使することができない（230条3項）。

第5節 自己株式

❶ 自己株式を取得できる場合と財源規制

　会社法の下では、株式会社は以下に掲げる場合に限り（限定列挙）自己株式を取得することができる（155条）。すなわち、①取得条項付株式において会社が当該株式を取得する一定の事由（107条2項3号イの事由）が生じた場合、②譲渡制限株式の取得の承認を請求する者が、会社がその取得を承認しないときには会社自身が買い取るよう請求（138条1号ハまたは2号ハの請求）した場合、③株主との合意に基づく自己株式の取得に関する株主総会の決議（156条1項）があった場合、④取得請求権付株式において株主からの取得請求（166条1項の請求）があった場合、⑤全部取得条項付種類株式の取得に関する株主総会決議（171条1項の決議）があった場合、⑥会社が譲渡制限株式の相続人等に売渡しを請求（176条1項の請求）した場合、⑦単元未満株式の買取請求（192条1項の請求）があった場合、⑧所在不明株主の株式を売却する際に会社が買主となった場合（197条3項）、⑨端数株を処理する際に会社が買主となった場合（234条4項）、⑩他の会社の事業の全部を譲り受けるときに、譲渡会社が有する自己株式を取得した場合、⑪合併の際に消滅会社から自己株式を承継した場合、⑫吸収分割の際に分割会社から自己株式を承継した場合、および、⑬上記の①から⑫以外で法務省令（施規27条）が定める場合（株式を無償で取得する場合、他の法人の剰余金の配当または残余財産の分配として自己株式の交付を受ける場合、会社法の定める株式買取請求権の行使に応じて自己株式を取得する場合など）である。

以上のように、形式的には自己株式の取得は限定的に認められているが、③の手続に従えば事由のいかんを問わずに自己株式の取得が許されるので、実質的には、同条は自己株式の取得が原則として自由であることを認めた規定と理解されている。したがって、上記のうち、③が原則でありもっとも重要であるので、以下においてこれから解説をする。

なお、第三者の名義による取得であっても、会社の計算により行われているときは、自己株式の取得として上記の制約を受けることになる。

このほか、会社が自己株式を取得する際に交付する金銭等の額について制約がある。すなわち、①から⑨の場合において、会社の各行為により株主に交付する金銭等（当該株式会社の株式を除く）の帳簿価額の総額が、当該行為がその効力を生ずる日における剰余金の分配可能額（461条2項）を超える場合には、金銭等を交付することができず、会社は自己株式を取得できない（①について170条5項、④について166条1項、②③⑤⑥⑧⑨について461条1項）。これを財源規制という。このような財源規制は、⑦、および、⑩ないし⑬の場合には存在しない。財源規制に違反する自己株式の取得は無効と解される。

2　株主との合意による自己株式の取得

会社が株主との合意に基づき自己株式を取得するのは、原則として上記1③の場合（156条1項に定める自己株式の取得に関する株主総会の決議があった場合）となる。この場合、具体的な取得方法により以下の5通りに分かれる。すなわち、(1)全株主に対し自己株式の譲渡を求める方法、(2)特定の株主から自己株式を取得する方法、(3)(2)の特例として株主の相続人等から相続等により取得した自己株式を合意により取得する方法、(4)(2)の特例として子会社から自己株式を取得する方法、および、(5)市場取引もしくは公開買付制度（金商27の2第6項）を利用する方法である。なお、本書が対象としている会社は、(5)を利用できない。

(1)　全株主から自己株式の譲渡人を求める方法

(ア)　会社は予め株主総会の普通決議において、①取得する株式の数（種類株式発行会社にあっては株式の種類および種類ごとの数）、②株式の取得と引き換えに

交付する金銭等（当該株式会社の株式等を除く）の内容およびその総額、ならびに、③会社が株式を取得できる期間（1年以内）を定めなければならない（156条1項）。決議を行うのは定時総会に限られない。

(イ)　会社は、自己株式を取得しようとする都度、取締役会（157条2項。取締役会非設置会社では株主総会（462条1項2号イ参照））において、①取得する株式の数（種類株式発行会社にあっては株式の種類および数）、②株式1株の取得と引き換えに交付する金銭等の内容および数もしくは額またはこれらの算定方法、③株式の取得と引き換えに交付する金銭等の総額、および、④株式の譲渡の申込期日を定めなければならない（157条1項・2項）。これらの取得条件は決定ごとに均等に定めなければならない（157条3項）。

　上記の具体的取得事項は、全ての株主（種類株式発行会社にあっては取得する株式の種類の種類株主）に通知され（158条1項）、株主は会社への譲渡を望む株式の数（種類株式発行会社においては株式の種類および数）を明らかにして譲渡の申込みをする（159条1項）。

(ウ)　株式譲渡の申込期日に、会社は申込みがあった株式の譲受けを承諾したものとみなされ、会社は自己株式を取得することになる（159条2項）。ただし、申込みがあった株式の総数（申込総数）が会社が取得を予定していた総数（取得総数＝157条1項1号の数）を超えるときは、各株主の申込数のうち取得総数の申込総数に対する割合で按分比例した数の株式についての譲受けが承諾したものとみなされる（159条2項）。例えば、取得総数が100株、申込総数が1000株で、株主Aが15株の譲渡の申込みをした場合、100（取得総数）÷1000（申込総数）×15（株主Aが申込みをした数）＝1.5となり、会社は株主Aから1株のみを譲り受けることになる（端数は切り捨てる、159条2項但書）。

(2)　特定の株主から自己株式を取得する方法

(ア)　会社が特定の株主から自己株式を取得する場合、(1)の方法と同様に、取得事項に関する決定がなされなければならない（160条）。その後の株主への通知は、当該特定株主にのみなされることになり、会社はその者からの譲渡の申込みを受けて自己株式を取得することになる（160条5項、158条）。

(イ)　会社がこの方法をとる場合には、当該特定株主と他の株主との間におけ

る株式の売却機会の均等を図ることから、以下の点で(1)の方法による場合よりも厳格な規制が存在する。

　まず、特定の株主に対してのみ自己株式の譲渡を求める通知をする旨（すなわち特定の株主からのみ自己株式を買い取ること）を株主総会の特別決議により定めなければならない（160条1項、309条2項2号）。この際、当該特定株主は議決権を行使できない（160条4項）。

　会社が特定の株主から自己株式を取得する場合、会社は株主総会の2週間前（例外もある。施規28条参照）までに、全株主（種類株式発行会社にあっては取得する株式の種類の種類株主）に対し当該特定株主以外の株主が自らを自己株式の売主に加えるよう請求することができることを通知しなければならない（160条2項。一種の議案提出権となる）。この通知を受けた株主は株主総会の日の5日前までに会社に上記の請求をすることができる（160条3項、施規29条）。ただし、会社が自己株式（種類株式発行会社においては、ある種類の株式）の取得に関して定款の定めにより他の株主からの追加請求権を排除している場合（164条1項）には、他の株主は自らを自己株式の売主に加えるよう請求することができない。

(3)　株主の相続人等から自己株式を取得する方法

　会社が、株主の相続人またはその他の一般承継人から、相続その他の一般承継により取得した当該会社の株式を合意に基づき取得する場合には、他の株主に対し自らを自己株式の売主に加えるよう請求することができる旨の通知は不要となる（162条）。ただし、非公開会社に限られる（162条1号）。また、株主の相続人またはその他の一般承継人が株主総会等において当該株式に係る議決権を行使していない場合に限られる（162条2号）。

(4)　親会社が子会社の有する親会社株式を取得する方法

　子会社は原則として親会社の株式を取得できないが、例外的に親会社株式を保有することが生ずる（135条。本章3節**2**(2)参照）。この場合、子会社は相当の時期にその親会社株式を処分しなければならない（135条3項）。このとき、親会社は、株主総会の普通決議（取締役会設置会社では取締役会の決議）により、

子会社が有する親会社の株式を取得することができる（163条）。この決議では、①取得する株式の数（種類株式発行会社にあっては株式の種類および種類ごとの数）、②株式の取得と引き換えに交付する金銭等の内容およびその総額、ならびに、③株式を取得できる期間（1年以内）を定めなければならない（156条1項）。この決議に基づいて、親会社は子会社から自己株式を取得する。ただし、親会社から子会社に対して交付する金銭等（当該株式会社の株式を除く）の帳簿価額の総額が、自己株式取得の効力を生ずる日における分配可能額を超える場合には、親会社は子会社から自己株式を取得できない（461条1項2号、財源規制）。

　親会社が子会社から自己株式を取得することは、子会社という特定の株主から自己株式を取得することであり、原則としては通常よりも厳格な手続を要するはずである（(2)（イ）参照）。しかし、親会社が子会社から自己株式を取得する場合にはむしろ手続が緩和されている。すなわち、株主総会の特別決議は必要なく普通決議で足り、取締役会設置会社であれば株主総会の普通決議さえ必要なく取締役会決議に代えられる（163条）。その他の手続（株主総会または取締役会による具体的な取得に関する事項の決定や株主への通知等）もない（163条）。また、特定株主が子会社である場合には、他の株主は自らを自己株式の売主に加えるよう請求することができない（163条、160条）。

　なお、(1)～(4)のほかに市場取引または公開買付制度により自己株式を取得する方法（165条）があるが、これは非公開会社である中小企業には適用されない制度であるので、解説を省略する。

3　株式の内容による自己株式の取得

(1)　取得請求権付株式の株主からの取得請求に基づく自己株式の取得

　取得請求権付株式（取得請求権付種類株式を含む）の株主は、会社に対して取得請求権付株式を取得することを請求することができる（166条1項本文）。会社は、株主からの取得請求があった日に、当該取得請求権付株式を取得することになる（167条1項）。取得請求権付株式を取得するのと引き換えに当該株式

会社の社債、新株予約権またはそれ以外の財産（107条2項2号ロからホまでに規定する財産）を交付する場合において、これらの財産の帳簿価額が当該請求の日における剰余金の分配可能額（461条2項）を超えているときは、応じることができない（166条1項但書、財源規制）。

(2) 取得条項付株式の一定の事由の発生による自己株式の取得

取得条項付株式（取得条項付種類株式を含む）が発行されている場合において定款に定めてある取得事由（107条1項3号所定の「一定の事由」および108条1項6号所定の「一定の事由」を合わせて、講学上、取得事由という）が生じたとき、会社は、取得条項付株式の株主に対し、取得事由が生じた旨を遅滞なく通知または公告しなければならない（170条3項・4項）。取得事由が生じた日に会社は取得条項付株式を取得する（170条1項）。ただし、別に定める日が到来することをもって取得事由とする旨を定款に定めている場合（＝107条2項3号ロの定めがある場合）には、会社は、「別に定める日」を株主総会（取締役会設置会社にあっては取締役会）の決議により定めなければならない（168条1項、ただし定款に別段の定めがある場合を除く）。会社が「別に定める日」を決定したときは、会社は取得条項付株式の株主等に対し当該日の2週間前までに当該日を通知または公告しなければならない（168条2項・3項）。

また、定款に、取得事由が生じた日に取得条項付株式の一部を取得する旨および取得する株式の一部の決定の方法を定めている場合（107条2項3号ハの定めがある場合）には、株主総会（取締役会設置会社にあっては取締役会）の決議により（ただし定款に別段の定めがある場合を除く）、その取得する取得条項付株式を決定し（169条1項・2項）、決定した取得条項付株式の株主に対し、ただちに当該取得条項付株式を取得する旨を通知または公告しなければならない（169条3項・4項）。

なお、取得条項付株式の取得と引き換えに財産を交付する場合において、これらの財産の帳簿価額が取得事由が生じた日における分配可能額（461条2項）を超えているときは、会社は取得条項付株式を取得することはできない（170条5項、財源規制）。

(3) 全部取得条項付種類株式の取得による自己株式の取得

　会社は、株主総会の特別決議により全部取得条項付種類株式（108条1項7号）の全部を取得することができる（171条1項、309条2項3号）。取締役は株主総会において当該種類株式の全部の取得を必要とする理由を説明し、この特別決議によって、①全部取得条項付種類株式の取得と引き換えに金銭等（取得対価：金銭に限られず会社の株式や社債も交付できる）を交付する場合は、取得対価についての一定の事項（171条1項1号の事項）、②全部取得条項付種類株式の株主に対する取得対価の割当てに関する事項（ただし、株主（当該会社を除く）の有する全部取得条項付種類株式の数に応じて取得対価を割り当てなければならない）、および、③全部取得条項付種類株式を取得する日（＝取得日）を定めなければならない（171条）。会社は、取得日に、全部取得条項付種類株式の全部を取得する（173条1項）。なお、財源規制があり、取得対価の帳簿価額が取得日における分配可能額（461条2項）を超えているときは、全部取得条項付種類株式を取得することはできない（461条1項4号）。また、取得対価に不満のある株主は、一定の手続を履践した上で、特別決議をした株主総会の日から20日以内に、裁判所に対し取得価格の決定を申し立てることができる（172条1項）。

4　相続人等に対する売渡請求による自己株式の取得

　会社は、定款に定めを置くことにより、相続またはその他の一般承継（合併・会社分割による承継）により当該会社の譲渡制限株式を取得した者（以下、相続人等とする）に対して、取得した株式を強制的に会社に売り渡すことを請求できる（174条）。これは、相続等により、会社の望まない者が株主になることを防止するためのものである。会社は、相続等の一般承継の事実を知った日から1年以内に請求をしなければならないが、この請求はいつでも撤回することができる（176条1項・3項）。会社が相続人等に売渡請求をするには、その都度、株主総会の特別決議により、①売渡請求をする株式の数（種類株式発行会社にあっては株式の種類および種類ごとの数）ならびに②相続人等の当該株式を有する者の氏名・名称を定めなければならない（175条、309条2項3号）。この相続人等は、株主総会において議決権を行使できない（175条2項）。会社は、売渡

しを求める株式の数（種類株式発行会社にあっては、株式の種類および種類ごとの数）を明らかにして売渡請求を行う（176条2項）。財源規制が適用される（461条1項5号）。

　株式の売買価格は、原則として会社と相続人等との協議によって定められる（177条1項）。この協議が調わない場合には、会社または相続人等は売渡請求があった日から20日以内に裁判所に対し売買価格の決定の申立てをすることができる（177条2項）。協議が調わないにもかかわらず、売渡請求日から20日以内に当事者から裁判所に売買価格の決定を求める申立てがない場合には、会社からの売渡請求の効力がなくなる（177条5項）。

5　違法な自己株式取得

　以上に述べた手続に違反して自己株式の取得が行われた場合、その自己株式の取得は無効と解される（判例）。会社の計算において不正に自己株式を取得した取締役・執行役・使用人等には刑事罰が科される（963条5項1号）。

6　自己株式の保有

　かつては、会社は自己株式を取得した後、相当の期間内に処分しなければならないと定められていたが（平成13年改正前商法211条参照）、会社法の下では、取得した自己株式を期間の制限なく保有することができる。会社が保有している自己株式を「金庫株」と呼ぶことがある。会社は、保有する自己株式について議決権を行使できず（308条2項）、その他の共益権も行使できないと解されている。会社は、自己株式について株式買取請求権も残余財産分配請求権も行使できない。自己株式については無償割当て（186条2項）も、募集株式の割当て（202条2項）も、新株予約権の割当て（241条2項）も認められない。また、会社は自己株式に対して剰余金の配当をすることができない（453条）。なお、株式の併合、株式の分割においては、会社の保有する自己株式もその対象となる（182条、184条1項）。

7 自己株式の処分

　会社が保有する自己株式を処分するのは、①募集株式の発行として処分する場合（199条以下参照）、②吸収合併・吸収分割または株式交換の際に存続会社・承継会社または完全親会社となる会社が新株発行に代えて自己株式を交付する場合（いわゆる代用自己株式としての使用）、③単元未満株主に売渡請求権を認めている会社が、単元未満株主の売渡請求に応ずる場合（194条）、④新株予約権の行使に応じて自己株式を交付する場合（282条）等である。株主には、①の場合について、自己株式処分に対する差止請求権（210条）、自己株式処分無効の訴え（828条1項3号）、自己株式処分不存在確認の訴えが定められている（829条2号）。なお、会社は保有する自己株式を消却することができる（後述）。

第6節　株式の併合・分割・株式無償割当て・消却

1 株式の併合

(1) 総論

　会社は株式の併合をすることができる（180条1項）。株式の併合とは、例えば3株を1株にする、というように、数個の株式を合わせてそれ以下の数の株式とすることであり、同じ種類の株式の全てが併合割合に応じて一律に減少することである。

　株式の併合は、発行済株式総数を減少させるが、原則として会社の資本金額や純資産額、発行可能株式総数は変わらない。株式の併合は株主に大きな影響を与えるため（例えば、3株を1株に併合すると、2株を保有していた株主は株主の地位を失う。）、株主総会の特別決議を必要とする（180条2項、309条2項4号）。取締役は株式を併合する理由を説明しなければならない（180条4項）。株主総会の特別決議において極端に大きい併合の比率を定め、故意に一般の株主（少数派の株主）を除外する意図が認められるときは、多数決の濫用にあたり決議取消しの訴えに服すると考えられている。

(2) 株券を発行していない会社の場合

会社は、株式併合の効力発生日の2週間前までに、株主（種類株式発行会社にあっては併合する種類株式の株主）およびその登録株式質権者に株式併合を行う旨を通知・公告しなければならない（181条）。会社の定めた効力発生日に株式の併合が生じる（182条）。

> ● **株券不発行会社と株券を発行していない会社** ●
>
> 株券不発行会社は、株券を発行する旨の定款の定めがない会社をいう。これに対し、株券を発行していない会社とは、株券不発行会社のほか、全ての株式について株券不所持の申出がなされている会社（217条）、定款上は株券を発行することになっているにもかかわらず、非公開会社であって株主の請求がないために株券が発行されていない会社（215条4項）、および、非公開会社であって一部の株主につき株券発行の請求がなく、他の株主について株券不所持の申出がなされている会社、である。

(3) 株券発行会社の場合

株券発行会社が株式の併合をする場合には、上記と同様に取締役の説明と株主総会の特別決議を経た後、株式併合の効力発生日（これを株券提出日という）までに株券を会社に提出すべき旨を効力発生日の1か月前までに公告し、かつ、当該株式の株主およびその登録株式質権者に各別に通知しなければならない（219条1項2号）。株券発行会社であって当該株式の全部について株券を発行していない場合は、このような公告・通知は必要ない（219条1項但書）。株主が株券を提出しないときは、会社は、当該株券に係る株式についてその株主が受けることのできる株式や金銭などの交付を拒むことができる（219条2項）。旧株券は株式併合の効力発生日（＝株券提出日）に無効となり（219条3項）、会社は遅滞なく新株券を発行しなければならない（215条2項）。

(4) 株主保護の制度

(ア) 株式の併合（単元株式数を定款で定めている場合は、当該単元株式数に180条2項1号所定の併合の割合を乗じて得た数に1に満たない端数が生ずるものに限る）を行う会社は、株主総会の2週間前の日、通知の日または公告の日のいずれか早い日から効力発生日後6か月を経過する日までの間、株式併合の割合・効力

発生日・併合する株式の種類等（180条2項各号）を記載した書面等を本店に備え置かなければならない（182条の2第1項）。株主は、会社に対し営業時間内において、上記書面の閲覧および謄本抄本交付の請求ができる（182条の2第2項）。

(イ) 株式の併合が法令または定款に違反する場合において、株主が不利益を受けるおそれがあるときは、株主は、会社に対し、当該株式の併合の差止めを請求することができる（182条の3）。

(ウ) 株式の併合により株式の数に1株に満たない端数が生ずる場合、株式の併合に反対した株主、または、議決権を行使できない株主（182条の4第2項1号・2号）は、会社に対し、1株に満たない端数となるものの全部を公正な価格で買い取ることを請求することができる（182条の4第1項・2項）。これを株式買取請求という（182条の4第4項第1括弧書）。株主は、効力発生日の20日前の日からその前日までの間に、株式買取請求をしなければならない（182条の4第4項）。効力発生日から30日以内に株式の価格について協議が調わないときは、株主または会社は、その期間の満了の日後30日以内に、裁判所に、価格の決定を申し立てることができる（182条の5第2項）。

(エ) 会社は、効力発生日後遅滞なく、発行済株式の総数その他株式の併合に関する事項等を記載した書面を作成し、効力発生日から6か月間、本店に備え置かなければならない（182条の6第1項・2項）。株主または効力発生日に株主であった者は、会社に対し営業時間内において、上記書面の閲覧および謄本抄本交付の請求ができる（182条の6第3項）。

2 株式の分割

会社は株式の分割を行うことができる（183条1項）。株式の分割とは、例えば普通株式1株を普通株式5株にするというように、株式を同種の株式に細分化することである。同じ種類の株式の全てが分割割合に応じて一律に増加する。株式の分割は発行済株式総数を増加させるが、会社の資本金額や純資産額は変わらない。株式の分割は、取締役会非設置会社では株主総会の普通決議（取締役会設置会社では取締役会決議）により行うことができる（183条2項）。

会社は、株式分割の基準日の2週間前までに、公告しなければならない（124条3項）。取締役会または株主総会が定めた株式分割の効力発生日に、株式は分割される（184条1項）。株式分割により新株の割当てを受ける者は、基準日において株主名簿に記載されている株主である（184条1項）。

3 株式の無償割当て

会社は株式の無償割当てを行うことができる（185条）。株式の無償割当てとは、既存の株主（種類株式発行会社にあってはある種類の種類株主）に新たな払込みを求めずに株式を割り当てることである。無償割当てされる株式は、必ずしも割当てを受ける株主が有する株式と同一種類である必要はない。例えば、普通株式を有する株主に、優先株式を割り当てることができる。

会社が株式無償割当てを行う場合には、定款に別段の定めがある場合を除き、その都度、取締役会非設置会社では株主総会の普通決議、取締役会設置会社では取締役会決議が必要となる（186条1項・3項）。会社の定めた効力発生日に株式の無償割当てが行われる（187条1項）。端数が生じたときは金銭で処理される（234条1項3号）。

4 株式の消却

株式の消却とは、会社が特定の株式を消滅させることである。会社は保有する自己株式を消却すること（178条1項前段）により、株式の消却を行う。株式を消却しても、発行可能株式総数や純資産額、資本金額は変わらない。

株式を消却する場合、取締役会非設置会社では株主総会の普通決議（取締役会設置会社では取締役会決議）により、消却する自己株式の数（種類株式発行会社にあっては種類および種類ごとの数）を定めなければならない（178条1項後段・2項）。

第7節 株式の単位

(1) 単元株制度

(ア) 単元株制度とは、定款により一定数の株式を「1単元の株式」と定め、1単元の株式に1個の議決権を認める制度である。会社は、定款に一定数の株式を1単元の株式とすることを定めることができる（188条1項）。ただし、例えば10万株を1単元とすることで、それより少ない数しか有しない株主を排除するような形で大株主等が単元株制度を濫用し特定の株主の議決権を不当に奪うことを防ぐため、1単元の株式の数は1000株または発行済株式総数の200分の1を超えることはできない（188条2項、施規34条）。なお、種類株式発行会社においては、単元株式数は株式の種類ごとに定める（188条3項）。

(イ) 会社成立後に定款を変更して単元株制度を採用する場合および単元株式数を増加する場合には、原則として株主総会の特別決議が必要であり、取締役は株主総会において必要とする理由を説明しなければならない（466条、309条2項11号、190条）。ただし、株式の分割と同時に単元株式数を増加しまたは単元株式数についての定款の定めを設ける場合であって、かつ、定款変更後において各株主が有する議決権の数が、定款変更前において各株主が有していた議決権の数を下回らない場合には、株主に不利益をもたらすものではないので、株主総会の決議によらずに、取締役会の決議（取締役会非設置会社においては取締役の決定）により、単元株式数（種類株式発行会社にあっては各種類の株式の単元株式数）を増加し、または、単元株式数についての定款の定めを設けるといった定款の変更をすることができる（191条）。1単元の株式数を減少させること、または単元株制度を廃止することは株主に不利益をもたらすものではないので、取締役会の決議（取締役会非設置会社においては取締役の決定）によりその定款変更を行うことができる（195条1項）。このような定款変更を行った場合、会社は、定款変更の効力が生じた日以後、遅滞なく、その株主（種類株式発行会社にあっては単元株式数を変更した種類の種類株主）に定款を変更した旨を通知または公告しなければならない（195条2項・3項）。

(ウ) 単元株制度を採用した会社の株主には、1単元の株式につき1個の議決権

が認められる（308条1項但書）。単元株式を保有しない株主（単元未満株主）は、株主総会および種類株主総会で議決権を行使できない（189条1項）。さらに、会社は、単元未満株主について、その有する単元未満株式の権利の全部または一部を行使できない旨を定款で定めることができる。ただし、①全部取得条項付種類株式の取得対価の交付を受ける権利、②会社による取得条項付株式の取得と引き換えに金銭等の交付を受ける権利、③株式無償割当てを受ける権利、④単元未満株式の買取請求権、⑤残余財産分配請求権、および、⑥その他法務省令（施規35条）で定める権利は剥奪できない（189条2項）。なお、株券発行会社であって単元株制度を採用した会社は、定款に単元未満株式に係る株券を発行しない旨を定めることができる（189条3項）。

(2) 単元未満株式買取請求権と単元未満株式売渡請求権

単元未満株主は会社に対し単元未満株式の買取りを請求することができる（192条1項・2項。手続については193条が定める）。

買取請求とは逆に、株主が会社から新たな単元未満株式を購入することもできる。これが単元未満株式売渡請求権である。すなわち、定款に単元未満株式の売渡請求の定めを設けた会社においては、単元未満株主は、自己の有する単元未満株式の数とあわせて単元株式数となる数の株式の売渡しを会社に請求することができる（194条1項）。

(3) 1株に満たない端数の処理

会社は、①取得条項付株式を取得する場合、②全部取得条項付種類株式を取得する場合、③株式無償割当てをする場合、④新株予約権を取得する場合、⑤吸収合併をする場合、⑥新設合併をする場合、⑦株式交換をする場合、または、⑧株式移転をする場合に、当該会社の株式を交付するにあたって、その交付を受ける者に対して交付する株式の数に1に満たない端数があるときは、その端数の合計数に相当する数の株式を競売し、かつ、その端数に応じてその競売により得られた代金を当該者に交付しなければならない（234条1項）。また、会社が株式分割または株式併合をすることにより、株式の数に1株に満たない端数が生ずる場合も上記と同様に、その端数の合計数に相当する数の株式を競売

し、かつ、その端数に応じてその競売により得られた代金を株主に交付しなければならない（235条1項）。

　会社は、競売の代わりに、市場価格のない株式については裁判所の許可を得て競売以外の方法で売却することができる（234条2項、235条2項）。許可の申立ては、取締役が2人以上あるときはその全員の同意、取締役会設置会社では取締役会の決議（234条5項）によってしなければならない（234条2項、235条2項）。会社が競売の代わりにこれらの売却方法を利用する場合には、売却する株式の全部または一部を会社自身が買い取ることもできる（234条4項、235条2項）。なお、財源規制がある（461条1項7号）。

第6章

株　主

第1節　総論

　株式を有する者を株主という。株主は自然人でも法人でもよい。株主になるには、株式会社の設立時や新株の発行により株式を取得する場合（原始取得）、株式を有する者から売買等の譲渡により株式を取得する場合（特定承継）、あるいは、相続・合併・会社分割により株式を取得する場合（包括承継・一般承継）などがある。

　株式を取得することは、第1に、株式会社という社団の構成員（＝株主）になるという意味がある。第2に、株主となり、原則として株式を構成する全ての請求権を行使することが可能になる。第3に、株式という経済的価値のある無体物を取得するという意味がある。

第2節　株主の権利および義務

1　株主の権利

　株主は株式を構成する多様な請求権を行使することができる。これが株主の権利である。株式を構成する請求権は法律・定款によって定められている。これらの請求権の1つ1つを株式から分離独立して譲渡したり処分したりすることは許されない。ただし、剰余金配当請求権のように、株主総会決議等によっ

て具体的な剰余金配当請求権が生じた後は、これを独立した債権として譲渡し処分することが可能となる。

　株主の権利はしばしば自益権と共益権に分類して説明されるが、これについては、株式の章で説明した（1部4章1節(3)）。

2　株式の共有

　1個もしくは複数個の株式が2人以上の者の共有に属する場合において当該株式に係る権利を行使するためには、共有している株主（＝共有株主）間で権利行使者1人を定め、会社にその者の氏名・名称を通知しなければならない（106条）。共有株主からの権利行使者の通知がないときに、会社が勝手に共有株主の中の1人を権利行使者と決めることはできない。共有株主の中で権利行使者が定まっているときに限り、会社はその者が権利を行使することに同意を与えることができる（106条但書）。

　株主の死亡に伴い株式が複数の相続人（共同相続人）に相続されたとき、共有される株式についての権利行使者の決定方法がしばしば問題となる。最高裁は、持分価格を基準とする共同相続人間での多数決により、1人の権利行使者を定めることができるとした。

　1個もしくは複数個の株式が2人以上の者の共有に属する場合、共有者は、共有者間で会社からの通知または催告の受領権者1名を定め、会社にその者の氏名・名称を通知しなければならない（126条3項前段）。この場合、会社はその通知受領者を株主とみなして通知等を行うことになる（126条3項後段）。

3　株主の義務と株主有限責任の原則

　株主になろうとして会社に申込みをし割当てを受けた者（株式引受人）は、その割当てを受けた株式についての引受価額を現金で出資する義務または財産を給付する義務（＝出資義務）を負う（104条）。ひとたびこの義務を履行すれば、株主となった後にはどのような義務も負うことはない。会社がどれほど多額の債務を抱えて倒産したとしても、原則として株主は会社の債務に関して責

任を負うことはない。これを株主有限責任の原則という。株式会社が発展してきた最大の理由は、株主に株主有限責任の原則が認められたことにあるといわれている。

第3節 株主平等の原則

1 総則

　会社法は、「株式会社は、株主を、その有する株式の内容および数に応じて、平等に取り扱わなければならない。」と定め、株主平等の原則を確認する（109条1項）。株主平等の原則とは、株主は、会社に対する株主としての法律関係において、同一内容の株式についてはその有する株式の数に比例して平等の扱いを受けるという原則である。ただし、法律で定められている場合には例外も許される（例えば、単元株制度を採用している場合における単元未満株主の扱い、みなし種類株式を定めた場合、特定の権利行使における株式保有期間の定めなど）。株主平等の原則は、多数派株主の専横や取締役等の恣意的または独断的行為から少数株主を保護する機能を有する。

　株主平等の原則は会社法の根幹をなす重要な基本原理である。これを敷衍すると、株主に対する配当財産の割当てに関する事項を決定する場合、同一種類の株式の株主については、株主の有する株式の数に応じて配当財産を割り当てることを内容とするものでなければならないと定められ（454条3項）、株主に対する残余財産の割当てに関する事項を決定する場合、残余財産の割当てについて同一種類の株式の株主については、株主の有する株式の数に応じて残余財産を割り当てることを内容とするものでなければならないと定められる（504条3項）。また、株主総会における議決権については、いくつかの例外があるが、原則として、株主はその有する株式1株につき1個の議決権を有すると定められる（308条）。さらに、株式の割当てを受ける権利については、その権利を与えられた株主は、その有する株式の数に応じて募集株式の割当てを受ける権利を有すると定められ（202条2項）、新株予約権の割当てを受ける権利について

は、その権利を与えられた株主は、その有する株式の数に応じて募集新株予約権の割当てを受ける権利を有すると定められる（241条2項）。

　法律が定める例外を除き、株主平等原則に反する定款の定め、株主総会の決議、取締役会の決議、取締役等の業務執行行為等は、会社の善意・悪意にかかわらず無効となる。ただし、個々の行為に関して不利益を受ける株主がそれを承認するときは差し支えない。

2　みなし種類株式（株式についての属人的な定め）

　非公開会社に限り、剰余金配当請求権、残余財産分配請求権、または、議決権に関する事項について、株主ごとに異なる取扱いを行う旨を定款で定めることができる（109条2項、105条1項）。これは、有限会社法39条1項、44条、73条についての解釈を引き継ぎ、明文化したものである。このような定款の定めを新設または変更する株主総会の決議は、総株主の半数以上（定款でこれを上回る割合を定めることができる）、かつ、総株主の議決権の4分の3以上（定款でこれを上回る割合を定めることができる）の賛成が必要である（309条4項）。株主平等原則の例外となる定款の定めとしてどのようなものが認められるかが問題となる。

　剰余金配当請求権については、持株数にかかわらず全株主を一律同額とする旨の定めや、特定の株主の剰余金配当請求権を持株数の割合以上に優遇する旨の定めなどが認められる。残余財産分配請求権についても同様に解される。議決権については、持株数にかかわりなく1人1議決権を認める旨の定めや、特定の株主についてその持株数に関わりなく一定数の議決権を認める旨の定めが認められる。

　定款に株式についての属人的な定めがある場合には、当該株主が有する株式はその権利に関する事項について内容の異なる種類株式（108条）とみなされる（109条3項）。

> ● 株式についての属人的な定め ●
>
> 株式についての属人的な定めとは、例えば、実際に、株主Aは60株、株主Bは30株、株主Cは10株を有する場合に、非公開会社に限り、その保有する株式数に関わらず、株主総会においては、A、B、Cは等しく30議決権を有するものとする、また、剰余金の配当に関しては、A、Bは等しく40株、Cは20株を有するものとみなすといった定めを定款に置くことである。平成17年の会社法以前において、有限会社については可能とされていたことであるが、実際にはほとんど利用されていなかった。

第4節 単独株主権・少数株主権

(1) 単独株主権と少数株主権

1株を有する株主が行使できる権利を単独株主権といい、総株主の議決権の一定割合以上の議決権または発行済株式総数の一定割合以上の株式を有する株主が行使できる権利を少数株主権という。複数の株主が有する株式数の合計が少数株主権の要件を満たす場合、複数の株主が共同して少数株主権を行使することも認められる。

(2) 少数株主権

代表的な少数株主権として以下のものがある。

(ア) 総株主の議決権の10分の1以上の議決権または発行済株式総数の10分の1以上の株式を有する株主の権利
　(a) 解散判決請求権（833条）

(イ) 総株主の議決権の100分の3以上の議決権を有する株主の権利
　(a) 株主総会招集請求権（297条）
　(b) 役員等の責任減免に対する異議申述権（426条7項）

(ウ) 総株主の議決権の100分の3以上の議決権または発行済株式総数の100分の3以上の株式を有する株主の権利
　(a) 検査役選任請求権（358条）
　(b) 帳簿閲覧権（433条）

(c) 役員・清算人解任請求権（479条、854条）
(エ) 総株主の議決権の100分の1以上の議決権を有する株主の権利
 (a) 総会検査役選任請求権（306条）
(オ) 総株主の議決権の100分の1以上の議決権または300個以上の議決権を有する株主の権利
 (a) 株主提案権（303条2項、305条1項但書）
(カ) 総株主の議決権の100分の1以上の議決権または発行済株式の100分の1以上の株式を有する株主の権利
 (a) 特定責任追及訴訟提起権（847条の3第1項）

(3) 単独株主権

代表的な単独株主権として以下のものがある。①剰余金配当請求権（105条1項1号）、②残余財産分配請求権（105条1項2号）、③議決権（105条1項3号）、④株式買取請求権（116条、182条の4、469条、785条、797条、806条）、⑤募集株式発行差止請求権（210条）、⑥新株予約権発行差止請求権（247条）、⑦説明請求権（314条）、⑧取締役・執行役に対する違法行為差止請求権（360条、422条）、⑨計算書類等の閲覧等請求権（442条3項）、⑩組織再編行為差止請求権（784条の2、796条の2、805条の2）、⑪会社組織に関する各種行為の無効確認訴権（828条）、⑫新株発行不存在確認訴権（829条）、⑬株主総会決議無効確認訴権（830条2項）、⑭株主総会不存在確認訴権（830条1項）、⑮株主総会決議取消訴権（831条）、⑯代表訴訟提起権（847条）。

第5節　株主の権利行使と会社の利益供与

1　立法のねらい

主として上場会社の株主総会を利用して、会社から不当な金品を得る総会屋が跋扈した時代があった。様々な形態があるが、取締役の嫌がる質問事項を用意し株主総会においてそのような質問をしないことと引き換えに会社に金品を

要求する、株主総会において取締役の思惑通りに議事が進行するように協力する見返りとして金品を要求するといった手口が基本的である。株主がそのような形で金品を受けることも、取締役がそのような形で金品を供与することも許されない行為として規制される。120条は、もっぱら総会屋を排除するために設けられた規定であり、上場会社には重要な規定であるが、中小規模の会社ではあまり重要と思われないので、簡単に解説する。

2 規制される行為

　会社は、会社またはその子会社の計算（＝経済的負担）において、何人に対しても、株主の権利の行使に関し財産上の利益を供与してはならない（120条1項）。「権利の行使に関し」は、典型的には株主の株主総会における議決権の行使または不行使や、株主総会への出席または欠席等を考えているが、株主としての権利の行使または不行使を取引材料として会社から不当な利益を受けることの根絶を目的とする規定の趣旨に従えば、それ以外の手法も含まれる。このような「株主の権利の行使」と関連して、株主が会社から「財産上の利益」を受けることが禁止される。「財産上の利益」は、金銭だけに限らず、商品券、その他の財産的に価値のある物および信用の供与、酒食の供応、不当に利益を得る内容の契約の締結などの全てが財産上の利益に該当する。

　会社が120条1項の規定に違反して財産上の利益を供与したときは、その利益の供与を受けた者はこれを会社に返還しなければならない（120条3項）。

3 民事責任

　利益の供与をすることに関与した取締役等（正確には会社法施行規則21条が規定する）は、利益供与を受けた者と連帯して供与した利益の価額に相当する額を支払う義務を負う（120条4項）。利益供与を受けた者が返還できない場合を想定し、同時に、そのような者に財産上の利益を与える行為もまた違法であることを明確にした規定である。利益供与をした取締役の責任は無過失責任であるが、それ以外の取締役については過失責任である（120条4項）。甘く解釈

すれば、会社の業務に関連した取引や契約などに偽装することにより、多くの場合に取締役に過失が認められないことになってしまう。しかし、株主に利益供与をした場合に、関与した取締役に過失がないことはほとんど想定しにくいから、厳しく解釈すべきである。

利益供与を受けた者および取締役に対する責任追及の訴えは株主代表訴訟によることが認められている（847条1項）。

4 刑事責任

取締役、会計参与、監査役、執行役等およびその他の使用人が株主の権利の行使に関し、会社または子会社の計算において、財産上の利益を供与したときは刑事罰（3年以下の懲役または300万円以下の罰金）に処せられる（970条1項）。事情を知りながら利益の供与を受けた者、または、第三者に利益の供与をさせた者も同様となる（970条2項）。

第6節 株式等売渡請求制度

1 概説

株式会社の議決権総数の90％以上を有する大株主（これを特別支配株主という）は、他の株主に対し、他の株主が有するところの株式を特別支配株主に強制的に売り渡すことを請求できる（179条1項）。この請求を株式売渡請求という（179条2項第1括弧書）。売渡請求をなされた株主（これを売渡株主という）は売渡しを拒絶できない。なお、株式売渡請求をするとき、あわせて、新株予約権者が有するところの全部の新株予約権を売渡請求の対象とすることができる（179条2項）。この場合を株式等売渡請求という（179条の3第1項括弧書）。株式等売渡請求制度は、平成26年改正により設けられた制度である。

2 手続

　特別支配株主は、①売渡株式の対価として交付する金銭の額もしくはその算定方法（総額）、②売渡株主の有する売渡株式についての金銭の割当てに関する事項、③特別支配株主が売渡株式を取得する日（＝取得日）等を定めて、売渡株主に対し売渡請求を行う（179条の2第1項）。種類株式発行会社の場合、金銭の割当てについて株式の種類に応じて異なる内容を定めることができる（179条の2第2項）。

　特別支配株主は、株式等売渡請求をするときは、その旨およびその内容を対象会社（＝売渡株式の発行会社）に通知し、対象会社の承認を受けなければならない（179条の3第1項）。対象会社が取締役会設置会社のときは、この承認は取締役会の決議によらなければならない（179条の3第3項）。承認の決定がなされたときは、対象会社は売渡株主等に対し取得日の20日前までに、上記の承認をした旨、特別支配株主の氏名・名称・住所、上記株式等売渡請求の内容等を通知をする（179条の4第1項）。この通知により、特別支配株主から売渡株主に対して株式等売渡請求がなされたものとみなされる（179条の4第3項）。

　特別支配株主は、取得日に売渡株式等の全部を取得する（179条の9第1項）。なお、売渡株式が譲渡制限の課された株式等であるときは、対象会社が株式等の譲渡の承認をしたものとみなされる（179条の9第2項）。

3 株主（売渡株主）の保護

　株主（売渡株主）の保護のために、全部取得条項付種類株式の取得の場合におけるのと同様の規定が設けられている。すなわち、①事前の情報開示（179条の5）、②差止請求権（179条の7）、③売渡株式の対価額決定の申立て（179条の8）、④事後の情報開示（179条の10）である。また、売渡株式等の取得の無効の訴え（846条の2）も設けられている。

第 7 章

株主総会

第1節 株主総会総論

　株主は会社に金銭等を出資している。会社に出資された金銭等は、会社が解散したときは清算手続により残余財産の分配という形で返還されるが、原則としてそれ以外では株主への返還は予定されていない。また、会社が倒産した場合や解散しても残余財産が残らない場合には、出資した金銭等は返還されない。このような危険を負担しているため、本来であれば、株主は自ら会社の経営を行う権限があると考えることができる。しかし、19世紀以降、株式会社が大規模になるに伴い、次第に株主は自ら経営を行うことを望まず取締役に経営を委ねるようになり、株主総会の権限は徐々に取締役ないしは取締役会に委譲されてきた。それでも、株主は、会社組織の基礎的な変更について自ら決定する権限を有し、また、取締役の選任および解任の権限を有することにより、株式会社の実質的所有者の立場を維持することになる。複数の株主の存在が予定されるので、株主全体の意思決定の方法としては株主総会における多数決が採用される。ただし、資本主義の申し子である株式会社では、出資額に比例した数の議決権が認められる。

　ところで、わが国は、昭和13年（1938年）に有限会社法を制定し、平成17年には、株式会社1,036,664社に対して有限会社1,453,540社を数えるに至った。平成17年（2005年）制定の会社法は、有限会社を小規模な株式会社と位置付け、有限会社の基本的な性格を残したまま、株式会社として扱うこととした。このように、有限会社をそのまま引き継いだ株式会社では、少人数の株主

が金銭等を出し合い、同時に、株主自らが相当程度に経営に関与する形態が想定される。したがって、このような小規模株式会社では、実際、株主総会は会社の経営全般についての判断能力を有すると考えられ、会社法も株主総会に経営事項全般についての決定権限を認めている。

以上に述べたことを整理すると、会社法は、中規模以上の株式会社においては取締役会を設置する株式会社形態が採用されることを想定し、そこでは経営に関する事項の決定権限の大部分を取締役会に委ね、株主総会はそれ以外の会社の基礎的事項等についての決定権限のみを有することとした。これに対し、小規模な株式会社においては取締役会を設置しない株式会社形態が採用されることを想定し、そこでは経営に関する事項の決定権限を株主総会が有することを認めた。このように、取締役会設置会社と取締役会非設置会社とでは、株主総会の権限が大きく異なることに注意しなければならない。

なお、会社法の下では、株主総会は議決権を有する株主を構成員とする意思決定機関ということができる。

第2節 株主総会の権限

(1) 取締役会非設置会社における株主総会の権限

小規模な株式会社では、持株比率の大きい株主が実際に会社を経営するケースが多い。このような小規模な株式会社を想定している取締役会非設置会社では、株主総会が多くの事項を決定できるように、株主総会に広汎な権限が認められる。すなわち、株主総会は、会社法に規定する事項および株式会社の組織、運営、管理その他株式会社に関する一切の事項について決議をすることができる（295条1項）。

● **持株比率と会社の支配権** ●

会社が1種類の株式のみを発行している場合に、個々の株主が有する株式数の発行済株式総数に対する割合を持株比率という。例えば、発行済株式総数が1000株の株式会社において、株主Aが600株、株主Bが100株を有する場合、Aの持株比率は60％であり、Bの持株比率は10％である。多くの場合、特定の株主または特定

> の株主の一派が持株比率の50％超の株式を有するときに、会社の支配権を確保していると言われる。

(2) 取締役会設置会社における株主総会の権限

(ア) 株主と経営者（＝取締役等）が分離することを所有と経営の分離という。取締役会設置会社は、所有と経営が分離するような会社を想定している。取締役会設置会社において株主総会が決定できる事項は極めて限られている。すなわち、①会社法に定められた事項、および、②定款に定められた事項である（295条2項）。株主総会が会社法または定款に定められた事項以外の事項について決議をすることはできず（309条5項）、仮に決議をしたとしても決議は無効である。株主総会の決議事項以外の事項については、原則として取締役会が決定権限を有する（362条2項）。

(イ) 株主総会の決定権限を内容で区別すると、第1に、会社の基礎的な事項に関わること、第2に、取締役会に決定を委ねるのが不都合なこと、第3に、株主の重要な利益に関すること、第4に、その他のこと、概ね以上に分類することができる。このうち、第1と第3は密接な関係にある。なお、法定された事項以外についても、定款で定めれば株主総会の決定事項とすることができるものもある（295条2項）。

第1のものとして、資本金額の減少（447条）、定款変更（466条）、事業譲渡の承認（467条）、解散（471条3号）、吸収合併の承認（783条1項、795条1項）、新設合併の承認（804条1項）、吸収分割の承認（783条1項、795条1項）、新設分割の承認（804条1項）、株式交換の承認（783条1項、795条1項）、株式移転の承認（804条1項）などがある。

第2のものとして、検査役の選任（306条）、取締役・監査役・会計参与・会計監査人の選任および解任（329条、339条）、取締役・監査役の報酬の決定（361条）、取締役等の責任の減免（425条）などがある。

第3のものとして、自己株式の取得（156条）、全部取得条項付株式の取得の決定（171条1項）、株主割当て以外の特に有利な払込金額による募集株式の発行（199条2項・3項）、剰余金の資本組入（450条2項）、剰余金の配当（454条1項）などがある。

第4のものとして、計算書類の承認（438条2項）などがある。

このように、大規模な会社を想定する取締役会設置会社においては株主総会の権限は極めて限定されているが、株主総会は会社組織の基礎的な変更についての決定権と、取締役の選任権（329条）、解任権（339条）を有するため、現在でも株式会社の最高機関ということができる。

(3) 株主総会の専決事項

取締役会非設置会社、取締役会設置会社のいずれにおいても、会社法が株主総会の権限であると定める事項（＝法定事項）は株主総会の専決事項であり、定款で定めたとしても、原則として他の機関に委譲することは許されない（295条3項）。

第3節　株主総会の種類

株主総会には、毎年一定の時期に開催される定時株主総会と、必要に応じて開催される臨時株主総会がある。決定権限について両者に差異はない。

(1) 定時株主総会

定時株主総会は毎事業年度の終了後一定の時期に招集し開催される（296条1項）。定時総会では、通常、貸借対照表や損益計算書などの計算書類の承認、剰余金の配当に関する議案などが決議される。1年に2回以上、剰余金の配当を行う会社では、その都度、株主総会において剰余金の配当に関する議案が決議されなければならない（454条1項）。なお、分配特則規定（459条2項）を満たす会社を除き、剰余金の配当に関する議案は必ず株主総会で承認されなければならず（454条1項）、通常は定時総会でなされる。

(2) 臨時株主総会

臨時株主総会は必要に応じて開催される。取締役または取締役会は必要に応じていつでも臨時株主総会の招集を決定することができ、一定の要件を備えた

株主は臨時株主総会の招集を請求することができる（296条2項、297条、298条）。

(3) 基準日

株主総会において権利行使をする株主を確定するために基準日を定めた場合、権利行使ができるのは基準日から3か月以内であるから（124条2項）、株主総会は基準日から3か月以内に開催されなければならない。

第4節 株主総会の招集手続

(1) 招集通知の意義

株主総会を開催するにあたり、原則として会社は株主総会の招集通知を発出しなければならない。株主は、招集通知により、株主総会の開催の日時・場所および議題を知り、提案されている議案に賛成するか否か、またその株主総会に出席するか否かの判断と準備を行う。また、議題によっては、株式買取請求権を行使するための準備と手続を行う。したがって、株主総会の招集は、招集権限のある者が招集手続に関する法令を遵守して行わなければならない。招集手続に瑕疵があるときは、多くの場合は決議取消しの訴えに服することになる（831条）。

(2) 招集の決定

(ア) 取締役会非設置会社においては株主総会の招集は原則として取締役の過半数の同意により決定し（298条1項、348条2項）、取締役が招集する（296条3項）。このほか、少数株主による招集がある（本節(8)参照）。取締役会非設置会社では、取締役が、株主総会を開催する日時および場所、株主総会で審議すべき議題が予定されているときは当該事項（＝株主総会の目的たる事項（298条1項1号・2号））、株主総会に出席しない株主に書面もしくは電磁的方法による議決権の行使を認めるときはその旨（298条1項3号・4号）、具体的な提案としての議案の概要、およびその他法務省令で定める事項（298条1項5号）などを決

定する。なお、法務省令で定める事項は、①一定の場合における株主総会の日時および開催場所の決定理由、②株主総会参考書類の記載事項等、③議決権を行使する代理人に関する事項、④議案の概要などである（施規63条）。招集通知は書面または電磁的方法によりなされ、上記の事項が記載・記録される（299条2項〜4項）。

(イ)　取締役会非設置会社であって株主に書面もしくは電磁的方法による議決権の行使を認めない場合には、株主総会の招集通知は書面でしなくてもよい（299条2項の反対解釈。もちろん、電磁的方法による必要もない）。この場合、招集通知は電話や口頭で行ってもよいことになる。その内容としては、株主総会を開催する日時および場所が含まれなければならない（この場合、299条4項が適用されない）。

(ウ)　取締役会設置会社においては、株主総会の招集は原則として取締役会が決定し（298条4項）、代表取締役が招集する。このほか、少数株主による招集がある（本節(8)参照）。取締役会は、株主総会を開催する日時および場所、株主総会で審議される議題（＝株主総会の目的たる事項）、株主総会に出席しない株主に書面もしくは電磁的方法による議決権行使を認めるときはその旨、具体的な提案としての議案の概要（施規63条7号）、および、その他法務省令（施規63条）で定める事項を決定する（298条1項）。招集通知にはこれらが記載・記録されなければならない（299条4項）。

(3)　開催場所

　株主総会の開催場所に関する定めを定款に設けることができる。株主総会の場所が過去に開催された株主総会の場所と著しく離れた場所である場合は、その場所が定款で定められた場所であるとき、または、当該場所で開催することにつき株主総会に出席しない株主全員の同意があるときを除き、その場所を決定した理由を定めなければならない（298条1項5号、施規63条2号参照）。株主が参加しにくい場所を意図的に選ぶときは、著しく不公正な招集手続となり、決議の取消原因となる（831条1項1号）。

(4) 株主総会の議題（株主総会の目的である事項）

(ア) 取締役会非設置会社では、書面または電磁的方法により招集通知を発出しないときを除き、議題（＝株主総会の目的である事項）が予定されているときは招集通知にそれを記載・記録しなければならない（299条4項、298条1項2号）。取締役会非設置会社では、招集通知に記載・記録されていない議題であっても、株主総会において審議し決議することができる。

(イ) 取締役会設置会社では、招集通知に必ず議題を記載・記録しなければならず（299条4項）、招集通知に記載・記録されていない議題について株主総会で決議することはできない（309条5項）。

(5) 招集通知の発出

(ア) 非公開会社である取締役会非設置会社の場合、会社は、株主総会の会日の1週間（定款により1週間を下回る期間を定めた場合にはその期間）前までに、株主名簿に記載されている株主に対し株主総会の招集通知を発しなければならない（299条1項・2項）。招集通知を発すれば、到達が擬制される（126条2項）。

(イ) 非公開会社である取締役会設置会社の場合、代表取締役は、株主総会の会日の1週間前までに、株主名簿に記載されている株主に対し書面・電磁的方法により株主総会の招集通知を発しなければならない（299条1項・2項）。

(ウ) 予め当該株主の承諾を得ておくことにより、書面による招集通知の発送に代えて電磁的方法により招集通知を発することが認められている（299条3項、施令2条1項2号）。

(6) 株主への情報の提供

(ア) 会社法は、特定の決議事項については、株主総会の招集通知の発出に際し、同時に、一定の書類を株主に提供すべきことを定めている。取締役会設置会社においては、定時総会の招集通知の際に貸借対照表・損益計算書・株主資本等変動計算書・注記表・事業報告、監査報告がある場合には監査報告、および、会計監査報告がある場合には会計監査報告を株主に提供しなければならない（437条、施規133条）。

(イ) 株主に書面による議決権行使を認める場合（298条1項3号・2項）には、

招集通知の発送に際して議決権行使書面および議決権の行使において参考となるべき事項を記載した書類（＝株主総会参考書類）を交付しなければならない（301条1項）。株主総会参考書類には議案等を記載・記録しなければならない（施規73条）。取締役等の役員等の選任または解任に関する議案については会社法施行規則74条～81条、取締役等の役員等の報酬等に関する議案については会社法施行規則82条～84条などにより、株主総会参考書類に記載・記録すべき事項が定められている。なお、株主に電磁的方法により招集通知を発出する場合、会社は株主総会参考書類を電磁的方法により提供することができる（302条2項）。

(7) 株主総会招集通知の省略

取締役会非設置会社において無議決権株主を除く株主全員の同意があるときは、また、取締役会設置会社において議題につき議決権を有する株主全員の同意があるときは、招集手続を省略して株主総会を開催することができる（300条、298条2項括弧書）。ただし、株主総会に出席しない株主に書面または電磁的方法による議決権行使を認めるときは招集手続を省略できない（300条但書）。なお、株主が1人の会社では、招集手続なしにいつでもどこでも株主総会を開催できると考えられている。なお、株主でない取締役や監査役に出席する権利を認めるか否かは議論のあるところであるが、本書の著者は、そのような権利は認める必要は無いと解する。したがって、株主でない取締役や監査役が出席しないところでも、瑕疵のない株主総会の開催が可能と考える。

(8) 少数株主による臨時株主総会の招集手続

総株主の議決権の100分の3（これを下回る割合を定款で定めた場合はその割合）以上の議決権を有する株主は、会議の目的である事項および招集の理由を示して、取締役（取締役会設置会社では代表取締役）に臨時株主総会の招集を請求することができる（297条1項・2項）。請求後遅滞なく臨時株主総会の招集の手続が行われないとき、または、少数株主の請求の日から8週間以内の日を会日とする臨時株主総会の招集通知が発出されないときは、上記請求を行った株主は裁判所の許可を得て自ら臨時株主総会を招集することができる（297条

4項)。請求権者の議決権数は、2人以上の株主の有する議決権数を合計してもよい。自己株式や相互保有株式の数は総株主の議決権の数に含まれない。少数株主の請求による臨時株主総会の招集費用や株主総会開催費用は合理的な範囲内で会社に求償できると解されている。

平成27年6月1日

株主各位

東京都千代田区富士見三丁目1番1号
柴田商事株式会社
代表取締役社長　　柴田　一郎

第8回定時株主総会招集御通知

拝啓　平素より格別のご高配を賜り厚く御礼申し上げます。

　さて、当社第8回定時株主総会を下記のとおり開催致しますので、ご出席くださいますよう御案内申し上げます。

敬具

記

1. **日時**　　平成27年6月27日（土曜日）午後1時
2. **場所**　　東京都千代田区富士見三丁目1番1号
　　　　　　本社ビル2階会議室
3. **目的事項**
　　報告事項　第8期事業報告の内容の報告の件
　　決議事項
　　　　第1号議案　計算書類の承認の件
　　　　第2号議案　剰余金配当の件
　　　　第3号議案　取締役2名選任の件
　　　　第4号議案　定款一部変更の件

第5節 株主総会の決議

1 株主総会の決議事項・報告事項

(1) 決議事項と報告事項

　株主総会に付議されるべき事項には、決議事項と報告事項がある。決議事項については必ず決議を行い株主総会の意思を確定しなければならない。決議の結果が明らかであれば採決行為は不要と解する立場もあるが、手続規定の尊重および議事録記載のあり方という観点から、決議ごとに、出席株主、議決権総数および議案賛成数を確認すべきものと考える。報告事項については決議は不要であり、代表取締役等が株主総会で報告を行えば足りるが、株主総会付議事項であるから株主総会の成立が必要となり、取締役等の説明義務（314条）も認められる。報告事項の例としては取締役の事業報告がある（438条3項）。

(2) 取締役会非設置会社における議題

　取締役会非設置会社においては、株主総会は株式会社に関する一切の事項について決議をすることができる（295条）ので、議題を定めずに株主総会を招集することができる（298条1項2号）。ただし、書面または電磁的方法による議決権行使を認める場合は、招集通知に議題を記載・記録しなければならない（299条2項〜4項）。

(3) 取締役会設置会社における議題

　取締役会設置会社においては、株主総会は招集通知に記載・記録された議題についてのみ決議をすることができる（309条5項）。ただし、検査役選任の決議、株主総会の延期・続行の決議（317条）などは、議題として記載されていなくても決議することができる。

2 決議方法

(1) 普通決議

　株主総会の決議方法には、普通決議、特別決議、特殊決議、さらにそのほかの決議がある。特に法律・定款が定めない限り、通常の事項は普通決議により決定される。株主総会の普通決議は、定款に別段の定めがある場合を除き、議決権を行使できる株主の議決権の過半数を有する株主が株主総会に出席することにより株主総会が成立し（定足数＝株主総会成立要件）、その出席した株主の議決権の過半数の賛成により決議が成立する（＝決議成立要件、309条1項）。

　会社法は定款において定足数を加重軽減することを認めており、多くの会社では、株主総会が定足数不足により成立しない事態を避けるため、定款に定足数要件を排除する旨の定めを置いている。ただし、取締役・監査役・会計参与の選任および解任は重要なので、その決議については、定款の定めをもってしても定足数を議決権を行使できる株主の議決権の3分の1未満に引き下げることはできない。定款に決議要件を加重する定めを置くことは認められている（以上、341条）。これに対し決議要件を軽減する旨の定めは無効と解されている。

(2) 特別決議

　特に重要な決議事項については特別決議が要求される。会社法は特別決議事項を列挙する（309条2項）。特別決議は、議決権を行使できる株主の議決権の過半数を有する株主が株主総会に出席することにより株主総会が成立し（定足数＝株主総会成立要件）、出席した株主の議決権の3分の2以上の多数の賛成により決議が成立する（＝決議成立要件）。なお、定款の定めをもってしても、定足数について、議決権を行使できる株主の議決権の3分の1未満に引き下げることはできない。決議要件については、定款にこれを軽減する旨の定めを置いても無効と解されている。これに対し、定款により決議要件を加重することは差し支えない（以上、309条2項）。加重の例としては、一定数以上の株主（議決権数ではなく人数）の賛成を必要とする旨を定款で定めることができる。

(3) 特殊決議

(ア) 公開会社において定款変更により発行する全部の株式の内容として新たに譲渡制限の定め（107条）を置く場合、および、組織再編行為により株式が「譲渡制限株式等」（施規186条）に変わる場合には、「特殊の決議」が要求される。これは、議決権を行使できる株主の「人数」の半数以上（過半数でない点に注意）かつ議決権を行使できる株主の「議決権数」の3分の2以上の賛成により決議が成立する。なお、株主の半数以上の賛成、または、議決権数の3分の2以上の賛成の要件については定款により加重することが認められている（以上、309条3項）。

(イ) 非公開会社において剰余金の配当、残余財産の分配、または、議決権に関する事項について、株主ごとに異なる取扱いを行う旨を定款に定めることができる（105条2項）が、これを変更する場合（この定めを廃止する場合を除く）には、総株主の半数以上かつ総株主の議決権数の4分の3以上の賛成により決議が成立する。なお、総株主の半数以上の賛成、議決権数の4分の3以上の賛成の要件については、定款により加重することのみが認められている（以上、309条4項）。

(4) 株主全員の同意

取締役、会計参与、監査役、執行役、会計監査人、発起人、清算人の会社に対する任務懈怠責任を免除するには、総株主の同意が必要とされる（55条、424条、486条4項）。この場合、株主総会の開催は必要とされず、個別に総株主の同意を得ても良い。

(5) 株主総会決議の特則

取締役または株主が株主総会の議題について議案を提出した場合に、その事項について議決権を行使できる株主の全員が、書面または電磁的記録によりその議案に同意する旨の意思表示をしたときは、株主総会においてその議案を可決する決議があったものとみなされる（319条1項）。もし1人の株主がその有する議決権のうちの1議決権でも賛成しない場合には決議は成立しない。したがって、この規定は、株主数の少ない会社において利用されることを想定した

ものといえる。会社が株主に発出する書面・電磁的記録に瑕疵が存在し、また、議決権を有する株主の一部への発出に瑕疵が存在する場合には、決議取消しの訴えに服することになる。

株主全員が同意した書面・電磁的記録の備置きおよび閲覧等については、株主総会の議事録と同じ取扱いが定められている（319条2項・3項）。会社は株主全員が同意した書面・電磁的記録を本店に10年間、備え置かなければならない（319条2項）。

(6) 報告事項に関する特則

取締役が株主全員に対して、株主総会において報告すべき事項を通知した場合であって、株主全員が書面または電磁的記録により当該事項につき株主総会において報告不要とする旨の意思表示をしたときは、当該事項について株主総会での報告があったものとみなされる（320条）。

3 種類株主総会

(ア) 種類株主総会は、会社法が規定する事項および定款が定めた事項に限り、決議をすることができる（321条）。

(イ) 種類株主総会の決議についても、通常の株主総会と同様に、普通決議、特別決議、特殊決議がある。書面等による決議も認められる（325条、319条）。特別の定めがないときは普通決議を行う。種類株主総会の普通決議は、定款に別段の定めがない限り、当該種類株式の総株主の議決権の過半数を有する株主が出席することにより種類株主総会が成立し（定足数＝種類株主総会成立要件）、その出席した株主の議決権の過半数の賛成により決議が成立する（＝決議要件、324条1項）。

(ウ) 特に重要な問題については特別決議が要求される。特別決議は、議決権を行使できる株主の議決権の過半数を有する株主が出席することにより種類株主総会が成立し（定足数＝種類株主総会成立要件）、出席した株主の議決権の3分の2以上の多数の賛成により決議が成立する（324条2項）。特殊決議は、議決権を行使できる株主の人数の半数以上（これを上回る割合を定款で定めた場合

には、その割合以上）かつ議決権を行使できる株主の議決権数の3分の2（これを上回る割合を定款で定めた場合には、その割合以上）以上の賛成により決議が成立する（324条3項）。

第6節 株主の議決権

1 1株1議決権の原則

　会社法は「1株1議決権の原則」を採用しているので、以下に述べる例外の場合を除き、原則として1株式に1個の議決権が認められる（308条1項）。根底には株主平等原則がある。なお、1株式に複数個の議決権を備える複数議決権株式は認められない。

2 1株1議決権の原則の例外

(1) 単元未満株式

　単元株制度が採用されている会社では、1単元に相当する数の株式について1議決権が認められ、1単元未満の株式については議決権が認められない（188条、308条1項但書）。

(2) 議決権制限種類株式

　議決権制限種類株式（108条2項3号）を有する株主は、定款の定めに従い、特定の議題または全ての議題について株主総会で議決権を行使できない。なお、議決権制限種類株式を有する株主であっても、当該種類株式の種類株主総会では議決権が認められる（324条2項・3項）。

(3) 取締役・監査役の選任権付種類株式

　取締役・監査役の選任権付種類株式を発行している会社では、取締役・監査役の選任解任の決議は、通常の株主総会ではなく、選任権付種類株式を有する

株主による種類株主総会で行われる（347条）。したがって、それ以外の株式を有する株主には議決権が認められない。

(4) 自己株式

会社が保有する自己株式については、株主総会における決議の公正を配慮して議決権の行使が認められない（308条2項）。

(5) 相互保有株式

ある株式会社（A会社）が、他の会社（B会社）の総株主の議決権の4分の1以上を有すること、または、その他の事由を通じてB会社の経営を実質的に支配することが可能な関係にあるものとして法務省令で定める場合、B会社はA会社の株式を保有していてもその議決権を行使できない（308条1項括弧書、施規67条）。

> ● 親会社と子会社および相互保有株式 ●
>
> ある会社が、総株主の議決権の過半数を他の法人に保有される場合、または、法務省令の定めにより他の法人に経営を支配されているとされる場合、前者を子会社、後者を親会社という（2条3号・4号）。当然、親会社は子会社株式の4分の1以上を有しているため（相互保有株式）、子会社は親会社の株主総会でその議決権を行使することができない（308条1項括弧書、施規67条）

(6) 自己株式を会社に売り渡す株主

会社が特定の株主から自己株式を取得する場合、その取得を承認する株主総会特別決議において当該株主は議決権を行使できない（160条4項）。

(7) 基準日後に発行された株式

議決権行使に関する基準日後に発行された株式を有する株主は当該株式に係る議決権を行使できない（124条1項）。ただし、基準日株主の権利を害さない限り、会社は議決権行使を認めることができる（124条4項）。

3 議決権行使の自由

　株主総会の議題につき議決権の備わる株式を有する株主は、原則として株主総会に出席して議決権を行使することができる。株主は、会社自体の利益を重視して議決権を行使してもよいし、株主個人の利益や第三者の利益を考えて議決権を行使してもよい。株主は、株主総会における個々の議案について、賛成・反対・棄権・退出（不参加）のいずれかを自由に選択することができる。なお、棄権の場合、決議に参加した株主の有する議決権の総数は減少しないが、退出の場合、決議に参加した株主の有する議決権の総数は減少する。

4 議決権の不統一行使

　複数の株式を持つことにより複数個の議決権を有する株主は、その議決権の一部だけを賛成、一部だけを反対とすることができる（313条1項）。これが「議決権の不統一行使」である。議決権の不統一行使が他人のために株式を有することを理由とする場合を除き、会社は議決権の不統一行使を拒否することができる（313条3項）。なお、他人のために株式を有する場合とは、①株式が共有されている場合、②信託されている株式について受益者が複数存在する場合などが典型的に考えられる。いずれの場合も、株主名簿上の株主は単独であるが、実質株主や実質受益者は複数であり、議決権の不統一行使を認める必要がある。このほか、③株式の譲渡において株主名簿の名義書換未了の場合がある。取締役会設置会社においては、株主は、株主総会の3日前までに、議決権を不統一行使する旨およびその理由を会社に通知しなければならない（313条2項）。取締役会非設置会社においては、株主総会の議題が事前に限定されないため、株主総会に先立って株主が議決権不統一行使に関する通知を行うことは困難であり、結局、通知は不要とされる。

5 代理人による議決権の行使

　株主は、株主総会に代理人を出席させ議決権を行使することができる（310

条1項)。代理人による議決権行使を認めないとする定款の定めは無効である。株主または代理人は、株主総会の都度、代理権を証明する書面を会社に提出しなければならない（310条1項後段）。

　株主総会に出席できる代理人の資格を制限する定めを定款に置くことがある。また、株主総会を招集する際に、取締役（取締役会設置会社では取締役会）は、代理人の資格、代理人の数（310条5項）その他代理人による議決権の行使に関する事項を定めることができる（298条1項5号、施規63条5号）。代理人を株主である者に限るとする定款上の定めは一応有効と解されており、株主でない弁護士が代理人となれるかについては争いがある。この点、定款にどのような定めをおいたところで、弁護士が株主の代理人となることを認めないとする見解に合理的根拠はないと考える。

6　委任状

　会社は、各株主に「議決権代理行使に関する委任状」を送付することがある。これに署名または記名・捺印して会社に返送することにより、株主は保有する株式について、株主総会に出席し議決権を行使することを会社に委任したことになる。

7　書面投票制度

(1)　書面による議決権の行使

(ア)　株主総会の招集に際し、取締役（取締役会設置会社においては取締役会）は株主に、書面（＝議決権行使書面）または電磁的方法による議決権行使を認めることができる（298条1項3号・4号、4項）。当該株主総会における決議事項の全部につき議決権を行使できない株主を除き、議決権を有する株主の数が1000人以上のときは、必ず書面による議決権行使を認めなければならない（298条2項）。

(イ)　書面による議決権行使を認める場合、取締役または代表取締役は、その旨を記載した書面による株主総会の招集通知（299条4項）とともに、議決権

の行使について参考となるべき事項を記載した書類（＝株主総会参考書類、301条1項、施規73条〜93条）および議決権行使書面（施規66条）を交付しなければならない（301条1項）。

(ウ)　書面による議決権の行使は、必要な事項を議決権行使書面に記載して株主総会の日の直前の営業日の営業時間終了時までに会社に提出しなければならない（311条1項、施規69条）。議決権行使書面以外の用紙を提出しても無効である。議決権行使書面には、株主の氏名・名称とその議決権数が記載され、議案ごとに株主が賛成・反対を記載する欄が設けられる（施規66条1項）。棄権の欄を設けることも許される（施規66条1項）。取締役・会計参与・監査役・会計監査人の選任解任に関する議案において、2名以上の候補者が提案されているときは、株主が各候補者について賛成・反対・棄権を記載できるものでなければならない（施規66条1項）。行使した議決権の数は出席した株主の議決権の数に算入される（311条2項）。

なお、株主が1人も株主総会に出席しないときに、議決権行使書面の提出のみによる株主総会および決議の成立が認められるかという問題がある。認められないと解するのが通説である。

(エ)　会社に提出された議決権行使書面は、株主の閲覧または謄写のために、株主総会の日から3か月間、本店に備え置かれる（311条3項）。株主は閲覧請求権、謄写請求権を有する（311条4項）。議決権行使書面がその記載された通りに取り扱われたか否かの確認を可能にするためである。

(2)　電磁的方法による議決権の行使

(ア)　株主総会の招集に際し、取締役（取締役会設置会社においては取締役会）は、株主総会に出席しない株主に、電磁的方法による議決権行使を認めることができる（298条1項4号・4項）。この場合、株主総会の書面による招集通知にその旨を記載し（299条4項）、会社法施行規則に定める株主総会参考書類（施規73条〜93条）を添付しなければならない（302条1項）。

(イ)　電磁的方法により招集通知を発する場合には、議決権行使書面に記載すべき事項を電磁的方法により提供しなければならない（302条3項）。電磁的方法による招集通知の発出を承諾していない株主が、株主総会の1週間前まで

議　案	原案に対する賛否
第1号議案	賛　否
第2号議案	賛　否
第3号議案	賛（次の候補者を除く）　否
第4号議案	賛　否

議決権行使書　　柴田商事株式会社　御中

株主総会日
平成27年6月27日

議決数の数
10個

私は上記開催の貴社定時株主総会（継続会または延会の場合を含む）の議案につき、右記（賛否を〇印で表示）のとおり議決権を行使いたします。
平成27年　月　日

107-0071　港区東青山2丁目1番2号

柴　田　二　郎

（ご注意）当社は、議案につき賛否のご表示のない場合は、会社提出議案につき賛成の意思表示があったものとして取り扱わせていただきます。柴田商事株式会社

に、議決権の行使書に記載されるべき事項の電磁的方法による提供を求める場合には、その事項を電磁的方法により提供しなければならない（302条4項）。

(ｳ)　電磁的方法による議決権の行使は、株主総会の会日の直前の営業時間終了時までに、議決権行使書面に記載すべき事項を電磁的方法により会社に提供しなければならない（312条1項、施規70条）。電磁的方法により行使した議決権の数は出席した株主の議決権の数に算入される（312条3項）。

(ｴ)　なお、電磁的方法による議決権の行使は、実際に株主総会を開催せず、仮想空間において株主総会を開催すること（各株主が自宅に居たままコンピュータの画面上だけで株主総会を開催すること）を認めるものではない。

(ｵ)　会社に提供された議決権行使の電磁的記録は、株主の閲覧または謄写に供するために株主総会の日から3か月間、本店に備え置かれる（312条4項）。株主は、電磁的記録に記録された事項についての閲覧請求権、謄写請求権を有する（312条5項）。

第7節 株主提案権

　株主提案権とは、会社が招集する株主総会において、株主が会議の目的である議題を新たに提案し、また、既に会社が設定した議題もしくは当該株主が提案した議題について新たな議案を提出し、さらには、株主が提出した議案の要領を招集通知に記載・記録することを請求する権利の総称である。

● 議題と議案 ●

　株主総会で取締役を2人選任する場合を例にすれば、招集通知に「取締役2名選任の件」と記載されるのが議題であり、「Aを取締役候補者とする」、「Bを取締役候補者とする」が議案である。

(1) 株主の議題提案権

　取締役会非設置会社においては、株主は単独株主権として取締役に対しいつでも（株主総会の開催中でも）一定の事項を株主総会の議題とすることを請求できる。請求する事項は、当該株主が議決権を行使できる事項に限られる（以上、303条1項）。

　非公開会社である取締役会設置会社においては、総株主の議決権の100分の1（定款でこれを下回る割合を定めたときはその割合）以上または300個（定款でこれを下回る個数を定めたときはその個数）以上の議決権を有する株主は、株主総会の会日から8週間（定款でこれを下回る期間を定めたときはその期間）前までに、一定の事項を株主総会の会議の目的（議題）とすることを代表取締役に請求することができる（303条2項・3項）。取締役会設置会社では議題は必ず招集通知に記載・記録されなければならないから、議題提案権が適正に行使されたときは、当然に、その議題は招集通知に記載・記録されることになる（299条4項）。

(2) 株主の議案提出権

　株主は、株主総会の議題（＝株主総会の会議の目的）の範囲内において、いつ

でも議案を提出することができる（304条）。提出する議案は当該株主が議決権を行使できる事項に限られる。なお、法令もしくは定款に違反する議案、実質的に同一の議案について株主総会において総株主（当該議案について議決権を行使できない株主を除く）の議決権の10分の1（定款でこれを下回る割合を定めたときはその割合）以上の賛成を得られなかった日から3年を経過していない議案は提出することができない（304条但書）。

(3) 議案の要領の通知請求権

　取締役会非設置会社においては、株主は、株主総会の日の8週間（定款でこれを下回る期間を定めたときはその期間）前までに、取締役に対しその株主が提出する議案の要領を全株主に通知すること（会社が書面・電磁的方法により招集通知を発する場合は、その招集通知に記載・記録すること）を請求できる（305条1項）。

　非公開会社である取締役会設置会社においては、総株主の議決権の100分の1（定款でこれを下回る割合を定めたときはその割合）以上または300個（定款でこれを下回る個数を定めたときはその個数）以上の議決権を有する株主は、株主総会の日の8週間（定款でこれを下回る期間を定めたときはその期間）前までに、取締役に対しその株主が提出する議案の要領を全株主に通知すること（会社が書面・電磁的方法により招集通知を発する場合は、その招集通知に記載・記録すること）を請求できる（305条1項但書・2項）。株主に株主総会参考書類が交付される場合には、その書類に、①議案が株主の提出に係るものであること、②議案に対する取締役（取締役会設置会社では取締役会）の意見があるときはその意見、③株主の提案理由、④その他が記載されなければならない（施規93条）。

(4) 瑕疵

　代表取締役・取締役が、株主が正当に提出した議案を株主総会の議案としない場合や株主が正当に要求した議案要領の通知を実行しない場合には、招集手続に瑕疵があることになり、決議取消しの訴えの取消事由となる。代表取締役・取締役の任務懈怠に基づく損害賠償責任も成立する。

第8節 検査役・総会検査役

会社法に規定する検査役には3種類のものがある。第1は、裁判所により選任される検査役であり、第2は、株主総会の決議により選任される検査役であり、第3は、裁判所により選任される「総会検査役」と、講学上、呼ばれる検査役である。

(1) 裁判所により選任される検査役

会社の業務執行に関し不正の行為または法令もしくは定款に違反する重大な事実があることを疑うに足りる事由があるときは、総株主の議決権の100分の3（定款でこれを下回る割合を定めたときはその割合）以上の議決権または発行済株式（自己株式を除く）の100分の3（定款でこれを下回る割合を定めたときはその割合）以上の数の株式を有する株主は、会社の業務および財産の状況を調査させるため、裁判所に対し、検査役の選任の申立てができる（358条1項）。選任された検査役は、必要な調査を行った後、調査の結果を記載した書面等を裁判所に提供して報告をし、会社および申立てをした株主に書面の写し等を提供する（358条5項・7項）。

(2) 株主総会の決議により選任される検査役

株主総会は、その決議により、取締役・会計参与・監査役等が株主総会に提出または提供した資料を調査するための検査役を選任できる（316条1項）。また、少数株主の請求により招集された株主総会においては、その決議により、会社の業務および財産の状況を調査するための検査役を選任できる（316条2項）。なお、会社法の下では、検査役と呼ばず、調査者と呼ぶ者がいる。

(3) 裁判所により選任される総会検査役

総会検査役の任務は、株主総会の招集手続および決議方法の調査である（306条1項）。決議の成否や瑕疵について後に争われる可能性のある場合に、総会検査役を選任することにより招集手続や決議方法についての証拠が保全さ

れることになる。総会検査役の選任手続であるが、会社自身または総株主の議決権の100分の1（これを下回る割合を定款で定めた場合はその割合）以上の議決権を有する株主は、株主総会に先立ち総会検査役の選任を裁判所に請求することができる（306条1項）。裁判所は、通常、総会検査役として弁護士を選任する。総会検査役はその調査の結果を裁判所に報告する（306条5項）。

第9節　取締役・監査役の説明義務

　取締役・監査役・会計参与は、株主総会において株主から議題に関する「特定の事項」について説明を求められたときは、必要な説明をしなければならない（314条）。この規定は取締役等の説明義務と呼ばれるが、株主の側から見れば説明請求権といえる。株主が、取締役・監査役等に会社の業務に関する事柄について、権利として説明を求めることは株主総会においてしか認められていないので、極めて重要である。

　会社法は取締役等が説明しないでよい場合を3つ限定的に列挙する。第1は、株主の説明を求める事項が議題に関係しないとき、第2は、株主の説明を求める事項について取締役等が説明すると株主共同の利益を著しく害するとき、第3は、その他正当な理由がある場合として会社法施行規則71条が定めるときである（314条但書）。会社法施行規則71条は、第1に、説明をするために調査が必要な場合を挙げる。ただし、株主総会の日より相当の期間前に株主が質問事項を会社に通知したとき、および、必要な調査が著しく容易なときには調査が必要という理由で説明を拒むことはできない。第2に、説明をすることにより会社またはその他の者の権利を侵害するとき、第3に、当該株主総会において既に実質的に説明をしている場合、および、第4に、説明をしないことにつき正当な理由がある場合を説明を拒むことができる場合とする。取締役および監査役は、同趣旨の質問について一括して説明することが許されている。

　説明義務が十分に尽くされなかった場合は、決議方法の法令違反となるため、株主総会の決議取消事由となる（831条1項1号）。具体的には、株主に質問の機会を与えなかったとき、正当の理由なく説明をしなかったとき、不実の

説明をしたとき、説明が客観的に十分でないときなどが考えられる。なお、取締役等が説明を拒絶する場合には、同人が説明拒絶理由の存在について立証責任を負担すると解される。

第10節 株主総会の議長・延期続行・議事録

(1) 株主総会の議長

　株主総会の議長は定款で定めるのが通常であるが、定款に定めがないときは、株主総会において選任する。定款に株主総会の議長は社長が行うとする定めがあることが多い。定款または株主総会の決議により定められた者であれば、株主でない取締役も議長になりうると解されている。なお、少数株主が招集した株主総会の議長は、定款所定の議長が出席していても、株主総会で改めて議長の選任を行う必要がある。

　株主総会の議長は、株主総会の秩序を維持し議事を整理する権限を有する（315条1項）。また、議長は、議長の命令に従わない者、その他株主総会の秩序を乱す者を退場させる権限を有する（315条2項）。議長の退場命令に従わない者は不退去罪（刑130条）に問われ得る。株主が騒ぐなどして審議を尽くさないまま採決をする場合、議長がその権限を不当に行使したりその権限を濫用した場合は、決議取消事由となる。

(2) 株主総会の延期・続行

　株主総会は、延期または続行の決議をすることができる。延期とは議事に入らずに総会を後日に延期することであり、続行とは議事に入った後に審議途中で総会を後日に継続することである。この場合には株主総会の招集について定める298条および299条の規定は適用されないことになり（以上、317条）、改めて招集通知を発出しないでよいことになる。

(3) 株主総会の議事録

　代表取締役・取締役は、株主総会の議事について議事録を作成しなければな

らない（318条1項）。議事録には、株主総会の開催された日時・場所、議事の経過の要領およびその結果、出席した取締役・会計参与・監査役・会計監査人等の氏名、議長の氏名、議事録を作成した取締役の氏名などを記載する（施規72条3項1号・4号～6号）。会社は、株主総会の議事録の原本を本店に10年間、その写しを支店に5年間備え置かなければならない（318条2項・3項）。株主および会社債権者は、会社の営業時間内であればいつでも、①株主総会議事録が書面の場合には、当該書面またはその写しの閲覧および謄写、および、②株主総会議事録が電磁的記録の場合には、その電磁的記録を表示したものの閲覧および謄写を請求することができる（318条4項）。

第11節 株主総会の決議の瑕疵

1 総論

　会社法の立場は、株主総会の決議の内容に関する法令違反の瑕疵は重大とするが、株主総会の手続や決議の方法に関する瑕疵は比較的軽微と考えるものである。原則として、前者については決議の無効を認めるが、後者については決議の無効を認めず、瑕疵があっても有効として扱い、裁判所による取消判決が確定して初めて決議の時に遡って無効とするという決議取消しの訴えの制度を設けている。決議取消しの訴えと決議無効確認の訴えは、いずれも株主総会の決議が外観上存在する場合を想定する。これに対し、議事録に株主総会が開催され決議が行われたかのように記載されながら、実際には株主総会が開催されていない場合などについて決議不存在確認の訴えが設けられている。

2 3種の訴えに共通する事項

(1) 管轄

　裁判管轄は、いずれの訴えにおいても会社の本店所在地の地方裁判所に専属する（835条1項）。

(2) 原告適格・被告適格

　原告適格については個々に説明する。被告適格はいずれの訴訟においても会社が被告となる（834条16号・17号）。

(3) 対世効・遡及効

　請求認容の判決が確定したときは、判決の既判力が当事者以外の第三者にも及び、もはや何人も決議の無効や不存在を争えなくなる（838条）。決議無効確認の判決の場合には最初から決議が無効であるのに対し、決議取消しの判決の場合には判決の遡及効により決議が最初に遡って無効になると考えられている（839条の反対解釈となる）。

3 株主総会決議取消しの訴え（831条）

(1) 総説

　株主総会の決議に取消事由がある場合、原告適格の認められる者は決議の日から3か月以内に株主総会決議取消しの訴えを提起することができる（831条）。取消しの訴えは形成の訴えである。問題とされた決議は決議取消判決の確定により無効となるが、それまでは有効な決議として存在する。

(2) 取消事由

(ア)　招集手続が法令もしくは定款に違反したとき、または、招集手続が著しく不公正なとき（831条1項1号）は決議取消事由となる。例えば、一部の株主に対し招集通知が発送されなかったとき、招集通知の記載内容に不備があるとき、招集通知の発出と株主総会の間の日数が不足するとき、取締役会の決議に基づき代表取締役以外の取締役が招集したとき、定款に株主総会の開催地に関する定めがあるのにそれに違反したとき、取締役会非設置会社において招集権者が株主総会の議題を一部の株主に教えないときなどがある。

(イ)　決議方法が法令もしくは定款に違反したとき、または、決議方法が著しく不公正なとき（831条1項1号）は決議取消事由事由となる。例えば、取締役会設置会社において招集通知に記載されていない事項について決議したとき、

取締役・監査役が説明義務に違反し説明を不当に拒絶したとき、定足数や決議成立要件を欠く株主総会決議、議決権数の数え違いや株主でない者が加わったときの決議、定款所定の議長以外の者が理由なく議長を務めたとき、不公正な議事運営をしたとき、議長が株主に十分な発言をさせずに強行的に決議を成立させたとき、出席が著しく困難な場所において株主総会を招集したときなどがある。

(ウ) 決議内容が定款に違反したとき（831条1項2号）は決議取消事由となる。例えば、定款で定めた員数を超過して取締役を選任したときなどがある。

(エ) 特別利害関係を有する者が議決権を行使したことにより著しく不当な決議がなされたとき（831条1項3号）は決議取消事由となる。例えば、取締役の報酬を定める株主総会決議において、取締役である大株主が議決権を行使することにより著しく不当に多額の報酬が定められたとき、責任を追及されている取締役が議決権を行使して責任の一部免除決議を成立させたときなどがある。

(3) 原告適格

原告適格が認められる者は、株主・取締役・執行役・監査役・清算人などである（831条・828条2項1号）。なお、その権限を会計監査権限に限定されている監査役は原告適格が認められない（828条2項1号、2条9号・389条1項）。原告である株主が問題の株主総会に出席していたことは必要でなく、また、問題の決議の時に未だ株主になっていなくてもよいと解される。一部の株主に招集通知が発出されなかった場合、他の株主が決議取消しの訴えを提起できる。

(4) 提訴期間

取消しの訴えが提起されずに3か月の提訴期間が経過した場合には、取消事由のある株主総会決議であっても誰もその瑕疵を攻撃できなくなるため、反射的に完全に有効ということになる。

(5) 裁量棄却

招集手続または決議方法が法令・定款に違反するという決議取消事由が存在しても、その違反する事実が重大でなく、かつ、決議に影響を及ぼさないと認

めるときは、裁判所は裁量により請求を棄却するすることができる（831条2項）。

4 株主総会決議無効確認の訴え (830条2項)

決議の内容が法令に違反するときは、決議は無効であり、確認の利益を有する者であれば誰でも、いつでも（提訴期間の制約がない）、どのような方法によっても（＝株主総会決議無効確認の訴えを提起してもよいし、別の訴訟において抗弁として主張してもよい）決議の無効を主張することができる。

無効事由の具体的な例としては、剰余金の違法配当決議、株主平等原則に違反する（配当）決議、欠格事由のある取締役または監査役の選任決議などがある。

5 株主総会決議不存在確認の訴え (830条1項)

議事録に株主総会開催の記録があっても実際には株主総会が開催されていない場合や、手続の瑕疵がはなはだしいため決議が存在したとすらいえない場合に、株主総会決議不存在確認の訴えが認められている。確認の利益を有する者であれば誰でも、いつでも（＝提訴期間の制限がない）、どのような方法によっても（＝決議不存在確認の訴えを提起してもよいし、何らかの訴訟において抗弁として主張してもよい）決議の不存在を主張できる。典型的には、株主総会が行われていないのに議事録だけに株主総会が開催され決議があったと記載される場合や、一部の株主が勝手に集合して株主総会と称した場合、取締役会設置会社において取締役会決議に基づくことなく平取締役（＝代表取締役でない取締役）が株主総会を招集した場合などがある。このほか、大量の招集通知漏れのある場合が問題になる。株主数および株式数の両者についてその大部分に通知があったといえない限り、決議不存在と考えられる。

第8章

取締役①
―― 資格と権限

第1節 総論

1 序説

取締役の権限や機能は、取締役会非設置会社と取締役会設置会社とで大きく異なる。

(1) 取締役会非設置会社

取締役会非設置会社においては、取締役が2人以上いたとしても、1人1人の取締役が会社の機関であり、各自が代表権限を有する（349条1項・2項、代表機関）。ただし、定款の定め、定款の定めに基づく取締役の互選、または、株主総会の決議により、特定の取締役のみが代表権を有すると定めることができる（349条3項）。その場合、他の取締役は代表権を失う。取締役の職務は、会社の業務全般を掌握し、会社の意思を決定し（意思決定機関）、業務執行に関し決定された意思を実行することである（執行機関）。定款に別段の定めがある場合を除き、取締役が2人以上いるときは取締役の過半数の同意により会社の意思決定を行う（348条1項・2項）。

(2) 取締役会設置会社

取締役会設置会社においては、1人1人の取締役は会社の機関ではなく、会

社の意思決定権限も代表権限も有さず、取締役会の構成員にすぎない。会社の意思を決定するのは、取締役全員で構成する会議体としての取締役会の決議による（意思決定機関は取締役会）。取締役の職務は、取締役会に出席して会社の業務全般を掌握し、取締役会の審議および決議に参加して業務執行に関する会社の意思を決定することである。代表取締役は取締役会において決定された意思を実行する機関（執行機関）であり、対外的に会社を代表する機関（代表機関）である。代表取締役は取締役会の決議により取締役の中から選ばれる（362条3項）。

2 取締役の員数

　取締役会非設置会社においては1人以上の取締役が必要である（326条1項）。取締役会設置会社においては3人以上の取締役が必要である（331条5項）。取締役会設置会社において定款により3人以上の員数を定めることは自由であるが、3人より少ない員数を定める規定は無効である。取締役の定数が欠けた場合については、本節**6**(5)を参照されたい。

3 取締役の資格

(1) 欠格事由

　以下の欠格事由に該当する者は取締役に就任できない（331条1項）。すなわち、①法人、②成年被後見人・被保佐人、③会社法、一般社団法人法、および会社法331条1項3号が定めるところの金融商品取引法などの各種の法令が定める罪を犯し、刑に処せられ、刑の執行を終え、または、刑の執行を受けることがなくなった日から2年を経過しない者、および、④③に述べられた法律以外のわが国の法令の規定に違反し、禁錮以上の刑（すなわち、禁錮・懲役・死刑）に処せられ、その執行を終わるまで、または、その執行を受けることがなくなるまでの者（刑の執行猶予中の者は除かれる）である。仮にこのような者が株主総会の決議により選任されたとしても、決議内容の法令違反として決議は無効である。在任中に欠格事由が生じたときはただちに取締役の地位を失う。この

ほか、取締役が監査役もしくは親会社の監査役を兼任することは禁じられている（335条2項）。

(2) 定款による取締役の資格の制限

公開会社においては、「取締役が株主でなければならない旨を定款で定めることができない。」とする規定（331条2項）があり、取締役は株主に限ることなく、広く一般から選出されなければならないと定められている。したがって、「取締役は当社の株主でなければならない」などのように、取締役の資格要件として株主であることを求める定めを定款に置くことは、331条2項に違反し無効となる。

これに対し、非公開会社においては、会社の株式を保有することを取締役の資格要件として定款で定めることが認められる（331条2項但書）。

4 取締役の任期

取締役の任期は、選任後2年以内に終了する事業年度のうちの最終のものに関する定時株主総会の終結の時までとなる（332条1項）。ただし、非公開会社においては、定款の定めにより、取締役の任期を選任後10年以内に終了する事業年度のうちの最終のものに関する定時株主総会の終結の時まで伸長することができる（332条2項）。

5 取締役の選任決議

(1) 通常の選任決議

取締役は株主総会の決議により選任される。取締役の選任は株主総会の専権事項である（以上、329条1項）。例外として、設立時取締役は発起人または創立総会により選任される（38条1項、88条）。取締役を選任する株主総会の決議については、その重要性に鑑み、定款により定足数を完全に排除することは許されない。すなわち、定足数は議決権を行使することができる株主の議決権数の3分の1未満にすることはできない。決議成立要件については定款により

加重することが認められている。取締役の解任決議も同様となる（以上、341条）。

(2) 取締役の選任に関する種類株主総会

取締役選任権付種類株式が発行されている場合（108条1項9号）には、取締役はその種類株式を有する種類株主を構成員とする種類株主総会の決議により選任される（347条1項、329条1項）。また、同種類株主総会は解任を決議することができる（347条1項、339条1項）。種類株主総会の決議は、当該種類株式の総株主の議決権の過半数を有する株主が出席し（＝定足数・種類株主総会成立要件であり、定款に定めを置くことにより3分の1にまで下げることができる）、出席した種類株主の議決権の過半数により成立する（＝決議成立要件、347条1項、341条、324条1項）。

(3) 選任決議と取締役の就任との関係

株主総会で選任決議が成立し、会社からの取締役任用契約の申込みに対し、選任された者が承諾することによりその者は取締役になる。通常は、取締役候補者と会社との間で予め株主総会の選任決議の成立を条件とする任用契約が締結されている。取締役の氏名は登記事項である（911条3項13号）。再任の場合も改めて登記しなければならない。

6 取締役の終任

取締役の終任事由は、法律上の欠格事由の発生（331条）、会社との委任関係（330条）の終了、任期の満了、解任、会社の解散などである。取締役がその地位を失ったとき、会社は登記をしなければならない（911条3項13号、915条1項）。

(1) 欠格事由の発生

取締役が、成年被後見人、被保佐人になるなどの331条所定の欠格事由に該当することになった場合、取締役はただちに終任となる。

(2) 委任関係の終了

会社と取締役との関係は委任の関係である（330条）。会社が委任者であり、取締役が受任者である。受任者はいつでも委任契約を解除できるから（民651条）、受任者である取締役はいつでも辞任できる。このほかに、取締役の死亡・取締役についての破産手続開始決定・取締役の後見開始の審判も取締役の終任事由となる（民653条）。なお、委任者（＝会社）の破産手続開始決定は、民法上、委任契約の終了事由である（民653条2号）が、最高裁は、会社の破産手続開始決定により取締役が当然に地位を失うことにはならないと判示した。

● 取締役の破産 ●

平成17年改正前商法254条ノ2は、取締役についての破産手続開始決定を取締役の欠格事由と定めていたが、破産手続開始決定のなされた者が取締役の地位を失うとすることは会社についての民事再生手続や会社更生手続の妨げになるとの実務家の主張を容れて、同条は会社法に引き継がれなかった。しかし、受任者である取締役について破産手続開始決定がなされたときは、民法653条2号により取締役の地位を失うことになると思われる。仮に民法653条2号が強行規定でないと解し、破産手続開始決定のなされた者であることを十分に承知した委任者がその者を自己の受任者にすることは可能とする見解を受け入れるとしても、他人が出資した財産の管理運営を行う者が破産手続開始決定のなされた者でもよいとするためには、少なくとも改めて株主総会における選任決議が必要と解すべきである。

(3) 任期の満了

任期の満了により取締役は終任となる。同じ者が再び取締役に選任されることは問題ない。なお、非公開会社が定款変更により公開会社になるときも、取締役の任期は満了となる（332条7項3号）。

(4) 株主総会決議等による取締役の解任

(ア) 株主総会における解任決議　株主総会は、いつでも理由のいかんを問わず、決議により取締役を解任することができる（339条1項）。取締役解任の決議の定足数および決議成立要件は、選任の場合と同様である（341条）。株主に交付される参考書類には解任の理由が記載される（施規78条）。正当な理由（＝病気により職務を遂行し得ない場合や、法令・定款に違反する行為をした場合など）なく解任された取締役は会社に対し損害賠償を請求することができる（339条

2項)。その損害は、解任されなければ取締役が得たであろうところの残存任期期間中の利益と任期満了時に得たであろうところの利益である。正当な理由がない場合でも、解任自体は有効である。

(イ) 裁判所による解任　取締役の職務執行に関し、不正の行為または法令もしくは定款に違反する重大な事実があるにもかかわらず、株主総会において取締役解任議案が否決された場合（株主総会が定足数不足により流会となった場合を含む）、または、定款に定められている種類株主総会の決議がないことにより取締役を解任する旨の株主総会の決議がその効力を生じない場合（323条）には、総株主（当該議案について議決権を行使できない株主および当該請求に係る役員である株主を除く）の議決権の100分の3以上を有する株主、または、発行済株式総数（当該会社である株主および当該請求に係る取締役である株主の有する株式を除く）の100分の3以上を有する株主は、この株主総会の日より30日以内に、問題の取締役の解任を裁判所に請求することができる。なお、定款で100分の3を下回る割合を定めた場合はその割合となる（以上、854条1項・2項）。

　裁判所は、取締役についての職務執行に関する不正の行為または法令もしくは定款に違反する重大な事実が認定できれば、解任の判決を言い渡すことになる。

(ウ) 種類株主総会における解任決議　取締役が種類株主総会において選任された場合には、解任決議は選任を行った種類株主総会で行われる（854条3項）。ただし、定款に別段の定めがある場合、または、取締役を選任した種類株主総会において議決権を行使できる株主が存在しない場合には、一般の株主総会において解任決議を行うことができる（347条1項）。

　解任決議が成立しない場合における取締役の解任の訴えについては、原告となる株主が取締役の選任に係る種類株主となるほかは、基本的には上で述べたのと同様になる（854条3項）。

(5) 取締役の欠員

　特定の取締役が終任したことにより取締役の人数が法定の員数（取締役会設置会社においては3人以上、331条5項）または定款所定の員数を欠くことになる場合、本来、会社は臨時株主総会を開催して遅滞なく新取締役を選任しなければならない。会社が新取締役の選任手続を怠ると、会社の現在の取締役は100

万円以下の過料に処せられる（976条22号）。

　取締役の欠員が生じた場合、任期満了または辞任により退任した取締役は、後任の新取締役が就任するまで、取締役として在任中の権利義務と同様の権利を有し義務を負う（346条1項）。取締役の死亡、破産手続開始決定、成年後見開始の審判、被保佐人の審判または解任により、欠員が生じた場合には、退任した取締役に後任の取締役が就任するまで取締役としての職務を行わせることは適切ではないので、裁判所が必要と認めるときは、裁判所は利害関係人の請求により、一時取締役の職務を行うべき者（一時取締役または仮取締役という）を選任することができる（346条2項、任期満了または辞任により退任した取締役に権利義務を認めるのが不適切な場合も同様となる）。一時取締役の権限は、本来の取締役の権限と同様である。

第2節　取締役会非設置会社の取締役

1　業務執行権

　取締役会非設置会社において、取締役は各自が業務執行権を有する（348条1項）。業務に関する意思は取締役の過半数の同意により決定するが、特に定款で定めれば単独で決定することができる（348条2項）。また、個々の取締役にその決定を委任することもできる。ただし、①支配人の選任・解任、②支店の設置・移転・廃止、③株主総会の招集に関する事項（298条1項各号）、④内部統制システムの整備、ならびに、⑤定款の定めに基づく取締役その他の役員の任務懈怠責任の免除についての決定は重要なので、必ず取締役の過半数の同意を必要とする（348条3項）。

2　代表権

　取締役は各自が代表権を有する（349条1項・2項）。すなわち、各自が会社の業務に関する一切の裁判上および裁判外の行為を行う権限を有する（349条

4項)。ただし、定款の定め、定款の定めに基づく取締役の互選、または、株主総会の決議により、取締役の中から代表取締役を定めることができる（349条3項）。その場合、他の取締役は代表権を失う（349条1項但書）が、対内的な業務執行権は失わない。取締役の代表権に加えた制限は善意の第三者に対抗できない（349条5項）。

3　取締役の同意を欠いた代表権ある取締役の行為

　本来、取締役の過半数の同意による決定が必要であるにもかかわらず、決定を経ずに行った代表権ある取締役の行為の効力をどのように考えるべきかという問題がある。この場合、取引の相手方が過半数の同意が必要であったにもかかわらず同意がなかったことを知りまたは知り得べきときに、取締役の法律行為を無効とする心裡留保の規定（民93条但書）を類推適用することになろう。

4　株主総会決議を欠いた代表権ある取締役の行為

　取締役会設置会社における株主総会決議事項と取締役会決議事項の両者が、取締役会非設置会社における株主総会決議事項となっているので、分けて考えるべきことになろう。すなわち、取締役会非設置会社における株主総会決議事項が取締役会設置会社においても株主総会決議事項である場合、株主総会の決議を経ていない事項についての代表権のある取締役の行為は原則として無効である。これに対し、取締役会非設置会社における株主総会決議事項が取締役会設置会社においては取締役会決議事項である場合は、株主総会の決議を経ていない事項についての代表権のある取締役の行為について心裡留保の規定（民93条但書）が類推適用されることになろう。

5　代表権のない取締役の行為

　会社法は、取締役会非設置会社において取締役が複数いるときに、定款、定款の定めに基づく取締役の互選、または、株主総会の決議により代表取締役

を定めることができ、他の取締役は代表権を失うと定める（349条1項・3項）。代表権のない取締役が第三者と契約を締結した場合であっても、取締役会非設置会社においては原則として各取締役は代表権を有すると規定されていることから、取引の相手方は取締役であれば当然に代表権を有すると信じることになる。したがって、このような相手方の保護については、後述する表見代表取締役の規定を類推適用するべきであろう。

第3節 取締役会

1 取締役会の権限

　取締役会は、取締役全員により構成される合議体であり、①会社の業務執行の決定、②各取締役の職務執行の監督、および、③代表取締役の選定および解職の決定を行う（362条1項・2項）。

　取締役会は、法令または定款により株主総会の権限とされている事項（295条2項）を除き、会社の業務執行全般について決定権限を有する。実際には、日常的な事項の大部分の決定権限が代表取締役や業務執行取締役（＝代表取締役以外で取締役会の決議により業務執行をする取締役として選定された取締役、363条1項2号）に委譲されるため、会社法は、取締役会が必ず決定すべき事項を定めている（362条4項1号～7号）。このような事項および会社法が取締役会決議によると定めている事項（例えば、譲渡制限株式の譲渡の承認（139条1項）、取得条項付株式の取得の日の決定（168条1項）、株式の分割および無償割当て（183条2項、186条3項）、株主総会の招集の決定（298条4項）、競業取引および利益相反取引の承認（365条1項）、中間配当の決定（454条5項）など多数ある）は当然に取締役会が自ら決定しなければならない。取締役会は、①重要な財産の処分・譲受け、②多額の借財、③支配人その他の重要な使用人の選任・解任、④支店その他の重要な組織の設置・変更・廃止、⑤社債の募集に関する必要事項および重要事項、⑥取締役の職務執行が法令定款に適合することを確保するための体制および当該会社の業務ならびにその企業集団の業務の適正確保のため

に必要なものとして法務省令（施規100条）で定める体制の整備、⑦定款の定めに基づく取締役その他の役員および会計監査人の任務懈怠責任の免除、ならびに、⑧その他の重要な業務執行の決定をしなければならない（362条4項）。これらは会社にとって重要な事項であるので、代表取締役や一部の取締役だけで決定し処理することは許されず、必ず取締役会で決定しなければならない。このうち、①の「重要な財産」については、当該財産の価額、総資産に占める割合、当該財産の保有目的、処分行為の態様および会社における従来の取扱い等の事情を総合的に考慮して判断されることになる。②の「多額の借財」については、当該借財の額、総資産および経常利益等に占める割合、当該借財の目的および会社における従来の取扱い等の事情を総合的に考慮して判断されることになる。なお、子会社の設置は④に含まれると考えられる。また、列挙された7つの事項以外であっても、会社にとって「重要な業務執行」については必ず取締役会で決定しなければならない（362条4項柱書）。

2 取締役会の招集手続

(1) 通常の招集

　取締役会は常設機関ではなく、必要に応じて開催される。通常は、取締役会の内規などにより、1週間から2週間に1回くらいの頻度で定例の取締役会が開催される。

　原則として各取締役が単独で取締役会を招集できる（366条1項）が、定款または取締役会決議により、特定の取締役を招集権者と定めることができる（366条1項但書）。この場合、招集権者でない取締役は、招集権者である取締役に書面等もしくは口頭により会議の目的となる事項を示して取締役会の招集を請求することができる（366条2項）。この請求の日から5日以内に、同請求日から2週間以内の日を取締役会の開催日とする招集通知が発せられない場合は、同請求をした取締役は自ら取締役会を招集することができる（366条3項）。

　招集通知は会日から1週間前までに書面、電磁的方法、口頭などにより各取締役に発しなければならない。定款に定めることにより、期間を1週間未満に短縮することができる。各取締役は取締役会では業務執行全般に関する事項が

議題となることを予期すべきであるから、招集通知に会議の目的となる事項を記載する必要はない。監査役設置会社においては、各監査役にも招集通知を発しなければならない（以上、368条1項）。なお、取締役の全員（監査役設置会社においては取締役および監査役の全員）の同意があれば、招集手続を省略して取締役会を開催することができる（368条2項）。

(2) 監査役による招集

監査役設置会社では、監査役は、取締役に対し取締役会の招集を請求することができ、また、招集権者が定められている場合には招集権者でない取締役の取締役会招集請求手続と同様の手続により、取締役会の招集を請求できる（383条2項・3項）。

(3) 株主による招集

監査役設置でない取締役会設置会社において取締役が会社の目的の範囲外の行為その他法令もしくは定款に違反する行為をし、または、これらの行為をするおそれがあると認めるときは、株主は、会議の目的となる事項を示して、取締役に対し取締役会の招集を請求することができ、また、招集権者が定められている場合には招集権者でない取締役の取締役会招集請求手続と同様の手続により取締役会の招集を請求することができる（367条1項～3項）。その株主には当該取締役会への出席権と意見陳述権が認められる（367条4項）。

3 取締役会の決議

(1) 通常の決議

取締役会の決定は決議によって行われる。取締役会の決議は、決議に参加することができる取締役の過半数が出席し（＝定足数、取締役会の成立要件）、その過半数の賛成により決議が成立する（決議成立要件、369条1項）。なお、定足数は審議および決議の全過程を通じて満たされていなければならない（判例）。株主総会のように普通決議と特別決議といった区別は存在しない。定款により定足数および決議成立要件を加重することは許されるが、軽減すること

は許されない (369条1項)。取締役会における議決権は、株主総会と異なり、持株数に関係なく1人1議決権である。また、取締役は個人的な信頼を基に選任されているので、代理人を出席させたり議決権を代理行使させることは許されない。監査役は取締役会へ出席し意見を述べる権利を有し義務を負う (383条1項) が、議決権は認められない。

電話会議やインターネット会議については、その議題について構成員の全員が自由に意見を交換できるものであって、会議出席者（発言者に限らない）の個々の微妙な表情、会議の場の微妙な雰囲気などを感知できるものであれば、許容されると考える。

(2) 特別利害関係のある取締役

取締役会の決議について特別の利害関係を有する取締役は決議に参加できない (369条2項)。競業取引行為の承認、利益相反取引の承認、取締役に対する株式・新株予約権の有利発行などの決定を行う取締役会決議において、当該取締役は決議に参加できない。代表取締役の解職に関する取締役会決議において、当該代表取締役は特別利害関係を有する者にあたる (判例)。

(3) 書面決議

取締役会設置会社においては、取締役が取締役会の決議の目的である事項について提案をした場合に、当該提案について取締役（当該事項につき議決に加わることができる者に限る）の全員が書面または電磁的記録により同意したときは、監査役設置会社にあっては監査役が異議を述べない限り、当該提案を可決する旨の取締役会決議があったものとみなす旨を定款で定めることができる (370条)。書面による決議ないしは持回り決議を認めた規定であるが、決議成立要件は過半数の賛成では足りず、全員の同意が必要となり、取締役会を開催する場合より厳しい。

(4) 特別取締役による取締役会

特別取締役の制度は、取締役の数が多く機動的迅速に取締役会を開催できない場合のものである (373条)。中小企業の場合、通常、それほど多くの取締役

が存在することは考えにくいため、本書では省略する。

4 取締役会の決議の瑕疵

取締役会の招集手続、決議方法、決議の内容について法令・定款に違反する瑕疵が存在する場合、決議の効力は一般原則により無効となる。最高裁は、「取締役会の開催にあたり、取締役の一部の者に対する招集通知を欠くことにより、その招集手続に瑕疵があるときは、特段の事情がない限り、その取締役会決議は無効になる」とする。

5 取締役会への報告

代表取締役および業務執行取締役は、3か月に1回以上、自己の職務執行状況を実際に開催される取締役会に報告しなければならない（363条2項、372条2項）。取締役が、上記の定期報告以外の、取締役会に報告すべき事項を取締役および監査役の全員に通知したときは、取締役会に報告することを要しない（372条1項）。

6 取締役会の議事録

(1) 議事録の作成

取締役会設置会社は、書面（電磁的記録も可）により取締役会議事録を作成し、出席した取締役および監査役は署名または記名押印をしなければならない（369条3項、施規101条）。決議に参加した取締役であって議事録に異議をとどめない者は、当該決議に賛成したとの推定が生じる（369条5項）。

議事録には、議事の経過の要領および決議の内容等、また取締役会決議が省略された場合（370条）における取締役会の決議があったものとみなされた事項の内容等が法務省令（施規101条）に従い記載され作成されなければならない（369条3項・4項、371条）。議事録は、取締役会の日もしくは取締役会決議があったとみなされる日から10年間、本店に備え置かなければならない（371

条1項)。備置きに違反すれば罰則の制裁がある (976条8号)。

(2) 議事録の閲覧・謄写

(ア) 取締役会設置会社が監査役設置会社でない場合、株主は、その権利を行使するために必要があるときは、営業時間内にいつでも取締役会議事録の閲覧・謄写を会社に請求することができる (371条2項)。

(イ) 監査役設置会社においては、株主はその権利を行使するために必要があるときに限り、裁判所の許可を得て、取締役会議事録の閲覧・謄写を会社に請求することができる (371条3項)。

(ウ) 会社債権者は、取締役・執行役・その他の役員の責任を追及するために必要があるときに限り、また、親会社の株主 (社員) はその権利を行使するために必要があるときに限り、裁判所の許可を得て、取締役会議事録の閲覧・謄写を会社に請求することができる (371条4項・5項)。

第4節 代表取締役

取締役会設置会社においては、取締役会の決議により会社の意思が決定されるが、その決定された意思を執行する機関が代表取締役である (執行機関、363条1項1号)。代表取締役は、対外的に会社を代表する機関でもある (代表機関、349条1項)。取締役会は取締役の中から代表取締役を選定しなければならない (362条3項)。したがって、法的には、取締役会が上位機関であり、代表取締役は下位機関である。しかし、実際の会社においては、代表取締役に実権が集中する状況がある。

● **選任と選定、解任と解職** ●

選任は、役員の選任 (329条) のように、新たに会社法上の一定の地位を付与する行為であり、選定は、代表取締役のように、既に会社法上の一定の地位にある者 (ここでは取締役) に対しさらに一定の職務を付与することである。解任は、会社法上の一定の地位にある者からその地位を剥奪する行為であり、解職は、一定定の地位にある者に対しさらに付与された一定の職務を剥奪する行為である。

---

1 員数・選任・終任

　代表取締役の法定の員数は1人以上である。取締役会設置会社においては、代表取締役は取締役の中から取締役会の決議により選定される（362条3項）。また、取締役会の決議により解職される（362条2項3号）。自ら辞任することもできる。代表取締役が代表取締役を解職されても、また辞任しても、取締役としての地位は残る。代表取締役が取締役の地位を失う場合には当然に代表取締役の地位も失う。取締役会は選定権・解職権を有することにより、代表取締役の業務執行についての監督を確実に行うことができる。

　欠員が生じた場合は、取締役に欠員が生じた場合と同様になる。任期満了または辞任により退任した代表取締役は、新たな代表取締役が就任するまで引き続き代表取締役としての権利を有し義務を負う（351条1項）。裁判所は、必要があると認めるときは、利害関係人の申立てにより、一時代表取締役を選任することができる（351条2項）。代表取締役の就任・退任は登記事項である（911条3項14号、915条1項）。

2 代表取締役の業務執行権・代表取締役の代表権

　代表取締役は業務執行機関である。したがって、株主総会ないし取締役会が決定した事項を執行しなければならない。取締役会から決定を委ねられた事項（＝その多くは通常の業務事項）については代表取締役が自ら決定し執行を行う。

　代表取締役の代表権の範囲は、会社の業務に関する一切の裁判上および裁判外の行為に及ぶ（349条4項）。定款の定め、株主総会の決議、取締役会の決議などにより、特定の代表取締役の権限を、ある種の事業、ある種の取引、または一定の期間や一定の地域、一定の金額にのみ限定しても、善意の第三者（＝会社の取引相手等）には対抗できない（349条5項）。代表取締役の権限は包括的・不可制限的な権限である。

　代表取締役が職務を行うにあたり第三者に損害をもたらした場合、当該代表取締役に不法行為責任（民709条）が成立するときは、会社もまた損害賠償責任を負う（350条）。

3 取締役会決議を欠いた代表取締役の行為

　本来、取締役会決議による決定が必要であるにもかかわらず、決議を経ずに行った代表取締役の行為は原則として無効である。しかし、最高裁は、取引の安全を考慮することにより、代表取締役の行った意思表示を心裡留保（民93条但書）のように考えて、原則として有効とし、取引の相手方が取締役会決議を経ていないことについて悪意または過失がある場合に限り会社は無効を主張できるとする。

4 株主総会決議を欠いた代表取締役の行為

　取締役会設置会社において、取引行為に関して株主総会の決議が要求される場合は極めて限られている。規模の小さい合併・分割などには、取引行為的色彩の強いものがないわけではないが、問題となる可能性が高いのは事業譲渡の場合であろう。467条が規定する諸類型の中で、事業の重要な一部の譲渡や他の会社の事業の全部の譲受けを行う場合または事後設立を行う場合に、何らかの事情により、株主総会承認決議を欠くことが考えられる。株主総会の決議が必要な取引行為についてこの決議を欠いた場合、原則として代表取締役の行為を無効と学説は解している。

5 代表権の濫用

　取締役会から事前に権限が委譲されていて代表取締役が決定権限を有する場合に、代表取締役が会社の利益のためにではなく、自己または第三者の利益のためにその権限を行使することが代表権の濫用である。判例は心裡留保の規定（民93条但書）を類推適用し、原則として当該法律行為は有効とし、悪意または過失ある相手方に限り会社は無効を主張できるとする。

第5節 表見代表取締役

　表見代表取締役（354条）は会社と取引を行う者を保護するための制度である。社長、副社長といった肩書や名称を使用する者が、真実は代表取締役でなかった（代表取締役の氏名は登記事項であるのに、商業登記簿に代表取締役として登記されていないなど）としても、取引の相手方は代表権があると信じて取引を行うのが通常である。そこで、会社と取引する者が、そのような肩書や名称を使用する者が代表取締役でないことにつき善意であれば、取引の安全を図り、その取引を有効とするというのが表見代表取締役制度の趣旨である。

　表見代表取締役の規定が適用され、取引の相手方が保護されるためには以下の4つの要件が満たされなければならない。

　第1に、「会社を代表する権限を有するものと認められる名称」が使用されなければならない。社長、副社長のほかに、特段の事情がない限り、「専務取締役」「常務取締役」がこれに当たると思われる。このほか、代表取締役代行者、取締役会長などが判例で肯定されている。恐らく、頭取、理事長、総長、CEOなども認められるであろう。

　第2に、肩書きや名称の使用を会社が認めていることが必要である。本人が勝手に肩書や名称を使用していただけでは要件を満たさない。しかし、そのような場合でも、会社が知りながら放置した場合には、354条の「名称を付した」の要件を満たすことになる。

　第3に、第三者（＝取引の相手方）が善意・無重過失（判例）であることが必要である（354条）。会社側が相手方の悪意または重過失を立証しなければならない。

　第4に、354条の文言上は、同条が適用されるためには少なくとも「取締役」であることを必要とする。しかし、最高裁は、会社の使用人（＝従業員）が、代表取締役の承認の下に常務取締役の名称を使用した場合について354条を類推適用し、会社は責任を負うと判示した。

第6節 業務執行取締役

　株式会社において決定された意思を実行するために対外的に会社を代表するのが、取締役会設置会社では代表取締役であり（362条3項）、取締役会非設置会社では特に代表する者を定めない限り個々の取締役である（349条1項・2項）。これに対し、決定された意思を対内的に実行するための権限（＝業務執行権限）が誰に帰属するかについては明瞭でなかった。そこで、会社法は、取締役会非設置会社では定款に別段の定めがない限りそれぞれの取締役が業務執行権限を有するものとし（348条1項）、取締役会設置会社では、個々の取締役には業務執行権限を認めず、代表取締役および特に取締役会決議により業務を執行する取締役として選定された業務執行取締役が業務執行権限を有するものと規定した（363条1項）。

　会社法363条1項各号所定の取締役は、ある程度、継続した期間において業務執行権限が認められるものであるが、これらの取締役以外の取締役であっても、一時的に業務執行権限を付与されることがある。会社法は、前者の取締役と後者の取締役をあわせて、業務執行取締役と定義した（2条15号イ）。

● 執行役と執行役員 ●

　取締役会の下位機関として三種の委員会を備える指名委員会等設置会社において、必ず設置しなければならない機関が執行役である。執行役には多くの業務執行権限が認められる。これに対し、執行役員は、指名委員会等設置会社以外の会社において、部長より上位の管理職の職名として設けられるものである。執行役員と会社との関係は、多くの場合、雇用契約であるが、委任契約の場合もある。

第7節 社外取締役

　社外取締役は、取締役であって、次に掲げる要件のいずれにも該当しなければならない（2条15号）。①現在、当該株式会社またはその子会社の業務執行取締役もしくは執行役または支配人その他の使用人（以下「業務執行取締役

等」という）でなく、かつ、その就任の前10年間当該株式会社またはその子会社の業務執行取締役等であったことがないこと。②その就任の前10年内のいずれかの時において当該株式会社またはその子会社の取締役、会計参与または監査役であったことがある者（業務執行取締役等であったことがあるものを除く）にあっては、当該取締役、会計参与または監査役への就任の前10年間当該株式会社またはその子会社の業務執行取締役等であったことがないこと。③当該株式会社の親会社等（2条4号の2、自然人であるものに限る）または親会社等の取締役もしくは執行役もしくは支配人その他の使用人でないこと。④当該株式会社の親会社等の子会社等（当該株式会社およびその子会社を除く）の業務執行取締役等でないこと。⑤当該株式会社の取締役もしくは執行役もしくは支配人その他の重要な使用人または親会社等（自然人であるものに限る）の配偶者または2親等内の親族でないこと、である。監査等委員会設置会社、指名委員会等設置会社では社外取締役が必要となる（331条6項、400条3項）。

社外取締役は、本書の対象とする中小企業においては、必置の機関ではない。

第 9 章

取締役②
——義務と責任

第1節 取締役と会社の関係

　取締役と会社との関係は、基本的には委任の関係である（330条）。会社が委任者、取締役が受任者である。会社法が特則を定めない限り、原則として、民法643条～656条が適用される。委任事務は「会社の経営」であり、敷衍すると「会社経営を上手に行い株主の有する株式の価値を増加させること」である。

1 取締役の会社に対する義務

　取締役は会社に対し基本的に3つの義務を負う。

　第1は、法令・定款・株主総会決議等の遵守義務である。取締役は会社の経営を行うにあたり、法令・定款・株主総会決議および取締役会決議（取締役会設置会社の場合）を遵守しなければならないという義務である。本節**2**で詳しく解説する。

　第2は、善管注意義務である。取締役は会社の経営を行うあたり善管注意義務（＝善良な管理者が尽くすべき注意義務、民644条）を尽くさなければならないという義務である。善管注意義務については、本節**3**で詳しく解説する。

　第3は、忠実義務である。取締役の行為が、会社の利益と取締役個人の利益との衝突を生じさせる場合には、会社の利益を優先させなければならないという義務である。本節**4**～**7**で詳しく解説する。

> ● 取締役の会社に対する三大義務 ●
>
> 取締役は、会社に対して三大義務を負っている。すなわち、①法令・定款・株主総会決議等の遵守義務（355条）、②善管注意義務（民644条）、③忠実義務（355条）、である。

2 取締役の法令・定款・株主総会決議の遵守義務

(1) 取締役の法令の遵守義務

取締役は会社の経営を行うにあたり、わが国の法令および事業を展開する外国において適用される法令を遵守しなければならない。取締役が会社の経営を行うにあたり、独占禁止法や著作権法、労働基準法や労働安全衛生法などに違反することは許されない。

(2) 取締役の定款・株主総会決議・取締役会決議の遵守義務

取締役は会社の経営を行うにあたり、定款の定め、株主総会の決議内容（さらに、取締役会設置会社では取締役会の決議内容）を遵守すべきことも当然である。

3 善管注意義務

(1) 善管注意義務の根拠および基準

取締役は会社の経営を行うにあたり当然に善良なる管理者の注意を尽くすべき義務を負う（330条、民644条＝善管注意義務）。それは、原則として多くの株主から出資された資金および財産からなる株式会社の経営を、広い裁量権の下で任されるということから、必然的に取締役に要請される義務である。およそ取締役である者ならば当然に尽くすべき注意の程度が善管注意義務の基準と考えられる。ただし、取締役が弁護士や公認会計士といったより高度の能力を有する場合には、善管注意義務の基準はそれに応じて高くなる。尽くすべき注意を怠ると善管注意義務違反となり、そのことにより会社に損害が生じたときは、当該取締役が損害賠償責任を負うことになる（423条1項）。過失がなかっ

たことの挙証責任・立証責任は取締役が負担する。

> ● **善管注意義務** ●
>
> 　善管注意義務を尽くすとは、委任契約を締結した当事者間において、受任者は、委任の本旨に従い、善良な管理者の注意をもって、その委任事務を処理する義務を負う、と定める民法644条を根拠とする。一般的には、委任事務を処理するにあたり、過失があってはならない、と理解されている。仮に、受任者に過失があり、その結果として委任者に損害が生じた場合、受任者は損害賠償の責任を負うことになる。

(2) 経営判断の原則

　下級審判決に見られる経営判断の原則とは、取締役が経営上の判断を行うにあたり、情報収集、調査、分析、検討等が適切に行われ、その上でなされた判断がその判断を行った当時の状況に照らして合理性を欠くものでなければ、結果として会社に損害をもたらしたとしても、善管注意義務違反としての責任が問われないとする考え方である。

　経営判断の原則は、取締役の忠実義務が問題とされる場面では適用されない。理論上、経営判断の原則が適用されるためには、①判断を行うために必要な情報を十分に集めたこと、②取締役全員に情報が行き渡った上で、取締役会もしくは取締役間において、十分な時間をかけて審議したこと、③決定の内容が会社のために最善であるか、もしくは、最善策の1つであると確信されたこと、以上の3つの要件を満たす必要がある。その場合にのみ、取締役に経営判断の原則の恩典が与えられる。

> ● **社長の独断専決と経営判断の原則** ●
>
> 　取締役が会社の経営に関して行った全ての判断に、法律上の経営判断の原則が適用されるわけではない。簡単に要約すると、①十分な情報収集、②取締役全員による十分な審議、③決定の内容が会社にとって最善策と確信されたこと、以上の3点が満たされなければならない。したがって、例えば、取締役が複数人いる会社において、ワンマンの代表取締役社長が独断専決で決定した事柄については、原則として、経営判断の原則は適用されないことになる。

(3) 取締役の監督監視義務

取締役は、他の取締役の職務遂行が適正であることを監視する義務を負う。最高裁は、個々の取締役は他の取締役を監視する義務があることを認めている。個々の取締役は他の取締役（代表取締役を含む）の業務執行一般を監視する義務を、会社に対して負う（362条2項2号、善管注意義務の範疇である）。

(4) 取締役の監査役等に対する報告義務

会社に著しい損害を及ぼすおそれのある事実を発見したときは、取締役はただちにその事実を監査役設置会社であれば監査役に、監査役会設置会社であれば監査役会に、それ以外の会社では株主に報告しなければならない（357条）。

(5) 取締役の内部統制義務

取締役は、自らが取締役および従業員の職務遂行が法令・定款に抵触しないように注意するだけでは足りず、他の取締役の職務執行や会社の業務および当該企業集団の業務の法令・定款への抵触を調査・発見・確認するシステム（内部統制システム）を構築することが善管注意義務の一環として要求される（362条4項6号）。このような内部統制システムの構築は、取締役会設置会社の場合、取締役会による決議が求められ（362条4項6号）、取締役会非設置会社の場合、取締役の過半数による決定が求められる（348条3項4号）。

4 取締役の忠実義務

忠実義務とは、会社が得るべき利益を、取締役が横取りしたり妨害したりすることを禁ずる義務である。別のいい方をすると、会社と取締役とが利益相反（＝利益衝突）の関係に立つときには、取締役は必ず会社の利益を優先しなければならないという義務である。

会社法は、忠実義務が問題となるいくつかの典型的な類型について、特に条文を設けて問題の処理を図っている。すなわち、①競業避止義務（356条1項1号）、②利益相反取引（356条1項2号・3号）、および、③取締役の報酬（361条）である。したがって、これら3つの行為類型にあてはまる場合は、一般原則で

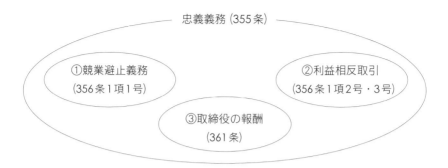

ある忠実義務を持ち出す必要なく、それぞれの規定の問題として処理されることになる。これら3つの行為類型以外において取締役と会社との間に利害の対立が生じるときは、一般原則である忠実義務が適用されるべきことになる。

5 取締役の競業避止義務 (356条1項1号)

(1) 制度の趣旨と概要

　取締役が、自己または第三者のために、会社の事業の部類に属する取引（競業行為または競業取引という）を行う場合、会社の利益追求と競合し、これを妨害する可能性が生じる。しかも、このような取引においては、取締役は会社の事業に関する知識や情報を自己または第三者のために利用する可能性が高いから、取引先が奪われるなど会社にとっては深刻な状況が生じる。そこで、会社法は、会社の利益を保護するために、競業行為を行う取締役は株主総会（取締役会設置会社では取締役会）において事前にその取引について重要な事実を開示し、取引を行うことについての承認を受けなければならないとする（356条1項1号、株主総会の承認は普通決議）。さらに、取締役会設置会社においては、承認を受けた取引を行った後に当該取締役は遅滞なく重要な事実を取締役会に報告しなければならない（365条2項）。なお、承認を受ける取締役は特別利害関係人となり、承認を与える取締役会において意見陳述権も議決権も認められない。

(2) 会社の事業の部類に属する取引

　承認を必要とする「会社の事業の部類に属する取引」とは、会社の事業と競

合し利益の衝突が生ずるおそれのある取引である。承認が必要な行為か否かの判断は会社利益の保護の観点から行う。定款上の目的の記載にかかわらず、会社が現実に行っている事業と競合し、利益の衝突が生ずるおそれのある取引について承認が必要となる。会社が開業準備をしている事業や一時的に休止している事業も含まれる。会社の事業が東京圏のみで行われていて、取締役が行おうとする会社の事業の部類に属する取引が大阪圏で行われるような場合には、地域的同一性がないということで競業にはあたらない。

(3) 承認の効果

承認を受けなかった場合でも、競業に当たる取引が当然に無効になるわけではない。他方、承認の有無を問わず、当該取引により会社に損害が生じた場合は、競業取引をした取締役等に損害賠償責任が発生する。取締役会設置会社においては、取締役会で承認決議に賛成した取締役も、承認した競業行為が会社に損害をもたらさないと判断したことについて善管注意義務違反があれば、会社に対して損害賠償責任を負う（以上、423条）。株主総会（取締役会設置会社では取締役会）の承認を受けずに取引を行った場合には、取締役が得た利益額が会社の損害額と推定されることになる（423条2項）。承認を受けた場合にはこの推定規定が働かない。利益額より会社の被った損害額が多額であることを会社側が立証するときは、実損害額を取締役に請求できる。

(4) 事後の承認

会社法は株主総会（取締役会）の承認が競業取引の事前になされることを予定する。ここに、事後の承認（追認）でもよいかという問題がある。肯定説は、事後の承認も可能であるとするが、承認を与える取締役において善管注意義務違反の責任を問われる可能性は、事前の承認の場合よりも高くなるとする。否定説は、424条の趣旨から事後の承認を認めない。

(5) 包括的な承認、他の会社の代表者の就任

全ての取引について必ずしも個別に承認を受ける必要はない。開示された事実から、会社に損害が生じないと判断することができるときは、その限度にお

いて包括的に承認を与えることも許される。同種の事業を行う会社の代表取締役に就任することについての承認も、同様に考えることができる。

6　取締役の利益相反取引 (356条1項2号・3号)

(1) 制度の趣旨と概要

　取締役が、自己または第三者のために、会社と何らかの取引を行う場合（＝利益相反取引または自己取引という）、その取引について当該取締役が決定権や代表権（代表取締役であれば包括的代表権、代表取締役でないときは個々に授権された代表権）を有していれば、価格や品質、サービスの内容等について自己や第三者の利益を図り、結果として会社に不利益をもたらすことが生じ得る。また、当該取締役が決定権や代表権を有していなくても、同僚である他の代表取締役などと容易に結託・共謀する可能性が認められる。そこで、会社法は、取締役が自己または第三者のために会社と取引をするときは、取引の内容が会社に不利益にならないようにするために、次のような規制を設ける。

　すなわち、利益相反取引を行うときは、当該取締役は株主総会（取締役会設置会社では取締役会）において事前にその取引についての重要な事実を開示し、株主総会の普通決議による承認（取締役会設置会社では取締役会による承認決議）を受けなければならない（356条1項2号・3号、365条1項）。さらに、取締役会設置会社においては、承認を受けた取引を行った後に当該取締役（間接取引に関しては会社を代表した取締役）は遅滞なくその取引についての重要な事実を取締役会に報告しなければならない（365条2項）。承認を受けない利益相反取引は原則として無効である。

●　承認についての最高裁の立場　●

　最高裁は、取締役会設置会社について、会社・取締役間の利益相反取引であっても、①当該取締役が全株式を有する一人会社であり、その営業も実質的には当該取締役の個人経営であるにすぎない場合、②実質上の株主全員（5人）の合意がある場合には取締役会の承認が不要であるとした。

(2) 利益相反取引の意義

(ア) 直接取引・間接取引 株主総会（取締役会）の承認が必要とされる取引としては、取締役が自己または第三者のために会社との間でなされる取引（＝直接取引）がある。直接取引の代表的な例は、取締役が所有する不動産等を会社が購入する売買契約である。このほかに、取締役と会社以外の第三者とが取引を行う際に、会社に損害をもたらすおそれのある取引（＝間接取引）がある（356条1項3号）。間接取引の例としては、取締役が第三者に債務を負うときに、あるいは、負っているときに、その取締役のために、会社が当該債務を保証することまたは債務引受をすることなどが挙げられる。このような会社の行為も取締役には利益となり会社には不利益となるので利益相反取引となる。

会社が取締役に対し手形や小切手を振り出す場合、判例・通説は、手形の振出しが原因関係における債務とは別個の新たな債務を負担し、原因債務よりいっそう厳格な支払義務であることを理由に、当該行為が利益相反取引であるとする。

(イ) 利益相反取引に当たらない取引 356条1項2号の趣旨は、取締役が自己または第三者の利益を図って会社に損害が生ずることの防止にあるから、会社に損害の生じるおそれのない取引であれば会社の承認を必要としない。例えば、取締役が会社に行う負担のない贈与、相殺、債務の履行、定型化された契約書を用いる運送契約、保険契約、預金契約、定価による売買契約などである。また、取締役が会社に無利息無担保で金銭を貸し付けることについて、判例は、特段の事情がない限り、会社の利益にこそなれ不利益にはならないから、株主総会（取締役会）の承認を要しない、とする。

(3) 利益相反取引の効果

(ア) 民法108条との関係 一方で会社の取引相手となる取締役が他方で会社を代表する場合には、自己契約・双方代理を禁じる民法108条に抵触し無効となるおそれが生ずる。しかし、株主総会（取締役会設置会社では取締役会）の承認を得れば、民法108条の適用が排除され、利益相反取引も有効となる（356条2項）。利益が相反する取締役は特別利害関係人となる（369条2項、831条1項3号）。

(イ) 承認がある場合 利益相反取引（直接取引型も間接取引型も含む）を行うにあたり株主総会（取締役会設置会社では取締役会）の承認を得たとしても、会社に損害が生じた場合は、任務懈怠のある取締役は損害賠償責任を負う（423条）。なお、利益相反取引の結果、会社に損害が生じた場合、特に取締役の任務懈怠（過失）が推定される。すなわち、①会社と利益相反取引を行った取締役（423条3項1号）、②423条3項1号所定の取締役と会社が利益相反取引を行うことを決定した取締役（423条3項2号）、および、③取締役会設置会社において、取締役と会社が利益相反取引を行うことについての取締役会決議で賛成した取締役（423条3項3号）は任務懈怠（過失）があったものと推定される（423条3項）。なお、利益相反取引の直接取引型において自己のために取引を行った取締役の責任は無過失責任である（428条1項）。この無過失責任については責任の一部免除の規定（425条〜427条）は適用されない（428条2項）。この無過失責任を免除するには総株主の同意が必要となる（424条）。

(ウ) 承認がない場合 利益相反取引の効力であるが、株主総会（取締役会設置会社では取締役会）の承認を得ないで行われた利益相反取引は会社と当該取締役の間では無効であるが、会社は第三者に対しては必ずしも無効を主張できないと考えられている。この考え方を相対的無効説という（最高裁の立場）。すなわち、(a)利益相反取引をした取締役および第三者は無効を主張できない、(b)会社はそのような取締役に対し無効を主張できる、(c)第三者が加わった場合、その第三者が株主総会（取締役会設置会社では取締役会）の承認がなかったことについて悪意であることを会社が立証してはじめて会社は第三者に対しても無効を主張できるとする。

取締役の責任であるが、株主総会（取締役会設置会社では取締役会）の承認を得ないで会社と利益相反取引を行った結果、会社に損害が生じた場合、当該取締役および会社を代表した取締役は法令遵守義務違反の任務懈怠により損害賠償責任を負う（423条1項）。

利益相反取引の直接取引類型において、自己のために取引を行った取締役の責任は無過失責任である（428条1項）。間接取引においては、利益を受けた取締役および会社を代表した取締役が法令遵守義務違反の任務懈怠により責任を負う（423条1項）。

7 取締役の報酬

(1) 制度の趣旨と概要

　取締役の報酬に関する事項を定めることは業務執行に含まれるので、本来であれば取締役（取締役会設置会社では取締役会）が決定することになる。しかし、それでは、取締役が自らの報酬額を定める（または仲間同士で報酬額を定める）ことになり不当に高額になるおそれがある。これを「お手盛りの弊害」と呼ぶ。そこで、会社法は、取締役の報酬額は定款または株主総会決議により定めなければならないと規定する（361条）。定款変更の手続の煩雑さから、通常、取締役の報酬額は株主総会の決議により定められている。定款の定めも株主総会の決議もない場合には、取締役は会社に対し報酬請求権を有さないと解されている。

　会社法は、①取締役の報酬、②賞与、③その他の職務執行の対価として会社から受ける財産上の利益（①②③を「報酬等」という）について、(a)報酬等のうち額が確定しているものについてはその額、(b)確定していないもの（業績連動型の報酬など）についてはその具体的な算定方法、および、(c)金銭でないもの（社宅の割安な提供等、退職年金の受給権の付与、取締役の親族等を保険金受取人とする生命保険契約の保険金請求権の付与など）についてはその具体的な内容に関する定めを定款により、または、株主総会の決議により定めなければならないとする（361条1項）。(b)または(c)を新たに定める議案または改訂する議案を株主総会に提出するときは、取締役は株主総会においてその内容を相当とする理由を開示しなければならない（361条4項）。

(2) 制度の実際

　条文（361条）を読むと、定款に定めがない限り、一人一人の取締役の1年間の報酬等（現実には多くの場合が金銭であるから、以下では報酬額とする）を株主総会で決議するように思われる。しかし、わが国では取締役がその報酬額を明らかにされることを極度に嫌がるため、実務においては次のように運用されている。①株主総会では取締役一人一人の報酬額を決定せず、取締役全員の報酬総額の最高限度額を決議し、②ひとたび取締役全員に与えるべき報酬総額の

最高限度額を株主総会で決議したときは、その株主総会決議はその後の年度においても引き続き効力を有すると考えられ、その後取締役の人数に増減が生じても、その報酬総額の最高限度額を変更する必要が生じない限り、株主総会で報酬総額を決議することはせず、③以上のようにして定められた報酬総額の最高限度額の範囲内において、取締役の過半数の同意（取締役会設置会社では取締役会の決議）により各取締役の報酬額を決定する。

● 報酬規制と実際の取扱い ●

　実務の運用は、361条がお手盛り防止の目的だけを有すると考えることに由来する。しかし、このように考えると、株主総会の決議により一度でも高額の報酬総額が認められたときには、それ以後にその額を超えない限り、株主は取締役の報酬額をチェックする機会もなく、取締役の報酬に関する説明を求めることもできないことになる。実際、取締役の報酬総額の最高限度額が株主総会決議により決定された会社において、10年以上もこれを見直す株主総会の決議がなされていないという事態は珍しくない。また、取締役の報酬総額の最高限度額のみが株主の関心事であると決めてかかることにより、株主は個々の取締役の報酬額に関する情報を得られないという問題が生じる。

　個々の取締役の報酬等の額が定められた場合、それは会社と取締役の間の取締役就任契約の内容となるから、その後の会社の事情により取締役の職務内容に変更が生じたとしても、また、株主総会の決議により減額を決議したとしても、当該取締役の同意がない限り、減額はできない（判例）。ただし、この判決は取締役の任期が最長2年と定められていたときのものであり、取締役の任期が10年（332条2項）と定められる場合についてまで同様に解してよいかは疑問である。

(3) 報酬

　通常、取締役就任時に、取締役は会社と年俸額または月俸額による報酬契約（任用契約に含まれる）を締結する。明示的に契約をしない場合には、会社との従来の契約や慣行に従う旨の黙示の承諾があることになろう。年俸額または月俸額としての報酬は確定額の場合が多い。この場合は361条1項1号に該当する。利益額等の成果に連動して一定の額が加算される場合もある。この場合は加算部分が同項2号に該当する。従業員兼務取締役の場合、従業員としての賃

金を除き、取締役としての報酬について決議が必要となる。

(4) 賞与

　賞与は、通常は夏期一時金・冬期一時金を意味するが、それ以外のものでも会社が取締役に臨時に与える利益であって社会通念上の賞与と解することができれば、361条1項所定の賞与と解することになろう。361条1項1号ないしは2号に該当する。

　改正前商法の下では、賞与は利益処分として支出され、定時株主総会における利益処分案承認決議により決定されていた。会社法は、このような報酬と賞与の異なる取扱いを廃止し、いずれも独立した議案として株主総会の承認決議を必要とすることとした（361条）。

(5) ストックオプション

　取締役に、現在の株価よりも権利行使価額を高額に設定した新株予約権を払込金額を0円として交付することにより、いわゆるストックオプションを与えることができる。将来の権利行使時の株価と権利行使価額の差額が取締役の利益となり、株価が著しく上昇するとき（未上場会社が上場会社になったときなども株価が著しく上昇する場合があるといえよう）は取締役に多額の利益をもたらすことになる。

　理論的には、上で述べたところの取締役が得る利益は、既存株主全体が有する株式価値から引き出されるものである。したがって、新株予約権については、取締役に交付した時点での新株予約権がどれだけの価値を有するかが問題になる。詳しくは1部16章2節 **7** で後述するが、交付時における新株予約権の価値を評価する方法としては、金融工学においていくつかの計算式が提唱されているが、いずれの方法も、将来の予測を必要とするので、唯一無二の評価価値を求めることにはならない。したがって、会社は交付に当たり計算した結果であるところのストックオプションの現在の価値を示すだけにとどまらず、株主の理解を得るために、現在価値の評価にあたり採用した評価方法および評価式、ならびに、評価式に投じた個々の数値を具体的に示し、さらにその数値を採用した根拠も示さなければならないと解する（361条1項1号・3号）。

(6) 退職慰労金等

(ア) 最高裁は、取締役が退職する際に支払われる退職慰労金、および、取締役が死亡したときに支払われる「弔慰金」「死亡弔慰金」についても株主総会の決議が必要であるとする（361条1項1号）。

(イ) 会社が取締役に偶発的に支給する金額僅少のものであって、勤労に対する対価性も功労に対する支給性も認められないもの（例えば、取締役およびその親族に対する病気見舞金、香典等など）については、原則として利益相反取引の規制（356条1項2号）に委ねられる。

(ウ) 退職慰労金に関する情報開示の問題であるが、通常、個々の取締役に対する退職慰労金の支給金額が明らかになることを避けるため、退職慰労金の具体的な金額および支給方法を取締役会に一任する旨の株主総会決議がなされて支給される。定款に定めがない限り、退職慰労金の支給金額は株主総会で決議されなければならない。最高裁は、取締役会に無条件に一任することは許されないが、退職慰労金に関し一定の支給基準が確立されており、その基準を株主が推知し得る状況において、この基準に従って金額・支払期日・支給方法等を決定することを取締役会に委ねる趣旨の総会決議は有効であるとする。なお、退職慰労金の額が決定される一定の基準とは、会社の業績、当該取締役の在任期間・担当業務・功績の軽重等から割り出した一定の基準とされる。

　従業員兼務取締役の退職慰労金に関しては、従業員としての給与に基づく退職金を除き、取締役としての退職慰労金部分のみが361条の規制の対象となる。

● **1億円以上の報酬の開示** ●

　平成22年（2010年）3月31日の「企業内容等の開示に関する内閣府令」の改正により、有価証券報告書提出会社（＝原則として上場会社）の役員のうち、連結報酬等の総額が1億円以上である者について、各人の報酬等の総額等を開示すべきことが定められた。開示された結果は、マスコミで大きく取り上げられたが、上記の改正は著者の従来からの主張が実現したものである。

第2節 取締役の会社に対する責任

1 総論

　取締役は会社の経営を行うにあたり、会社法が定める義務を遵守しなければならない。取締役がこれらの義務を遵守せず、その結果、会社に損害が生じた場合、取締役は会社に対し任務を怠ったことによって生じた損害を賠償する責任を負う（423条1項）。義務違反を行った取締役が2人以上であれば連帯して損害賠償責任を負う。なお、監査役・会計参与・会計監査人も責任を負う場合は取締役と共に連帯責任を負う（以上、430条）。

2 一般原則

　会社法は、「取締役……はその任務を怠ったときは、株式会社に対し、これによって生じた損害を賠償する責任を負う」と定め（423条1項）、取締役の会社に対する責任についての原則を示している。「任務」とは、法令・定款・株主総会の決議・取締役会の決議を遵守して会社の経営を行うことである（355条参照）。また、経営を行うにあたり、善管注意義務を尽くし忠実義務を遵守することである。「怠る」は、およそ株式会社の取締役に就任する者であれば当然に行うべきこと（不作為を含む）を行わなかった場合であり、通常、過失があると考えられる。

3 競業取引・利益相反取引

　競業取引および利益相反取引の規制に違反する行為を行った取締役の責任は、423条1項所定の任務懈怠責任の範疇に含まれる。ただし、利益相反取引の直接取引型において自己のために取引を行った取締役の責任は無過失責任である（428条1項）。

4 株主権の行使に関する利益供与責任

　株主権の行使に関し、会社・子会社の計算において財産上の利益供与に関与した取締役は、供与した利益の価額に相当する額を会社に支払う義務を負う。過失責任である（120条4項但書）。なお、利益供与をした取締役の責任は無過失責任である（120条4項）。詳細は前述した（1部6章5節）。

5 違法な剰余金の配当等に関する責任

　会社は、461条1項所定の自己株式の買取り（1号・5号～7号）もしくは自己株式の取得（2号～4号）または剰余金の配当（8号）を行うことにより、株主に対して交付した金銭等の帳簿価額の総額が当該行為の効力発生日における分配可能額（461条2項）を超過してはならず（461条1項）、超過したときは当該行為は無効と解される。超過した場合、当該行為に関する職務を行った業務執行者（業務執行取締役、取締役、執行役のうち業務の執行に職務上関与した者として会社計算規則159条が定める者）、および、当該行為が株主総会もしくは取締役会の決議に基づいて行われた場合における議案提案取締役は、会社が交付した金銭等の帳簿価額に相当する金銭を支払う義務を負う（462条1項）。業務執行者のほか、462条1項所定の者、金銭等の交付を受けた者（通常は株主または元株主）も責任を負う（詳細は1部13章5節で述べる）。この場合に支払うべき額は分配可能額を超過した金額ではなく、交付した金銭等の帳簿価額に相当する金額である。なお、職務を行うにつき注意を怠らなかったことを証明すれば責任を免れる（過失責任、462条2項）。

　上記の義務を履行した取締役は、分配可能額を超過することにつき悪意でありながら金銭等を受領した株主に対し求償することができる（463条1項の反対解釈）。会社は上記の業務執行者および取締役の支払義務を免除することはできない（462条3項）。もっとも、総株主の同意により、行為を行った時点における分配可能額を限度として、支払義務を免除することができる（462条3項但書）。

6 株式買取請求権の行使に係る責任

116条1項または182条の4第1項が定める株主の株式買取請求権の行使に応じて会社が自己株式を取得した場合に、株主に支払った金銭の額が支払いの日における分配可能額を超えるときは、当該株式の取得に関する職務を行った取締役等の業務執行者は、会社に対し連帯してその超過額を支払う責任を負う（464条1項）。過失責任である（464条1項但書）。この責任は、総株主の同意により免除することができる（464条2項）。

7 欠損填補責任

剰余金の分配可能額に関する定めを遵守していても、期末に欠損（欠損とは分配可能額がマイナスになることである）が生じることがある。そのような場合、業務執行者は会社に対し連帯して欠損額を支払う義務を負う。すなわち、会社が465条1項所定の行為をした場合であって、当該行為をした日の属する事業年度（その事業年度の直前の事業年度が最終事業年度でないときは、その事業年度の直前の事業年度）に係る計算書類につき、定時株主総会の承認（438条2項の承認。承認特則規定（439条前段）を満たす場合には取締役会の承認）を受けた時点において、①自己株式の帳簿価額、②最終事業年度の末日後に自己株式を処分した場合における当該自己株式の対価額、および、③その他会社計算規則158条で定める額の合計額（461条2項3号・4号・6号に掲げる額の合計額）が剰余金の額（同項1号に掲げる額）を超えるときは、465条1項各号に掲げる行為に関する職務を行った業務執行者は、会社に対し連帯して剰余金の額を超過した額（当該超過額が当該各号に定める額を超える場合にあっては、当該各号に定める額）を支払う義務を負う（465条1項）。ただし、当該業務執行者がその職務を行うにつき注意を怠らなかったことを証明したときは支払義務を負わない（465条1項）。総株主の同意により、支払義務を免除することができる（465条2項）。なお、剰余金の配当のうち、定時株主総会の決議（分配特則規定が適用される場合には取締役会の決議）により決定したもの等については責任が生じない（465条1項10号、詳細は1部13章5節**4**で解説する）。

第9章　取締役②

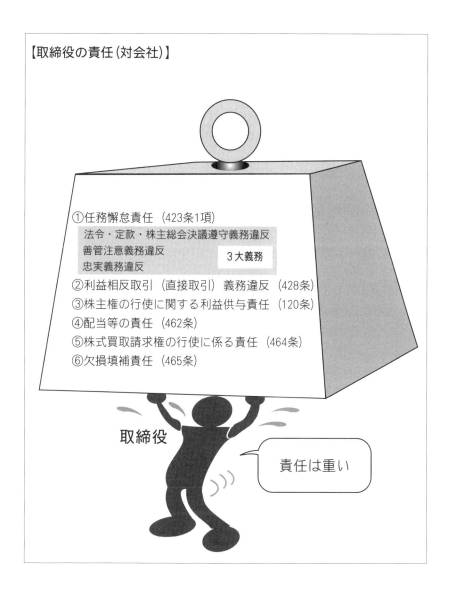

第10章

取締役③
——株主代表訴訟・対第三者責任

第1節 責任の免除

1 取締役の責任の全部の免除

　423条1項が定める取締役の会社に対する責任は、総株主の同意によりその全額を免除することができる（424条）。責任額の一部の免除も可能と考える。総株主の同意を得るために、特に株主総会を開催する必要はない。完全無議決権株式の株主も、同意を得るべき総株主に含まれる。

2 取締役の責任の一部の免除

　総株主の同意があれば取締役の責任の免除が可能であるが（424条）、株主数の多い会社では、総株主の同意を得ることはほとんど不可能に近い。そこで、総株主の同意を得ることなく、取締役が会社に対して負う責任の一部分を免除できるという制度が設けられている。すなわち、①株主総会の特別決議による一部免除（425条）、②定款の定めに基づく取締役会決議等による一部免除（426条）、③定款の定めに基づく責任限定契約による一部免除（非業務執行取締役等が対象、427条）である。一部免除の対象となる責任は、423条1項に基づく取締役の会社に対する責任であり、取締役が職務を行うにつき善意かつ無重過失である場合に限られる（425条1項、426条1項、427条1項）。なお、直接取引

型の利益相反取引の相手方である取締役に生じた423条1項に基づく責任は一部免除できない（428条2項）。

> ● 取締役の責任の免除 ●
>
> 　425条〜427条にある取締役の責任の一部の免除に関する会社法の規定は、株主数の多い株式会社を想定しており、本書が対象とする中小規模の株式会社においては、責任の一部免除の規定は存在意義に乏しい。すなわち、株主が1人の株式会社においては、取締役に責任が生じても、その株主が424条所定の責任免除を行えば、責任は消滅してしまう。また、株主数が少なければ、取締役の責任を免除することについて、株主全員の同意を得ることは容易である。

(1)　株主総会の特別決議による一部免除

(ア)　一部免除の要件　取締役が職務を行うにつき善意・無重過失の場合に限り（425条1項）、株主総会の特別決議により（309条2項8号）、取締役の負う損害賠償の責任額（423条により生じた額）から以下の①②の合計額（＝最低責任限度額）を減じて得た額を免除する額の最高限度として、一部免除をすることができる（425条1項）。言い換えると、免除する額を最高額にしても、なお最低責任限度額の損害賠償責任は残ることになる。

① 「報酬等の1年間当たりの額」に、一般の取締役は4、代表取締役は6、非業務執行取締役・会計参与・監査役・会計監査人は2を乗じた額（425条1項1号）。「報酬等の1年間当たりの額」については会社法施行規則113条がその詳細を定めている。

② 特に有利な条件もしくは払込金額で引き受けた新株予約権（＝238条3項各号に当たる場合）に関する財産上の利益に相当する額として法務省令で定める額（425条1項2号）。法務省令で定める額とは、当該取締役が上記の新株予約権を行使した場合には、新株予約権の行使時の当該株式1株の時価から、新株予約権発行時の払込金額と新株予約権行使の際に出資される財産の価額の合計額の、交付される株式1株当たりの額を減じた額に交付された株式数を乗じて得られる額（施規114条1号）である。また、当該取締役が上記の新株予約権を譲渡した場合には、当該新株予約権の譲渡価額から新株予約権発行時の払込金額を減じて得られる額に譲渡した新株予約権数を乗じて

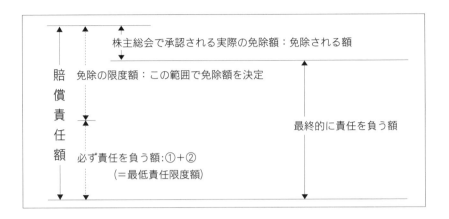

得られる額(施規114条2号)である。

(イ) 株主総会における開示事項　責任の一部免除を決議する株主総会では、①責任の原因となった事実および損害賠償責任額、②免除することができる額の限度(賠償責任額から最低責任限度額を控除した額)およびその算定根拠、ならびに、③責任を免除すべき理由および免除する額を開示しなければならない(425条2項)。

(ウ) 監査役の同意　責任の一部免除の議案を株主総会に提出するには、監査役設置会社にあっては監査役全員の同意が必要である(425条3項1号)。

(エ) 一部免除の株主総会決議後の問題　責任の一部免除の決議があった場合、その決議後に当該取締役に退職慰労金やその他法務省令(施規115条)で定める財産上の利益を与えるには、株主総会の承認が必要となり、また、その取締役が新株予約権を行使しまたは譲渡するには株主総会の承認が必要となる(425条4項)。

(2) 定款の定めに基づく取締役の決定または取締役会決議による一部免除

(ア) 一部免除の要件　監査役設置会社において、定款に取締役会による一部免除について定める規定があり、取締役が職務を行うにつき善意・無重過失であった場合において、責任の原因となった事実の内容およびその取締役の職務遂行の状況その他の事情を勘案して特に必要と認めるときに限り、最低責任限

度額（＝⑴（ア）の①と②の合計額。なお、株主総会決議による一部免除の場合と実質的に同じであるが、「株主総会決議の日」が「取締役会決議の日」または「取締役の同意のあった日」に変更される（施規113条1号ロ））を控除した額を限度として、取締役会の決議により、取締役の損害賠償責任額（423条1項の責任に限る）を一部免除することができる（426条1項）。また、監査役設置会社（2条9号）である取締役会非設置会社において、定款に取締役（当該責任を負う取締役を除く）の過半数の同意により取締役の423条1項の責任を一部免除することができる旨の定めを置く場合も同様となる（426条1項）。取締役会非設置会社において責任の一部免除が認められるのは、取締役が2名以上いる場合に限られる（426条1項）。なお、責任免除に関する定款の定めは登記される（911条3項24号）。

(イ) **監査役の同意** 定款を変更して取締役会による責任の一部免除の定めを設ける議案を株主総会に提出する場合、また、責任の一部免除の議案を取締役会に提出する場合、および、取締役会非設置会社において取締役の責任の一部免除に取締役の同意を得る場合には、監査役全員の同意が必要である（426条2項、425条3項）。

(ウ) **株主への通知と株主の異議** 取締役会で一部免除の決議を行ったとき、または取締役会非設置会社において取締役の過半数の同意を得たときは、株主総会で審議されずに責任の一部免除がなされるので、必ず株主に通知しなければならない（426条4項）。通知をする事項は、①責任の原因となった事実および賠償責任を負う額、②免除することができる額の限度（賠償責任額から最低責任限度額を控除した額）およびその算定根拠、③責任を免除すべき理由および免除する額、ならびに、④免除に異議があるときは、総株主の議決権の100分の3（3％）を有する株主は一定の期間（1か月以上）内に異議を述べることができる旨、である（426条3項、425条2項）。この要件を満たす株主が④の期間内に異議を述べたときは、会社は取締役または取締役会による一部免除を行うことができない（426条7項）。取締役（取締役会）による不当な一部免除が行われる場合に備えた規定である。

(エ) **一部免除の取締役会決議後の問題** 取締役の責任の一部免除の取締役会決議があった場合、その決議後にその取締役に退職慰労金を与えるには株主総

会の承認が必要となり、その取締役が新株予約権を行使しまたは譲渡するには株主総会の承認が必要となる（426条8項、425条4項）。

(3) 定款の定めに基づく責任限定契約

定款の定めに基づき、会社と非業務執行取締役等との契約により、前もって非業務執行取締役等の責任の限度額を定めておくことができる（427条）。このような責任限定契約は非業務執行取締役等（＝業務執行取締役でない取締役、会計参与、監査役、会計監査人）のための制度であるので、本書では省略する。

● **業務執行取締役・業務執行取締役等・非業務執行取締役** ●

業務執行取締役とは、①代表取締役（363条1項1号）、②取締役会の決議により取締役会設置会社の業務を執行する取締役として選定された取締役（363条1項2号）、および、③一時的にせよ現実に当該株式会社業務を執行した①②以外の取締役、をいう（2条15号イ）。

業務執行取締役等とは、上記の業務執行取締役に、当該株式会社又はその子会社の執行役または支配人その他の使用人を加えたものをいう（2条15号イ）。

非業務執行取締役等とは、①業務執行取締役等でない取締役、②会計参与、③監査役、および、④会計監査人、をいう（427条1項）。

第2節　取締役と株主との関係

株主総会における取締役の選任および解任、ならびに、株主による解任の訴えのほかには、原則として株主と取締役との間に直接の関係は生じないが、例外として以下の制度がある。

第1に、本来、会社が追及すべき取締役の責任を個々の株主が会社に代わって追及する、株主代表訴訟の制度がある（847条）。

第2に、取締役が会社の目的の範囲外の行為もしくは法令や定款に違反する行為をしようとし、その結果、会社に回復すべからざる損害が発生するおそれがある場合に、個々の株主は取締役に対しその行為を差し止めることができる。株主の取締役に対する差止請求の制度である（360条）。

1 代表訴訟

(1) 代表訴訟の概要

　本来は会社が追及すべき取締役の責任を、個々の株主が会社に代わって原告となり追及することが認められている。これが株主代表訴訟制度である（847条）。取締役らが、仲間意識などから、責任のある個々の取締役に対する損害賠償請求権などを行使しない場合に、会社の利益（ひいては株主全体の利益）を守るために、株主が会社に代わって権利を行使する制度である。ここでは取締役の責任追及として説明するが、代表訴訟による訴えの提起は、発起人・設立時取締役・設立時監査役・監査役・会計参与・会計監査人・執行役（以上、423条1項）および清算人（486条）に対する責任追及の訴え、株主権の行使に関して供与された利益の返還（120条3項・4項）を求める訴え、募集株式発行等における不公正差額の支払い（212条1項）を求める訴え、新株予約権の引受け等における不公正差額等の支払い（285条1項）を求める訴えについても認められる（847条1項）。

● 代表訴訟制度の意義 ●

　代表訴訟制度が存在する意義については、大別して2つの立場がある。第1は、会社に生じた損害がしばしば放置されるため、単に株主に損害填補の権限を与えたものと理解する立場であり、代表訴訟制度に対して比較的懐疑的な立場である。第2は、代表訴訟制度は取締役などの経営陣による不正行為を摘発し、その責任の履行を強制するための効果的手段であり、取締役等の不正を糾し経営者の倫理を維持するために株主が行使できる最も効果的な、あるいはほとんど唯一の効果的な手段と理解し、代表訴訟制度の存在意義を積極的に高く評価する立場である（田中英夫＝竹内昭夫『法の実現における私人の役割』40頁、46頁（東京大学出版会、1987年））。かつては、故意または重過失により株式会社に莫大な損害をもたらした代表取締役や取締役が、責任を取るといいながら、損害賠償も行わずに平然と高額な退職慰労金を得て単に辞任する例が珍しくなかった。最近、辞任しても退職慰労金を得られない事例や，責任ある取締役を除いた取締役会が、責任ある取締役に対し損害賠償を請求する例などを聞くようになった。当然のことがようやく実現し始めたのであり、株主代表訴訟制度が活用され始めたことがもたらした波及的な効果といえる。当然、第2の立場が正当である。

(2) 手続

　株主代表訴訟を提起しようとする株主は、はじめに会社（＝このとき会社を代表する機関は監査役設置会社であれば監査役である、386条2項1号）に対し、取締役の責任を追及する訴えを提起すべきことを書面等により請求しなければならない（847条1項、施規217条）。原告となる株主は、訴え提起時から訴訟終結時まで株式を継続して保有していなければならない。なお、単元株制度を定める会社にあっては、訴えの提起について1単元以上の株式の保有を要する旨を定款で定めることができ（189条2項）、その場合、単元未満株主には代表訴訟の提訴資格が認められない。

　訴え提起の請求をした日より60日以内に、会社が取締役に対し責任追及の訴えを提起しない場合、請求をした株主は、会社のために会社に代わって取締役に対し損害賠償請求等の責任追及の訴えを提起することができる（847条3項）。会社に回復することができない損害が生ずるおそれがある場合には、60日の経過を待たずに訴えを提起することができる（847条5項）。会社が責任追及の訴えを提起しない場合、当該株主または被告になるべきとされた取締役等の請求に応じて、会社は遅滞なく責任追及の訴えを提起しない理由を書面等により通知しなければならない（847条4項、施規218条）。

(3) 責任の範囲

　株主代表訴訟によって追及できる取締役の責任の範囲については、議論もあったが、取締役が会社に対し負っている会社法上の責任のほか、契約等を根拠として取締役が会社に対し負っている責任の全てを含むと解される。取締役同士の馴れ合い・同情・遠慮などにより、特定の取締役に対する訴えの提起を懈怠する可能性はどのような原因の請求権についても等しく存在するからである。

(4) 組織再編行為における原告適格の拡張

(ア)　株主代表訴訟の係属中に、原告株主の会社が株式交換完全子会社・株式移転完全子会社として株式交換・株式移転または消滅会社として吸収合併・新設合併を実行すると、原告であった株主は当初の会社の株主の地位を失い訴え

が却下されることになりかねない。そこで、会社法は、原告株主が株式交換完全親会社・株式移転設立完全親会社または存続会社・設立会社の株式の交付を受けたときは、当該株主が引き続き原告として認められることを定める（851条）。

(イ) 株式交換完全子会社・株式移転完全子会社・吸収合併消滅会社の株主であった者が、上記組織再編行為の効力の発生により上記会社の株主でなくなる場合においても、組織再編行為の効力が生じた日の6か月前から引き続き株主であり、かつ、株式交換完全親会社・株式移転設立完全親会社または存続会社の株式の交付を受けたときは、その後、同株主が原告として上記会社の取締役等に対し株主代表訴訟（責任追及等の訴え）を提起することが認められる（847条の2）。

2　特定責任追及の訴え（多段階代表訴訟・多重代表訴訟）

(1)　概要

　平成26年の会社法改正により、いわゆる多段階代表訴訟の制度が新設された。新設された多段階代表訴訟制度は、親会社と子会社が存在する場合に、親会社の株主が、子会社の取締役や監査役や発起人等を被告として、その者たちの子会社に対する損害賠償責任等を追及するものである。このような二段階代表訴訟のほか、親会社の株主が、その完全子会社のそのまた完全子会社の取締役等の損害賠償責任等を追及することも認められている（いわゆる多段階代表訴訟。847条の3第2項2号）。持株会社形態が普及する現代において、多段階代表訴訟制度の新設は社会から必然的に要請されるものと言える。なお、会社法は、立法技術上の問題から、新たに「特定責任」という概念を規定し、株主は、最初に会社に対し特定責任を追及する訴えを提起することを求め、会社が訴えを提起しないときに、当該株主が特定責任を追及する訴えを提起することができると定めている。

(2)　特定責任追及等の訴え

　株式会社の最終完全親会社等の総株主の議決権の100分の1以上の議決権ま

たは発行済株式総数の100分の1以上の数の株式を、6か月前から引き続き有する株主は、当該株式会社（＝責任追及される取締役等が所属する会社）に対し、書面等により、特定責任に係る責任追及等の訴えの提起を請求することができる（847条の3第1項）。

ここに、「最終完全親会社等」とは、責任追及される発起人等が関係する株式会社の完全親会社である株式会社等であって、その完全親会社等にはさらなる完全親会社等がないものをいう（847条の3第1項第2括弧書）。「完全親会社等」とは、①完全親会社、または、②847条の3第2項2号所定の株式会社をいう（847条の3第2項）。「発起人等」とは、当該株式会社の発起人・取締役・会計参与・監査役・執行役・会計監査人等をいう（847条1項第4括弧書）。また、「特定責任」とは、当該株式会社の発起人等の責任の原因となった事実が生じた日において、最終完全親会社等およびその完全子会社等における当該株式会社の株式の帳簿価額が当該最終完全親会社等の総資産額として法務省令で定める方法により算定される額の5分の1を超える場合における当該発起人等の責任をいう（847条の3第4項）。

最終完全親会社等の株主による請求の日から60日以内に、請求を受けた株式会社が特定責任追及の訴えを提起しないときは、当該請求をした最終完全親会社等の株主は、株式会社（＝責任追及される取締役等が所属する会社）のために、特定責任追及の訴えを提起することができる（847条の3第7項）。訴訟費用については、財産権上の請求でない請求に係る訴えとみなすとする定め（847条の4第1項）があり、従来の代表訴訟の場合と同様に民事訴訟費用法4条2項によることになる。このほか、訴訟管轄、訴訟参加、和解、再審等に関する規定（848条〜853条）はおおむね従来の代表訴訟における定めと同様になる。

3　取締役の違法行為等の差止め

(1)　概要

監査役不設置の株式会社において、取締役が会社の目的の範囲外の行為、または、法令もしくは定款に違反する行為をし、またはこれらの行為をするおそ

れがあり、これにより会社に「著しい損害」が生ずるおそれがある場合には、株主は取締役に対しその行為の差止めを請求することができる（360条1項・2項）。

　監査役設置会社においては、監査役による差止め（385条）の規定があることとの関係から、株主の差止請求権の要件は、「著しい損害」ではなく「回復することができない損害」となる（360条3項）。「回復することができない損害」の方が「著しい損害」より損害がはなはだしいと解されている。

(2) 法令違反等

　法令違反としては、当然に、刑法、独占禁止法、著作権法等の一般的な法令に違反しようとしている場合のほか、および、取締役会の承認を得ずに会社と取締役が利益相反取引をしようとしていたり、善管注意義務・忠実義務に違反する行為をしようとしているといった会社法に違反する場合が該当する。また、会社の目的の範囲外の行為をすることは、そもそも定款違反となるが、その行為が有効となるか否かに関わらず、差止めの対象となる。

第3節　取締役の第三者に対する責任

1　429条1項の責任

(1) 概要

(ア)　取締役が職務を行うについて悪意または重大な過失があり、これにより第三者に損害が生じた場合、当該取締役は第三者に対し損害賠償の責任を負う（429条1項）。そのような取締役が2人以上いれば、連帯責任となる（430条）。この責任は、株主全員の同意によっても免除することはできない。取締役の第三者に対する責任については裁判例が多数蓄積されている。それは、①放漫経営、②支払い見込みのない手形の濫発、③弁済見込みのない契約の締結、④取締役相互の監督監視義務違反、⑤その他、といった類型に分けることができる。

> ● 取締役の第三者に対する責任（429条の責任） ●
>
> 　429条の責任は、従来、中小企業が倒産したときに、会社を倒産させながら、会社の背後にいてあまり経済的に痛手を被らない会社経営者の責任を、会社債権者が追及する手段として利用されてきた。本文の①②③の事例の多くがそれに該当する。したがって、同条の責任は、法人格否認の法理の代替的機能を果たしているといえる。法人格否認の法理については、1部2章4節を参照。

(イ)　**放漫経営**　取締役でありながら、会社の経営を他の取締役や他の従業員に任せきりにし、取締役会設置会社であれば取締役会に出席せず、会社の経営に実質的に関与せずにいて、会社が倒産した場合、会社債権者はそのような放漫経営をしていた取締役に対して、取締役の第三者に対する責任を追及することができる。自らが名目的な取締役であったということは、責任を免れるための抗弁として認められない。

(ウ)　**支払い見込みのない手形の濫発**　例えば、取締役が、取引相手と、500万円分の原材料の納品およびその1か月後の代金の支払いを契約し、代金の支払いのために、約束手形または小切手を振り出したときに、実は、資金繰りにおいて、客観的には1か月後に500万円を用意する可能性が全然なかったような場合をいう。結果として会社が倒産し、その金額500万円の手形を有する手形債権者は、取締役個人に対して取締役の第三者に対する責任を追及することができる。

(エ)　**弁済見込みのない契約の締結**　例えば、取締役が、取引相手と、500万円分の原材料の即日の納品およびその1か月後の代金の支払いを契約したものの、実は、資金繰りにおいて、客観的には1か月後に500万円を支払う可能性が全然なかったような場合をいう。結果として会社が倒産し、その売掛代金債権500万円を回収できない債権者は、取締役個人に対して取締役の第三者に対する責任を追及することができる。

(オ)　**取締役相互の監督監視義務違反**　取締役会設置会社においては、取締役は、他の取締役や代表取締役の職務執行を監督監視する義務が課されている（362条2項2号）。したがって、代表取締役がいわゆるワンマンであって、取締役会を開催せず、計算書類等を示すことなく、独断専行で経営を行い、その結果、会社が倒産した場合に、代表取締役のワンマン経営を放置してきた他の取

締役は、監督監視義務違反により取締役の第三者に対する責任を負うことになる。

(2) 429条1項の意義（法定責任説——判例・通説）

429条1項所定の責任は、民法の不法行為責任（民709条）とは異なる特別の法定責任であると考えられている。したがって、取締役には429条1項の責任と同時に不法行為責任が認められることもある。なお、民法では、「自己の行為に帰因する」結果についての予見可能性としての故意・過失が要件となるが、ここでは、取締役の「職務遂行」についての悪意・重過失（429条1項）が要件となり、民法の不法行為責任が成立しなくとも成立する余地がある。

(3) 間接損害・直接損害

429条1項所定の責任は第三者の被った間接損害および直接損害について生じる。間接損害とは、取締役が職務を行うにつき悪意・重過失があったことにより会社に損害が発生し（例えば会社資産の消失・会社の莫大な損害等）、その結果として第三者が被る損害をいう。直接損害とは、取締役が職務を行うにつき悪意・重過失があったことにより第三者が直接に被る損害をいう（弁済見込みのない契約を締結した相手方や、支払い見込みのない手形の所持人等）。

(4) 第三者の範囲

第三者に会社の債権者が含まれることには問題がない。第三者に株主が含まれるか否かが問題となる。株主が直接損害を被った場合、第三者に株主が含まれると解するのが通説である。株主が間接損害を被った場合（放漫経営や取締役の職務執行に関する悪意・重過失に起因する会社の莫大な損害等によって会社の財政状態が悪化し、その結果、株式の価値が減少した場合）については、第三者に株主が含まれるとする学説と、第三者に株主が含まれないとする学説がある。

2 429条2項の責任

取締役が以下の①～④の行為をしたときに過失があり、これにより第三者

に損害が生じた場合には、当該取締役は損害賠償の責任を負う（429条2項）。429条2項の責任は過失責任である。この責任は、①株式、新株予約権、社債もしくは新株予約権付社債を引き受ける者を募集する際に通知しなければならない重要な事項についての虚偽の通知をしたとき、または、当該募集のための当該株式会社の事業その他の事項に関する説明に用いた資料についての虚偽の記載・記録をしたとき、②計算書類・事業報告もしくはこれらの附属明細書または臨時計算書類に記載または記録すべき重要な事項についての虚偽の記載・記録をしたとき、③虚偽の登記をしたとき、あるいは、④虚偽の公告をしたとき、である。

　2項所定の責任に限り、過失がなかったことについての立証責任が取締役に課されている（429条2項但書）。

第11章

監査役

第1節 監査役総論

　株式会社において経営の執行は取締役に委ねられるが、その経営がときとして適正になされないことがある。そこで、取締役の職務執行を監査する機関として、監査役の設置が認められている。非公開会社であって、かつ、取締役会非設置会社であれば、監査役を設置するか否かは任意である。

　監査等委員会設置会社・指名委員会等設置会社を除き、定款に定めを置くことにより、株式会社は監査役または監査役会を設置することができる（326条2項）。非公開会社である取締役会非設置会社は、①監査役を設置するか、②監査役会を設置するか、③会計監査に限定された監査役を設置するか、または、④監査役も監査役会も設置しないか、以上のいずれかを選択することになる。このほか、取締役会設置会社（監査等委員会設置会社・指名委員会等設置会社を除く）は原則として監査役を設置しなければならない（327条2項）が、取締役会設置会社であっても非公開会社の場合、会計参与を設置すれば監査役を設置しなくてもよい（327条2項但書）。なお、会計監査人設置会社は監査役を設置しなければならない（327条3項）。

● 監査役 ●

　2005年の会社法制定以前の商法の下では、株式会社において監査役は常設必置機関であった。これに対し、有限会社においては監査役の設置は各有限会社の任意事項であった。

第2節 監査役を設置する場合

1 監査役の選任・資格・任期等

(1) 選任・資格

　監査役は、取締役および会計参与の職務執行を監査する機関であり（381条1項）、株主総会の決議により選任される（329条1項、341条）。監査役を設置する場合、監査役は最少限1人でよい。非公開会社では、監査役を株主に限定する旨の定款の定めが可能である（335条1項、331条2項）。取締役の欠格事由を定める331条1項が監査役にも準用される（335条1項）。監査役は、その会社もしくはその子会社の取締役・会計参与（会計参与が法人であるときはその職務を行うべき社員）・支配人その他の使用人またはその子会社の執行役を兼任することができない（335条2項、333条3項1号、公認会計士法24条、同28条の2）。

(2) 任期

　監査役の任期は、選任後4年以内に終了する事業年度のうち最終のものに関する定時株主総会の終結の時までである（336条1項）。非公開会社においては、定款の定めにより任期を選任後10年以内に終了する事業年度のうち最終のものに関する定時株主総会の終結の時まで伸長することができる（336条2項）。

(3) 終任・解任

　監査役の終任・解任については、取締役について述べたことが基本的に適用される。ただし、監査役を解任するための株主総会決議は特別決議でなければならない（339条1項、309条2項7号）。少数株主による解任の訴えも認められている（854条）。

(4) 監査役の独立性の確保

　取締役が監査役選任議案を株主総会に提出するには監査役（監査役が2人以上ある場合はその過半数、監査役会設置会社では監査役会）の同意を得なければな

らない（343条1項・3項）。また、監査役（監査役会設置会社では監査役会）は、監査役の選任を株主総会の会議の目的（議題）とすること、および、監査役選任議案の提出を取締役に請求することができる（343条2項・3項）。なお、監査役は、他の監査役の選任・解任、または、辞任について株主総会においてそれが適正か否かの意見を述べることができる（345条4項・1項）。また、監査役を辞任した者は、その後最初に招集される株主総会に出席し辞任したことおよびその理由を述べることができる（345条4項・2項）。これらは、取締役ないしは取締役会からの監査役の独立性を確保するためのものである。

2 監査役の権限

(1) 会計監査と業務監査

　監査役の職務は、取締役の職務執行の監査、すなわち、会計監査と業務監査を行うことである（381条）。ただし、非公開会社であって定款に監査役の監査の範囲を会計監査に限定する旨の定めを置く場合（本章3節参照）には、監査役の職務は会計監査に限定される。会計監査は、取締役が作成し株主総会に提出する計算書類（臨時計算書類を含む）およびその附属明細書を監査することである（436条1項）。監査役は監査報告を作成しなければならない。

　業務監査は、原則として取締役の業務執行および会社の行為の違法性を監査すること（適法性監査という）であり、取締役の業務執行が著しく不当な場合についてはその妥当性の監査（妥当性監査という）にも及ぶと解される（通説）。

　監査役は、法務省令（施規105条・129条、計規122条）に従い監査報告を作成しなければならない（381条1項。取締役会非設置会社の場合、監査報告は株主に提供される。437条）。監査役が複数いる場合でも、各自が独立して意見を報告することになるが、各自の意見が同一である場合にはそのうちの1人が連名により報告してもよい。

(2) 権限と義務

　会計監査と業務監査を遂行するために、監査役には以下に述べる様々な権限と義務が認められる。監査役は独任制の機関であるから、原則として単独でこ

れらの権限を行使することができる。

(ア) 取締役会出席権と出席義務　取締役会設置会社の場合、取締役ないし取締役会がどのような意図によりどのようなことを行おうとしているかを的確に把握するために、監査役に取締役会への出席権が認められている。同時に、監査の実効性を高めるため、監査役の取締役会への出席は義務ともされている（以上、383条1項）。取締役会への出席は監査役にとっての重要な情報収集の機会である。取締役会において法令・定款に違反する決議または著しく不当な決議がなされることを防止するため、取締役会における意見陳述権・意見陳述義務が認められている（383条1項）。株主総会に提出される議案や書類が取締役会で検討されるときに調査をし、法令・定款に違反する議案または著しく不当であるような議案が株主総会に提出されることを阻止する機会を有する。監査役の意見が無視されたとき、または、そのような議案・書類が取締役会で審議されずに株主総会に提出されたときは、監査役は株主総会で意見を報告しなければならない（以上、384条）。場合によっては差止請求権を行使することになる（385条1項）。

(イ) 報告義務・取締役会招集権等　監査役は、取締役が不正の行為をし、もしくは不正の行為をするおそれがあると認めるとき、または、法令もしくは定款に違反する事実もしくは著しく不当な事実があると認めるときは、遅滞なく、その旨を取締役（取締役会設置会社においては取締役会）に報告しなければならない（382条）。取締役会で報告を行うために、監査役には取締役会の招集権者に対する招集請求権および取締役会招集権が認められている（383条2項・3項）。

(ウ) 取締役・会計参与・使用人に対する事業報告徴収権　監査役はいつでも取締役・会計参与・支配人・その他の使用人に対して事業の報告を求めることができる（事業報告徴収権、381条2項）。なお、事業報告の求めに対し、報告拒絶の場合には、監査役は監査報告に監査のため必要な調査ができなかった旨および理由を記載することができる（施規129条1項4号）。

(エ) 会社の業務状況調査権・財産状況調査権　監査役はいつでも会社の業務および財産の状況を調査することができる（業務状況調査権・財産状況調査権、381条2項）。会計帳簿またはこれに関する資料（書面も電磁的記録も）について

の閲覧請求権および謄写請求権がこれに含まれる。

(オ) 株主総会提出議案・提出書類の調査義務および報告義務 監査役は取締役が株主総会に提出する議案、書類、その他の資料についての調査義務があり、これらについて法令もしくは定款に違反する事項または著しく不当な事項があると認めるときは、監査役はその調査結果を株主総会に報告しなければならない（384条、施規106条）。

(カ) 取締役の違法行為等に対する差止請求権 取締役が会社の目的の範囲外の行為を行い、または、法令もしくは定款に違反する行為を行い、あるいは、そのような行為を行うおそれがあり、そのことにより会社に著しい損害が生ずるおそれがある場合には、監査役は取締役に対してその行為の中止を請求することができる（385条1項）。差止請求権の行使は権利であると同時に監査役の義務でもあり、怠るときは任務懈怠責任が生じる。

(キ) 訴え提起の権限等 監査役には、その業務監査権限として、株主総会決議取消しの訴え（831条1項）、会社設立無効の訴え（828条2項1号）、新株発行無効の訴え（828条2項2号）、資本金減少無効の訴え（828条2項5号）、吸収合併無効の訴え（828条2項7号）、吸収分割無効の訴え（828条2項9号）、新設分割無効の訴え（828条2項10号）、株式交換無効の訴え（828条2項11号）、および、株式移転無効の訴え（828条2項12号）の提起権ならびに特別清算（511条1項）の申立権が認められる。

(ク) 監査役の同意権 個々の監査役には、取締役・執行役の会社に対する損害賠償責任の一部免除に関する株主総会議案の提出に係る同意権（425条3項）、取締役（取締役会設置会社では取締役会）が取締役・執行役の損害賠償責任の一部免除を決定できるとする定款の定めを設ける株主総会議案および具体的な損害賠償責任の一部免除に関する取締役会議案の提出に係る同意権（426条2項）、非業務執行取締役と責任限定契約を締結できるとする定款の定めを設ける株主総会議案の提出に係る同意権（427条3項）が認められている。

(ケ) 会社・取締役間の訴訟における会社代表権 監査役設置会社において会社が取締役に対し訴えを提起する場合、および、取締役が会社に対し訴えを提起する場合においては、監査役が会社を代表して訴訟を追行する（386条1項）。なお、監査役非設置会社または監査役の権限が会計監査に限定されている会社

においては、会社と取締役との訴訟で会社を代表する者は株主総会決議により定めることができる（353条）。監査役設置会社において、株主が会社に対し取締役の責任追及の訴え提起の請求をする場合（847条1項）、および、株主が取締役の責任追及の訴えを提起し会社に対し訴訟告知をする場合（849条4項）、監査役が会社を代表する（386条2項）。

3 監査報告

(1) 監査報告総論

　監査役は、監査報告を作成しなければならない（381条1項）。監査報告には、計算書類とその附属明細書についての監査報告と事業報告とその附属明細書についての監査報告とがある。期末（事業年度）ごとに作成される監査報告は、本店に備え置かれ、株主・債権者に閲覧請求権、謄本抄本交付請求権が認められる（442条）。

(2) 業務監査に関する報告

　事業報告とその附属明細書についての監査報告は業務監査であり、①業務監査の方法およびその内容、②取締役の作成した事業報告およびその附属明細書についての意見、③取締役の職務遂行に関し不正の行為または法令定款に違反する重大な事実の有無、④監査のため必要な調査ができなかったときはその旨およびその理由、⑤内部統制システムの内容が相当でないときはその事実、⑥会社の支配に関する基本方針（買収に関する防衛策等）が事業報告の内容として記述されるときはそれについての意見、その他を記載しなければならない（施規129条1項）。

(3) 会計監査に関する報告

　計算書類とその附属明細書についての監査報告は会計監査である。①監査役の監査の方法とその内容、②計算関係書類が会社の財産および損益の状況を全ての重要な点において適正に表示しているか否かについての意見、③監査のために必要な調査ができなかったときはその旨と理由、④追記情報、および、⑤

監査報告作成日などを記載しなければならない（計規122条）。

4　監査役の責任

　会社と監査役との関係は委任の関係になる（330条）。監査役はその職務を遂行するにあたり会社に対して善良なる管理者の注意を尽くす義務を負う（330条、民644条）。監査役が任務を怠り会社に損害が発生した場合、その監査役は会社に対し損害賠償の責任を負う（423条）。責任を負うべき監査役が2名以上いるときは連帯して責任を負う（430条）。この責任追及については株主による代表訴訟が認められている（847条）。監査役の会社に対する任務懈怠責任は総株主の同意によって免除することができる（424条）。また、会社に対する責任の一部を免除することもできる（425条～427条）。なお、監査役の中で責任限定契約が認められるのは社外監査役だけである（427条）。

　監査役がその職務を行うにつき悪意または重過失により第三者に損害を与えた場合は、その第三者に対し損害賠償の責任を負う（429条1項）。監査報告に記載・記録すべき重要な事項について虚偽の記載・記録をした場合には、そのことにより損害を被った者に対し損害賠償の責任を負う（429条2項3号）。ただし、監査役が無過失であったことを証明すれば責任は生じない（429条2項但書）。なお、責任等の詳細は取締役についての解説を参照されたい（1部9章2節・1部10章3節）。

● **中小企業の監査役** ●

　多くの中小企業において、社長の妻や親族などが監査役になる例をしばしば見受ける。本人も、比較的軽い気持ちで就任するものと思われるが、本文で述べたように、法律上、その権限は広範かつ強力であり、それに伴って、責任も相当に重いことに注意しなければならない。

5　監査役の報酬

　監査役の報酬等は定款の定めまたは株主総会の決議により定められる（387条1項）。報酬等には賞与等が含まれる。監査役の報酬等の額は本来は取締役・

取締役会の決定事項となる。しかし、監査役の独立性を確保するために監査役の報酬等の額は定款事項もしくは株主総会の決定事項と定められている。多くの会社において株主総会の決議により定められる。

　取締役の報酬等と監査役の報酬等は、別々に決議されなければならない。監査役が数人いる場合に、各監査役の報酬額について定款の定めも株主総会の決議もないときは、それぞれの額は定款もしくは株主総会の決議による監査役の報酬の総額（387条1項所定の報酬）の範囲内において、監査役の協議により定める（387条2項）。監査役の報酬に関する議案は取締役の決定（取締役会設置会社では取締役会の決議）を経て株主総会に提出される。この過程において取締役ないしは取締役会の影響力が行使される可能性があるので、特に監査役の報酬について、監査役が自ら株主総会において意見を陳述できることが定められている（387条3項）。

　なお、監査役が職務の執行について費用の前払いを請求したとき、それが監査役の職務の執行に必要ないことを会社が証明しない限り、会社はその請求を拒むことができない（388条1号）。

第3節　会計監査権限のみの監査役

(1)　会計監査の権限に限定

　非公開会社であって監査役会設置会社でも会計監査人設置会社でもない会社においては、定款に定めを置くことにより、監査役の監査の範囲を会計に関するものだけに限定することができる（389条1項）。そのような監査役は業務監査権限を有さないことになるので、業務監査権限に属する381条から386条までの規定（取締役会出席の権利義務、会社・取締役間の訴訟における会社代表権、取締役の違法行為等の差止請求権、各種訴え提起権、取締役の損害賠償責任の一部免除に関する株主総会議案提出に係る同意権など）は適用されない（389条7項）。旧商法特例法の小会社における監査役に業務監査権限が認められていなかったことを継承している。

　会計監査権限のみを有する監査役は、会社法施行規則107条の定めに従い監

査報告を作成し（389条2項）、取締役が株主総会に提出しようとする会計に関する議案、書類、その他会社法施行規則108条で定めるものを調査し、調査結果を株主総会に報告しなければならない（389条3項）。なお、監査報告には、取締役の作成した事業報告を監査する権限がないことを明らかにしなければならない（施規129条2項）。

(2) 各種の調査権

会計監査権限のみを有する監査役はいつでも会計帳簿および関連する資料についての閲覧権および謄写請求権を行使することができ、また、取締役、会計参与ならびに支配人その他の使用人に対する会計報告徴収権を行使することができる（389条4項）。会計監査権限のみを有する監査役は、その職務を行うため必要があるときは、会社の業務および財産の状況の調査を行うことができる（業務状況調査権・財産状況調査権、389条5項）。

第12章 会計参与

第1節 会計参与総論

　取締役は、計算書類・附属明細書等を公正妥当な会計慣行に従って作成しなければならない（431条）が、取締役が必ずしも会計に関する専門的知識を十分に有するわけではない。そこで、会社法は、取締役と共同して計算書類・附属明細書等を作成する会計参与（374条1項）の制度を設けた。会社は、定款に定めを置くことにより、会計参与を設置することができる（326条2項）。会計参与を設置するか否かは任意である。ただし、非公開会社である取締役会設置会社であって監査役を置かない会社は、必ず会計参与を設置しなければならない（327条2項）。

第2節 会計参与の選任・資格・任期・報酬等

　会計参与は株主総会の普通決議により選任する（329条1項、341条）。会計参与を設置する場合、その員数は最少限1人でよい。会計参与は、公認会計士、監査法人、税理士または税理士法人でなければならない（333条1項）。会計参与の任期・終任・解任については、取締役について述べたことが基本的に適用される（332条、334条、339条、341条）。会計参与の報酬は、定款にその額を定めないときは、株主総会の決議により定める（379条1項）。

第3節 会計参与の職務・権限

(1) 会計参与の職務

　会計参与の職務は、「一般に公正妥当と認められる企業会計慣行」（431条）に従って取締役と共同して計算書類・附属明細書等を作成し（374条1項）、法務省令に従い会計参与報告を作成することである（374条1項後段）。会計参与報告は、職務を行うにつき会社と合意した事項のうちの主なもの、計算関係書類作成のために採用している会計処理の原則等、計算関係書類作成に用いた資料の種類、その他計算関係書類の作成過程および方法などを内容とする（施規102条）。計算書類・附属明細書等の作成に関する事項について、取締役と意見を異にするときは、会計参与は株主総会で意見を述べることができる（377条1項）。

　会計参与は、計算書類・附属明細書等および会計参与報告をその事務所等に5年間備え置かなければならない（378条1項、施規103条）。株主および会社債権者はそれらについての閲覧請求権、謄本抄本交付請求権を有する（378条2項）。

(2) 会計報告徴収権等・業務状況調査権・財産状況調査権

　会計参与は、いつでも取締役・その他の使用人に対し、会計に関する報告を求めることができ（会計報告徴収権）、会計帳簿またはこれに関する資料についての閲覧請求権および謄写請求権が認められる（以上、374条2項）。会計参与は、その職務を行うために必要があるときは、会社の業務および財産の状況を調査することができる（業務状況調査権・財産状況調査権、374条3項）。

第4節 会計参与の義務・責任

　会計参与は、その職務を遂行するにあたり会社に対して善良なる管理者の注意を尽くす義務を負う（330条、民644条）。会計参与が任務を怠り会社に損害

が発生した場合、その会計参与は会社に対し損害賠償の責任を負う（423条）。この責任追及のために株主代表訴訟も認められている（847条）。

> ● **計算書類と計算関係書類** ●
>
> 「計算書類」とは、貸借対照表・損益計算書（以上、435条）・株主資本等変動計算書・個別注記表（以上、計規59条1項）を意味する。これに対し、「計算関係書類」とは、上記の計算書類に加えて、計算書類の附属明細書・会社成立の日における貸借対照表・臨時計算書類・連結計算書類を含んだものを意味する（計規2条3項3号）。

第13章

計算・配当

第1節 会計帳簿・計算書類

1 会計帳簿・計算書類の意義

(1) 会計帳簿

会社は法務省令(=会社法施行規則・会社計算規則等)に従い、適時に正確な会計帳簿を作成しなければならない(432条1項)。会計帳簿とは、日記帳、仕訳帳、総勘定元帳などを意味する。会計帳簿は会社の計算に関する法務省令(会社計算規則)に従って作成し(計規4条)、会社計算規則の用語の解釈および規定の適用に関しては、一般に公正妥当と認められる企業会計の基準その他の会計慣行を斟酌しなければならない(計規3条)。

(2) 計算書類

会社は、会計帳簿に基づき、法務省令に従って各事業年度に係る計算書類および事業報告ならびにこれらの附属明細書を作成しなければならない(435条2項、計規59条3項)。計算書類とは、貸借対照表・損益計算書・株主資本等変動計算書・個別注記表をいう(435条2項、計規59条1項)。以下では、貸借対照表、損益計算書、株主資本等変動計算書、個別注記表および事業報告について順次解説する。

2 貸借対照表

(1) 総論

貸借対照表は、貸借対照表日における会社の財務状態を明らかにするものである。貸借対照表は、資産、負債および純資産の部に区分して表示しなければならない（計規73条1項）。

(2) 資産の部

貸借対照表の資産の部は、流動資産、固定資産および繰延資産の項目に区分する（計規74条1項）。固定資産は、さらに有形固定資産、無形固定資産および投資その他の資産に区分し、さらに各項目は適当な項目に細分しなければならない（計規74条2項）。流動資産、有形固定資産、無形固定資産、投資その他の資産については、原則として取得原価を付し、償却すべき資産については相当の償却をしなければならない（計規5条1項・2項）。資産については、事業年度の末日のその資産の時価が、取得原価より著しく低い場合で回復すると認められない資産についてはその時価、予測することができない減損が生じた資産または減損損失を認識すべき資産については、取得原価から相当の減額をした額を付さなければならない（計規5条3項）。

(3) 負債の部

貸借対照表の負債の部は、流動負債と固定負債に区分し、負債に係る引当金がある場合には、当該引当金ごとに他の負債と区分しなければならない（計規75条）。流動負債としては、支払手形、買掛金等（計規75条2項1号）、固定負債としては、発行した社債の総額、長期借入金等（計規75条2項2号）が計上される。

(4) 純資産の部

貸借対照表の純資産の部は、株主資本、評価・換算差額等、および、新株予約権の項目に区分しなければならない（計規76条1項）。株主資本は資本金、新株式申込証拠金、資本剰余金、利益剰余金、自己株式および自己株式申込証

拠金に区分する（計規76条2項）。このうち、自己株式は控除項目となる（計規76条2項）。資本剰余金は資本準備金と「その他資本剰余金」に、利益剰余金は利益準備金と「その他利益剰余金」に区分する（計規76条4項・5項）。評価・換算差額等は、その他有価証券評価差額金、繰延ヘッジ損益、および土地再評価差額金に細分する（計規76条7項）。

(ア) 資本金の額は、原則として設立または株式の発行の際に株主となる者が会社に対して払込みをした額、または、給付をした財産の額である（445条1項）。ただし、それらの額の2分の1を超えない額を資本金とせず、資本準備金とすることが許される（445条2項・3項）。

(イ) 会社法は、会社の業績が不振になるときに、ただちに純資産額（純資産額＝資産総額－負債総額）が資本金の額を下回るという「資本の欠損」という状態が発生することを防ぐため、資本金のクッション（緩衝物）としての資本準備金と利益準備金を法定する。資本準備金は、設立または株式の発行の際に株主となる者が会社に対して払込みまたは給付をした財産の額のうち資本金の額としなかった額、「その他資本剰余金」を原資とする剰余金の配当を行ったときに積立が要求される額、合併・吸収分割・新設分割・株式交換または株式移転に際して資本準備金とすることが定められた額、および、資本金の額または剰余金の額を減少した際に組み入れる旨を定めた額などにより増加する（445条3項・5項、447条1項、451条1項、計規26条等）。

利益準備金は、通常、「その他利益剰余金」を原資とする剰余金の配当を行ったときに積立が要求される額（445条4項）、剰余金の準備金組入れ（451条）などにより増加する（計規28条）。

(ウ) 会社が、「その他利益剰余金」を原資として剰余金の配当を行う場合、その配当額の10分の1にあたる額を利益準備金として「その他利益剰余金」から積み立てなければならず（445条4項、計規22条2項）、「その他資本剰余金」を原資として剰余金の配当を行う場合、その配当額の10分の1にあたる額を資本準備金として「その他資本剰余金」から積み立てなければならない（445条4項、計規22条1項）。以上の積立ては、利益準備金と資本準備金の合計額が資本金の額の4分の1に達するまで積み立てなければならない（計規22条1項）。資本準備金と利益準備金を合わせて「準備金」と呼ぶ。

(エ) 「その他利益剰余金」に含まれる任意積立金は、定款の定めまたは株主総会決議（分配特則規定を満たすときは取締役会決議）により剰余金の処分として、使途の目的を定めて積み立てられるものである（452条、自己株式取得積立金など）。任意積立金はその目的に従ったものであれば、取締役（取締役会）の決定により取り崩すことができる（計規153条2項）。なお、別途積立金は特に目的が定められない積立金であり、その取崩しには定款変更または株主総会決議（分配特則規定を満たすときは取締役会決議）が必要となる。

3 損益計算書

損益計算書は、事業年度における企業の経営成績を明らかにするために、費用収益対応原則に立脚して、1事業年度に産出された利益の内容と金額を示すものである。損益計算書は、①売上高、②売上原価、③販売費および一般管理費、④営業外収益、⑤営業外費用、⑥特別利益、⑦特別損失、といった項目に区分して表示しなければならない（計規88条）。売上高から売上原価を減じて得た額（これを「売上総損益金額」とする）は、売上総利益金額として表示し（計規89条1項）、売上総損益金額から販売費および一般管理費の合計額を減じて得た額（これを「営業損益金額」とする）は、営業利益金額として表示し（計規90条1項）、営業損益金額に営業外収益を加算して得た額から営業外費用を減じて得た額（これを「経常損益金額」とする）は、経常利益金額として表示しなければならない（計規91条1項）。経常損益金額に特別利益を加算して得た額から特別損失を減じて得た額（これを「税引前当期純損益金額」とする）は、税引前当期純利益金額として表示し（計規92条1項）、税引前当期純損益金額に還付税額等を加えた後、法人税等の金額を減じて得た額（これを「当期純損益金額」とする）は、当期純利益金額として表示しなければならない（計規94条1項）。

4 株主資本等変動計算書

株主資本等変動計算書は、当該事業年度におけるいわゆる株主資本（＝純資

貸借対照表
(平成27年3月31日現在)

(金額単位:千円)

科　　目	金　　額	科　　目	金　　額
(資産の部)		(負債の部)	
流動資産	120,000	流動負債	64,000
現金・預金	10,000	買掛金	30,000
受取手形	3,000	短期借入金	20,000
売掛金	62,000	未払金	4,000
商品及び製品	32,000	未払費用	3,000
仕掛品	200	預り金	4,000
原材料及び貯蔵品	4,000	その他	3,000
前払費用	500	固定負債	50,000
繰延税金資産	3,000	長期借入金	40,000
短期貸付金	800	退職給付引当金	10,000
未収入金	3,500	その他	0
その他	1,000	負債合計	114,000
貸倒引当金	0	(純資産の部)	
固定資産	80,000	株主資本	86,000
有形固定資産	74,000	資本金	20,000
建物	20,000	資本剰余金	15,000
機械装置	13,000	資本準備金	10,000
車両	5,000	その他資本剰余金	5,000
工具器具備品	8,000	利益剰余金	53,000
土地	28,000	利益準備金	10,000
無形固定資産	0	その他利益剰余金	43,000
投資その他の資産	6,000	特別償却準備金	2,000
投資有価証券	4,000	別途積立金	20,000
長期貸付金	1,000	繰越利益剰余金	21,000
その他	1,000	自己株式	△2,000
		評価・換算差額等	0
		純資産合計	86,000
資産合計	200,000	負債・純資産合計	200,000

損益計算書

(平成26年4月1日から平成27年3月31日まで)

(金額単位:千円)

科　　目	金　　額	
売上高		240,000
売上原価		180,000
売上総利益		60,000
販売費及び一般管理費		45,000
営業利益		15,000
営業外収益		200
受取利息	80	
受取配当金	120	
その他の収益	0	
営業外費用		2,600
支払利息	2,000	
為替差損	300	
その他の費用	300	
経常利益		12,600
特別損失		600
減損損失	600	
税引前当期利益		12,000
法人税、住民税、事業税	3,600	
当期純利益		8,400

産)の変動を示すものである。特に、資本金、資本剰余金、利益剰余金、自己株式に係る項目については、それぞれにつき、①当期首残高、②当期変動額、③当期末残高を示し、当期変動額についてはその変動事由を明らかにしなければならない(計規96条7項)。

　株主資本等変動計算書は、①株主資本、②評価・換算差額等、③新株予約権の項目に区分して表示しなければならない(計規96条2項1号)。株主資本は、さらに、①資本金、②新株式申込証拠金、③資本剰余金、④利益剰余金、⑤自己株式、⑥自己株式申込証拠金に区分しなければならない(計規96条3項1号)。このうち、資本剰余金の項目は、①資本準備金、②その他資本剰余金の項目に、

株主資本等変動計算書

(平成26年4月1日から平成27年3月31日まで)

(金額単位：千円)

	株主資本										評価・換算差額等	
	資本金	資本剰余金			利益剰余金					自己株式	株式資本合計	純資産合計
		資本準備金	その他資本剰余金	資本剰余金合計	利益準備金	その他利益剰余金			利益剰余金合計			
						特別償却準備金	別途積立金	繰越利益剰余金				
当期首残高	20,000	10,000	5,000	15,000	10,000	1,500	18,000	17,000	46,500	△2,000	79,500	79,500
当期変動額												
特別償却準備金の積立						500		△500				
別途積立金の積立							2,000	△2,000				
剰余金の配当								△1,900	△1,900		△1,900	△1,900
当期純利益								8,400	8,400		8,400	8,400
自己株式の取得												
当期変動額合計	-	-	-	-	-	500	2,000	4,000	6,500	-	6,500	6,500
当期末残高	20,000	10,000	5,000	15,000	10,000	2,000	20,000	21,000	53,000	△2,000	86,000	86,000

　また、利益剰余金の項目は、①利益準備金、②その他利益剰余金の項目に区分しなければならない（計規96条4項）。

　株主資本等変動計算書が作成されることにより、損益計算書上の当期純利益額はいったん株主資本等変動計算書の繰越利益剰余金欄の1項目として記載され、同計算書において前期末の繰越利益剰余金等と合計された当期末の繰越利益剰余金額が計算され、この金額が貸借対照表に記載されることになる。

5　個別注記表

　個別注記表は、以下に掲げる項目等に区分して表示しなければならない（計規97〜116条）。すなわち、①継続企業の前提に関する注記、②重要な会計方針に係る事項に関する注記、③会計方針の変更に関する注記、④表示方法の変更に関する注記、⑤会計上の見積りの変更に関する注記、⑥誤謬の訂正に関する注記、⑦貸借対照表等に関する注記、⑧損益計算書に関する注記、⑨株主資本等変動計算書に関する注記、⑩税効果会計に関する注記、⑪リースにより使用する固定資産に関する注記、⑫金融商品に関する注記、⑬賃貸等不動産に関する注記、⑭持分法損益等に関する注記、⑮関連当事者との取引に関する注記、⑯1株当たり情報に関する注記、⑰重要な後発事象に関する注記、⑱連結配当規制適用会社に関する注記、⑲その他の注記、である。

6　事業報告

　事業報告は、株主および第三者に対し、会社の概況や経営を取り巻く経済環境などについて説明するのが通常である。事業報告は、会社の状況に関する重要な事項、内部統制システムの概要、および、会社の支配に関する基本方針を定めているときはそれに関する事項、特定完全子会社に関する事項、当該会社と親会社等との取引に関する事項を内容としなければならない（施規118条1号〜5号）。

第2節　決算の手続

(1)　計算書類等の作成

　株式会社は、毎事業年度の終了後、貸借対照表、損益計算書、株主資本等変動計算書、個別注記表の計算書類および事業報告ならびにこれらの附属明細書を作成しなければならない（435条2項、計規59条）。通常、計算書類および事業報告ならびにこれらの附属明細書は取締役が作成するが、会計参与設置会社では会計参与が取締役と共同して計算書類およびその附属明細書を作成する

(374条1項)。計算書類および事業報告等は電磁的記録をもって作成することができる（435条3項）。会社は計算書類を作成した時から10年間、計算書類と附属明細書を保存しなければならない（435条4項）。

(2) 計算書類等の監査

取締役会非設置会社で監査役も会計監査人も設置されていない会社では、作成された計算書類および事業報告を株主総会に提出しなければならない（435条2項、438条1項4号）。

436条1項に定める監査役設置会社で会計監査人を置かない会社（この監査役設置会社は、会社法2条9号所定の「監査役設置会社」と異なり、監査役の監査の範囲を会計に関するものに限定する旨の定款の定めのある株式会社を含むものである（436条1項））では、監査役が計算書類および事業報告ならびにこれらの附属明細書を監査する（436条1項、計規122条～124条）。取締役会非設置会社において監査役のみを設置する場合、監査役の監査を受けた計算書類および事業報告を株主総会に提出しなければならない（436条1項、438条1項1号）。

取締役会設置会社において監査役のみを設置する場合、監査役の監査を受けた計算書類および事業報告ならびにこれらの附属明細書は取締役会の承認を受けなければならず、承認を受けた計算書類および事業報告が株主総会に提出されなければならない（436条3項、438条1項3号）。

(3) 計算書類等の承認

取締役会設置会社においては、取締役は定時株主総会の招集通知を発するに際して、法務省令で定めるところにより、株主に対し、取締役会の承認を受けた計算書類および事業報告、さらに監査役の監査を受けた場合には監査報告、会計監査人の監査を受けた場合には会計監査報告を書面等により提供しなければならない（437条、施規133条、計規133条）。なお、条文上は、取締役会非設置会社においては、株主に対し、計算書類および事業報告等を提供すべき旨の定めはない。しかし、株主総会の開催日より前に、株主に提供されることが望ましい。

取締役は計算書類、事業報告、監査報告および会計監査報告等を定時株主総

会に提出しなければならない（438条1項）。このうち計算書類については原則として株主総会の承認を受けなければならず（438条2項）、事業報告については取締役がその内容を株主総会で報告しなければならない（438条3項）。

(4) 臨時計算書類

　株式会社は、最終事業年度の直後の事業年度に属する臨時決算日における株式会社の財産の状況を把握するために、法務省令（計規60条）で定められる臨時決算日における貸借対照表（441条1項1号）および臨時決算日の属する事業年度の初日から臨時決算日までに係る損益計算書（441条1項2号）から構成される臨時計算書類を作成することができる（441条1項）。中間配当の場合を除き、事業年度の途中で剰余金の配当を行う場合は、臨時計算書類の作成が必要となる（441条、461条2項2号）。

　臨時計算書類についての監査は計算書類の場合と同様である（441条2項、計規121条）。

第3節　計算書類等の開示

■1　貸借対照表等の公告

　会社は、定時株主総会の終結後遅滞なく、貸借対照表を公告しなければならない（440条1項、計規136条）。大会社の場合、損益計算書もあわせて公告しなければならない。官報または時事に関する事項を掲載する日刊新聞紙を公告方法として定める会社においては、貸借対照表の要旨を公告すれば足りる（440条2項、計規137条）。なお、そのような会社においては、定時株主総会の終結後遅滞なく、貸借対照表の内容である情報を、上記株主総会の終結日後5年を経過する日まで、継続して、会社のウェブサイト上に置く措置をとることができる（440条3項前段、計規136条3項）。この場合には、貸借対照表およびその要旨の公告は不要となる（440条3項後段）。会社のウェブサイトのアドレスは登記しなければならない（911条3項26号）。

第13章 計算・配当

> ● ウェブサイト ●
>
> 440条3項は、「継続して電磁的方法により不特定多数の者が提供を受けることができる状態に置く措置をとることができる」と定める。これは、電子公告と異なり、定款の定めは不要であり（939条1項3号参照）、また、電子公告調査機関による調査も不要である（941条参照）。

　特例有限会社においては、損益計算書も貸借対照表も公告が不要とされている（会社法整備法28条）。

2　計算書類等の備置きおよび閲覧

　株式会社は、①各事業年度に係る計算書類および事業報告ならびにこれらの附属明細書（監査役設置会社にあっては監査報告を含む）を、定時株主総会の日の1週間前（取締役会設置会社にあっては2週間前）の日（319条1項の場合にあっては、同項の提案があった日）から5年間、②臨時計算書類（監査役設置会社にあっては監査報告を含む）を臨時計算書類を作成した日から5年間、本店に備え置かなければならない（442条1項）。

　株主および債権者は、会社の営業時間内であれば、いつでも計算書類等についての閲覧および謄写等を請求することができる（442条3項）。閲覧以外の請求においては、当該会社の定めた費用を支払わなければならない（442条3項但書・4項但書）。

3　会計帳簿の閲覧等

　総株主（株主総会において決議をすることができる事項の全部につき議決権を行使することができない株主を除く）の議決権の100分の3（これを下回る割合を定款で定めた場合はその割合）以上の議決権を有する株主または発行済株式（自己株式を除く）の100分の3（これを下回る割合を定款で定めた場合はその割合）以上の数の株式を有する株主は、請求の理由を明らかにして、株式会社の営業時間内に、会計帳簿またはこれに関する資料についての閲覧および謄写等を請求することができる（433条1項、施規226条20号）。

上記の株主からの請求があったときは、以下の①〜⑤の拒絶事由に該当すると認められる場合を除き、会社は拒絶することができない（433条2項）。すなわち、①請求を行う株主がその権利の確保または行使に関する調査以外の目的で請求を行ったとき、②会社の業務の遂行を妨げ、株主の共同の利益を害する目的で請求を行ったとき、③請求を行う株主が会社の業務と実質的に競争関係にある事業を営み、またはこれに従事するものであるとき、④請求を行う株主が会計帳簿またはこれに関する資料の閲覧または謄写によって知りえた事実を利益を得て第三者に通報するため請求するとき、⑤請求を行う株主が、過去2年以内において、会計帳簿またはこれに関する資料の閲覧または謄写によって知りえた事実を、利益を得て第三者に通報したことがあるとき、である。

第4節 剰余金の分配

1 剰余金の配当

　株式会社は、その純資産額が300万円を下回る場合を除き、株主に対し1事業年度中に何回でも剰余金の配当を行うことができる（458条、453条）。剰余金を配当した後にも純資産額として300万円が残らなければならない（計規158条6号）。配当されるものは実際には金銭が多いと思われるが、金銭以外の現物配当も可能である（454条4項）。原則として株主総会が配当決定の権限を有する。会社が株主に剰余金の配当を行うときは、その都度、株主総会の普通決議により以下の3項目を定めなければならない（454条1項）。

　第1に、配当する財産の種類およびその帳簿価額の総額である。従来から行われていた金銭配当のほかに、金銭以外の財産による配当が認められる（454条1項1号）。これを現物配当という。金銭等以外の財産として株式等（＝株式・新株予約権・社債、107条2項2号ホ）を配当する場合は、現物配当に当たらない（454条1項1号括弧書）。なお、現物配当の場合は、①配当財産に代えて金銭を交付することを会社に請求する権利（＝金銭分配請求権）を株主に与えることができ、これを与える場合はその旨およびその権利行使期間、②一定の

数未満の数の株式を有する株主に対して現物配当の割当てをしないとすることができ、その場合はその旨およびその一定の数を定めることができる（454条4項2号）。保有する株式の数が一定の数未満の株主に対して現物配当を割り当てないと定める場合における「一定の数」を基準株式数という（456条）。基準株式数を定めた場合、会社は、基準株式数に満たない数の株式を有する株主に対しては、配当財産の価格として定めた額（455条2項後段、計規154条）にそれぞれの基準未満株式数の基準株式数に対する割合を乗じて算出した額に相当する金銭を支払わなければならない（456条）。金銭配当の場合も現物配当の場合も、株主総会の決議は普通決議でよいが、特に現物配当であって株主に金銭分配請求権を与えない場合には、株主総会の特別決議が必要とされる（309条2項10号）。

第2に、株主に対する配当財産の割当てに関する事項である。株主の有する株式の数（株式の種類ごとに異なる扱いを行うときは各種類の株式の数）に応じて配当財産を割り当てなければならない（454条1項2号・3項）。

第3に、当該剰余金の配当の効力発生日である（454条1項3号）。

● **分配特則規定** ●

剰余金の配当の決定を取締役会決議で行う条件を、分配特則規定と呼ぶ。すなわち、以下の6条件を満たす必要がある。
①会計監査人設置かつ監査役会設置である取締役会設置会社であること（459条1項）。
②取締役の任期が1年以内と定められていること（459条1項）。
③剰余金の配当の決定を取締役会で行いうる旨の定款の定めがあること（459条1項）。
④剰余金の配当が現物配当である場合には株主に金銭分配請求権を与えること（459条1項4号但書）。
⑤計算書類等についての会計監査報告に無限定適正意見が示されていること（459条2項、計規155条1号）。
⑥会計監査人の監査の方法または結果を相当でないと認める意見が監査役会の監査報告に示されていないこと（459条2項、計規155条2号）。

---

2 剰余金の配当の方法

454条1項1号所定の配当財産、455条2項所定の金銭および456条所定の

金銭の交付は、株主名簿に記載された株主の住所等において行われる（457条1項）。持参債務についての一般原則である民法484条は任意規定であるが、457条は強行規定である。その交付に必要な費用は原則として会社が負担し、株主の責めに帰すべき事由によりその費用が増加したときは株主がその増加分を負担する（457条2項）。以上は、日本に住所等を有する株主に限り適用される（457条3項）。

❸ 剰余金の分配可能額

(ア) 剰余金の配当等を行う場合の剰余金の分配可能額（461条2項）は、剰余金の額（446条）とは異なることに注意しなければならない。剰余金の分配可能額は、剰余金の額のうち配当等を行うことが許される額のことであり、同時に取締役等の剰余金の配当等に関する責任額の基準でもある（462条）。剰余金の分配可能額は剰余金の額を前提として規定されるので、はじめに剰余金の額を説明する。

(イ) 剰余金の額は、以下の①〜④の額の合計額から、⑤〜⑦の額の合計額を減じた額である（446条）。

剰余金の額（⑧） ＝ （①＋②＋③＋④） − （⑤＋⑥＋⑦） ……（446条）

①最終事業年度の末日における資産総額と自己株式の帳簿価額の合計額から、負債総額と資本金の額および準備金の額（資本準備金と利益準備金を合わせて準備金と呼ぶ）と会社計算規則149条所定の額との合計額を減じて得た額（※コラム参照、446条1号）。

なお、会社計算規則149条所定の額とは、最終事業年度の末日における資産総額と自己株式の帳簿価額の合計額から、負債総額と資本金額および準備金額（資本準備金と利益準備金を合わせて準備金と呼ぶ）と「その他資本剰余金の額」と「その他利益剰余金の額」の合計額を減じて得た額である。

> ### ●①の金額の説明●
>
> 　複雑な計算式であるが、最終的には本文①の額は、「その他資本剰余金」と「その他利益剰余金」の合計額となる。なぜなら、資産総額（A）、自己株式帳簿価額（B）、負債総額（C）、資本金額（D）、資本準備金（E）、利益準備金（F）、その他資本剰余金（G）、その他利益剰余金（H）として、会社計算規則149条所定の額をIとすると、I＝（A＋B）－（C＋D＋E＋F＋G＋H）となる。本文①の額は、（A＋B）－（C＋D＋E＋F＋I）であるから、結局、本文①の額＝（A＋B）－｛C＋D＋E＋F＋{（A＋B）－（C＋D＋E＋F＋G＋H）}｝＝（G＋H）となる。

②最終事業年度の末日後に自己株式を処分した場合における当該自己株式の対価の額から当該自己株式の帳簿価額を控除して得た額（446条2号）。

③最終事業年度の末日後に資本金の額の減少をした場合における当該減少額（ただし、この減少額の全部または一部を準備金とするときは、準備金とする額を除く、446条3号）。

④最終事業年度の末日後に準備金の額を減少した場合における当該減少額（ただし、この減少額の全部または一部を資本金とするときは、資本金とする額を除く、446条4号）。

⑤最終事業年度の末日後に178条1項の規定により自己株式を消却した場合における当該自己株式の帳簿価額（446条5号）。

⑥最終事業年度の末日後に剰余金の配当をした場合における、(a)配当財産の帳簿価額の総額（ただし、現物配当を行った場合に、金銭分配請求権を行使した株主に割り当てた当該配当財産の帳簿価額は除かれる、446条6号イ）、(b)配当財産が金銭以外の財産であるときに金銭分配請求権を行使した株主に交付した金銭の総額、(c)基準未満株式の株主に支払った金銭の総額、以上の合計額（446条6号）。

⑦会社計算規則150条所定の額（446条7号）。

(ウ)　以上のようにして算出された剰余金の額を前提として、次に剰余金の分配可能額が算出される。

　　剰余金の分配可能額＝（⑧＋⑨）－（⑩＋⑪＋⑫＋⑬）……（461条2項）

⑧剰余金の額（461条2項1号＝（①+②+③+④）－（⑤+⑥+⑦））。
⑨臨時計算書類につき株主総会の承認（441条4項、同項但書に規定する場合にあっては取締役会の承認（441条3項））を受けた場合における次に掲げる額の合計額（461条2項2号）。
  (a)臨時損益計算書の当期純損益金額等（0以上の額に限る、計規156条）
  (b)臨時計算書類に係る期間内に自己株式を処分した場合の当該自己株式の対価の額
⑩自己株式の帳簿価額（461条2項3号）。
⑪最終事業年度の末日後に自己株式を処分した場合における当該自己株式の対価の額（461条2項4号）。
⑫臨時損益計算書の当期純損益金額（0未満の額に限る、461条2項5号、計規157条）。
⑬⑩から⑫までに掲げるもののほか、会社計算規則158条所定の額（461条2項6号）。

4　中間配当

　取締役会設置会社においては、1事業年度の途中で1回に限り、取締役会の決議により、配当財産が金銭である剰余金の配当を行うことができる旨を定款で定めることができる。これを中間配当という。中間配当の決定に当たり、取締役会は、配当する金銭の総額、株主に対する金銭の割当てに関する事項、および、中間配当が効力を生ずる日を決定しなければならない（以上、454条5項）。

第5節　剰余金の配当等に関する責任

1　業務執行者等の責任

　会社が、①譲渡制限株式の株主または株式取得者からの譲渡等承認請求における株式の買取請求に応じての自己株式の買取り（138条1号ハ・2号ハ）、②子

会社の有する当該会社の株式の取得（163条）、③株主との合意による自己株式の取得（157条1項）、④全部取得条項付種類株式の全部を会社が取得する旨の株主総会決議による自己株式の取得（173条1項）、⑤一般承継により譲渡制限株式を取得した者に対する売渡請求による自己株式の取得（176条）、⑥所在不明株主の株式の売却時における自己株式の買取り（197条3項）、⑦端数株の合計数に相当する数の株式の競売時における自己株式の買取り（234条4項）、および、⑧剰余金の配当（454条）を行うことにより（461条1項1号〜8号）、株主に対し交付した金銭等の帳簿価額の総額が、当該行為の効力発生日における剰余金の分配可能額（461条2項）を超過してはならない（461条1項）。

剰余金の分配可能額を超過した場合、当該行為は無効と解される。その場合、金銭等の交付を受けた者（通常は株主または元株主）、当該行為に関する職務を行った業務執行者（業務執行取締役、取締役のうち業務の執行に職務上関与した者として会社計算規則159条が定める者）、および、上記の②③④⑥⑦⑧について株主総会が決定したときの当該株主総会に係る総会議案提案取締役、取締役会が決定したときの当該取締役会に係る取締役会議案提案取締役は、会社に対し、会社が交付した金銭等の帳簿価額に相当する金銭を連帯して支払う義務を負う（462条1項）。

なお、金銭等の交付を受けた者および当該行為に関する職務を行った業務執行者と、②③④⑥⑦⑧に定める総会議案提案取締役、取締役会議案提案取締役とは、分配可能額超過の判断時点が異なることに注意しなければならない。前者では、各行為の効力発生日における分配可能額（461条1項）が基準となるが、後者では、株主総会決議または取締役会決議の日にににおける分配可能額（462条1項）が基準となる。

この場合に支払うべき額は、分配可能額を超過した金額ではなく、交付した金銭等の帳簿価額に相当する金額である。なお、業務執行者および②③④⑥⑦⑧に定める者は、職務を行うにつき注意を怠らなかったことを証明すれば、この支払義務を負わない（過失責任、462条2項）。これらの者の支払義務を免除することはできない（462条3項）。もっとも、総株主の同意により、行為を行った時点における分配可能額を限度として、支払義務を免除することができる（462条3項但書）。

2 株主に対する求償権の制限等

本来、剰余金の分配可能額を超えて会社が金銭等を交付することは違法であり無効であるから、自己株式の取得の対価や配当として交付した金銭等が剰余金の分配可能額を超過するときは、会社は株主に交付した金銭等を不当利得として返還請求することができる（462条1項柱書、民703条）。多くの場合、会社が全株主から違法に配当した金銭等を回収することは困難であるから、会社法は、前述したように業務執行者および違法な剰余金の配当等の議案を総会に提案した取締役等に、交付した金銭等の帳簿価額に相当する金銭の支払義務を課している。そこで、会社にその支払を行った業務執行者や取締役は、本来であれば、不当利得を保有している株主に求償できることになる。しかし、自ら違法行為を行った者が常に株主に求償できるとするのは公正に反すると考えられ、本節 1 で述べた6つの場合（②③④⑥⑦⑧）に限り、金銭等の交付を受けた株主であって交付された金銭等の帳簿価額の総額が分配可能額を超えることにつき善意の株主は、当該株主が交付を受けた金銭等について、462条1項所定の金銭を支払った業務執行者および同項各号に定める者からの求償の請求に応ずる義務を負わないと規定される（463条1項）。交付された金銭等の帳簿価額の総額が分配可能額を超えることにつき悪意の株主は、不当利得の原則に戻り、支払いを行った業務執行者や取締役からの求償に応じなければならない。

なお、会社の債権者は、分配可能額を超えた剰余金の配当等について462条1項所定の義務を負う株主に対し、株主の善意悪意を問わず、その交付を受けた金銭等の帳簿価額（帳簿価額が当該債権者の株式会社に対して有する債権額を超える場合にあっては当該債権額）に相当する金銭の支払いを請求することができる（463条2項）。

3 株式買取請求権の行使に係る責任

会社が116条1項または182条の4第1項所定の反対株主の株式買取請求権の行使に応じてその株式を取得する場合に限り、株主に対して支払った金銭の額が支払いの日における分配可能額を超えるときは、当該株式の取得に関する

職務を行った業務執行者は、会社に対し連帯してその超過額を支払う義務を負う（464条1項）。金銭の交付を受けた株主は責任を負わない。この場合の支払うべき額は、462条の場合と異なり、分配可能額を超過した金額である。なお、その者が職務を行うについて注意を怠らなかったことを証明した場合は義務を負わない（464条1項但書）。この義務は、総株主の同意により免除することができる（464条2項）。

4 欠損填補責任

　剰余金の分配可能額に関する定めを遵守していても、期末に欠損が生じることがある。そのような場合、業務執行者は会社に対し連帯して欠損額を支払う義務を負うことが定められている。すなわち、会社が以下の**(ア)**ないし**(ウ)**に掲げる行為をした場合であって、その行為をした日の属する事業年度（その事業年度の直前の事業年度が最終事業年度でないときは、その事業年度の直前の事業年度）についての計算書類につき定時株主総会の承認（438条2項の承認。439条前段にあたる場合（承認特則規定を満たす場合）には取締役会の承認）を受けた時点において、(a)自己株式の帳簿価額、(b)最終事業年度の末日後に自己株式を処分した場合における当該自己株式の対価額、および、(c)その他会社計算規則158条で定める額の合計額（461条2項3号4号および6号に掲げる額の合計額）が剰余金の額（461条2項1号に掲げる額）を超えるときは、当該各号に掲げる行為に関する職務を行った業務執行者は、会社に対し連帯して剰余金の額を超過した額（当該超過額が当該各号に定める額を超える場合にあっては、当該各号に定める額）を支払う義務を負う（465条1項）。ただし、当該業務執行者がその職務を行うについて注意を怠らなかったことを証明した場合は義務を負わない。

(ア) 譲渡制限株式を会社が買い取った場合（465条1項1号）、一般承継により株式を取得した者に対する会社の売渡請求権の行使により自己株式を買い取った場合（465条1項7号）、および、所在不明株主の株式を会社が買い取った場合（465条1項8号）においては、当該株式の買取りにより株主に対し交付した金銭等の帳簿価額の総額を限度として、剰余金超過額を支払う義務を負う

(465条1項)。

(イ) 会社が子会社から自己株式を取得する場合および会社が株式市場よりもしくは株式公開買付により自己株式を取得する場合（465条1項2号）、会社が株主との合意に基づき自己株式を取得する場合（465条1項3号）、取得請求権付株式の株主による取得請求権の行使により自己株式を取得する場合（465条1項4号）、一定の事由の発生に伴い取得条項付株式を取得する場合（465条1項5号）、および、全部取得条項付種類株式を会社が取得する場合（465条1項6号）においては、当該株式の取得により株主に対し交付した金銭等の帳簿価額の総額を限度として、剰余金超過額を支払う義務を負う（465条1項）。

(ウ) 剰余金の配当においては、配当がなされた配当財産の帳簿価額の総額（446条6号イ）と現物配当のときの金銭分配請求権行使により交付された金銭の合計額（446条6号ロ）と基準未満株主に支払った金銭の合計額（446条6号ハ）、以上3つの合計額を限度として、剰余金超過額を支払う義務を負う（465条1項10号）。ただし、定時株主総会（439条前段に規定する場合にあっては開催されなければならない定時株主総会または436条3項所定の取締役会）の決議により剰余金の配当が決定された場合、資本金額の減少を決議する株主総会においてその減少額を超えない額の剰余金の配当が決定された場合、および、準備金額の減少を決議する株主総会においてその減少額を超えない額の剰余金の配当が決定された場合には、業務執行者に欠損填補の義務は生じない（465条1項10号）。

なお、以上の（ア）ないし（ウ）の義務は総株主の同意により免除することができる（465条2項）。

第6節　資本金の額等の変更

1　資本金の額

　原則として株式の払込金額の全額が資本金の額となる（445条1項）。ただし、払込金額の2分の1を超えない額を資本金に組み入れずに資本準備金とするこ

とができる（445条2項・3項）。資本金の額は登記事項である（911条3項5号）。しかし、定款記載事項ではないので、発行可能株式総数（授権株式数）が増加する場合を除き、資本金の額の増加減少は定款変更とは別の手続によってなされることとなる。

2 資本金の額の減少

(ア) 従来の考え方によれば、資本金の額の減少には、会社財産の減少を伴う実質上の資本金の額の減少と、会社財産の減少を伴わない名目上の資本金の額の減少があるとされた。前者は、事業規模の縮小等により余剰の財産が生じたときに、その余剰財産を株主に返還するために行われる。会社法の下では、資本金の額の減少と剰余金の配当（金銭配当または現物配当）を同時に行うことになり、貸借対照表上の資本金の額が減少し同時に資産額も減少する。後者は、会社が多大な損失を被ったなどの理由により貸借対照表上の資産額が激減するかまたは負債額が激増し、そのままでは長期間、剰余金の配当が行えないという場合に、会社財産の株主への返還は行わず、資本金の額だけを減少し、将来の剰余金の配当を可能にするために行われる。この場合は、貸借対照表上の資本金の額のみが減少し、資産額は減少しない。

(イ) 会社は株主総会の特別決議により、①減少する資本金の額、②減少する資本金の額の全部または一部を資本準備金とするときはその旨および資本準備金とする額、ならびに、③資本金の額の減少の効力発生日を定めることにより資本金の額の減少を行う（447条1項、309条2項9号）。なお、定時株主総会において上記①②③を決議し、かつ、減少する資本金の額が欠損額を超えないときは、普通決議で足りる（309条2項9号括弧書）。また、資本金の額の減少と株式の発行を同時に行うことにより、資本金の額の減少の効力発生日後における資本金の額が従前の資本金の額を下回らない場合には、株主総会の決議は必要なく、取締役の決定（取締役会設置会社では取締役会の決議）で足りる（447条3項）。

(ウ) 資本金の額の減少は、会社債権者の利害に影響を及ぼすため、厳格な債権者保護手続を必要とする（449条）。会社は、①資本金の額の減少の内容、②

貸借対照表等、および、③会社債権者に対し資本金の額の減少について一定の期間内に異議を申述できる旨を官報で公告し、かつ会社がその存在を知っている会社債権者には各別に催告しなければならない（449条2項・3項、計規152条）。この債権者保護の手続は、基本的には合併における債権者保護の手続と同一なので、詳細は合併を説明する箇所（1部17章2節(6)）に譲る。なお、資本金の額の減少の内容ないし手続の瑕疵を理由としてその無効を主張するには、資本金の額の減少無効の訴えによらなければならない（828条1項5号）。資本金の額の減少無効の判決には対世効はあるが（838条）遡及効はない（839条）。

❸ 準備金の額の減少

　会社は株主総会の普通決議により、①減少する準備金（＝資本準備金および利益準備金）の額、②減少する資本準備金または利益準備金の額の全部または一部を資本金とするときはその旨および資本金とする額、③資本準備金または利益準備金の額の減少の効力発生日を定め、資本準備金または利益準備金の減少をすることができる（448条1項）。なお、準備金の額の減少と株式の発行を同時に行うことにより、準備金の額の減少の効力発生日後における準備金の額が従前の準備金の額を下回らない場合には、株主総会の決議は必要なく、取締役の決定（取締役会設置会社では取締役会の決議）で足りる（448条3項）。準備金の額の減少は、会社債権者の利害に影響を及ぼすため、資本金の額の減少の場合と同様の債権者保護手続を必要とする（449条）。ただし、欠損の填補として準備金の額を減少する場合は、株主総会の普通決議により減少する準備金の額およびその効力発生日を定め、減少する準備金の額が欠損の額を超えない限り、債権者保護手続は不要となる（449条1項但書）。また、減少する準備金の額の全部を資本金とする場合には、会社債権者に不利益は生じないので、債権者保護手続が不要となる（449条1項）。そのほか、会計監査人設置会社で取締役会の決議により剰余金の配当が行える旨の定款の定めがある場合には、準備金の額の減少は計算書類承認の取締役会（436条3項）において行うことができる（459条3項）。

準備金の額の減少手続によって会社に留保された額は、剰余金の配当可能額に含まれることになる。なお、準備金の額の減少の内容ないし手続の瑕疵を理由としてその無効を主張するには、特に準備金の額の減少無効の訴えは定められていないから、通常の株主総会決議無効確認の訴えによることになろう（830条2項。参照：旧商法289条4項、同380条）。

4 剰余金の処分

剰余金を減少させて資本金の額または準備金の額を増加させること、および、剰余金の項目間の計数を変更させることをあわせて剰余金の処分という。

(1) 資本金の額の増加（剰余金の資本組入れ）

会社は、剰余金の額を減少して資本金の額を増加することができる。旧商法下に利益の資本組入れと呼ばれたものである。株主総会の普通決議により、減少する剰余金の額、および、資本金の額の増加の効力発生日を定めなければならない（450条）。

(2) 準備金の額の増加

会社は、剰余金の額を減少して準備金の額を増加することができる。旧商法下にはなかった制度である。株主総会の普通決議により、減少する剰余金の額、および、準備金の額の増加の効力発生日を定めなければならない（451条）。

(3) 任意積立金の計上・取崩し

会社は、原則として株主総会の普通決議により「その他利益剰余金」の項目の中に任意積立金を計上し、取締役（取締役会）の決定により設定された目的のためにそれを取り崩すことができる（452条、計規153条2項）。

第1部　会社法の解説

第14章

定款変更

　会社成立後において定款の定めを変更するには、株主総会の特別決議による承認が必要となる（466条、309条2項11号）。会社の商号や本店所在地の変更、目的の変更などの場合（27条各号）に、定款変更が行われる。

　公開会社が発行可能株式総数（授権株式数）の定めを定款変更手続により変更するときは、変更時の発行済株式総数の4倍を超えて増加することは許されない（113条3項1号）。非公開会社では4倍を超えて増加することが許される（同項の反対解釈）。

　なお、定款変更により発行する全部の株式の内容として譲渡制限の定めを新たに設けるときは、株主総会において、議決権を行使できる株主の半数以上（これを上回る割合を定款で定めることができる）の賛成、かつ、議決権を行使できる株主の議決権の3分の2以上（これを上回る割合を定款で定めることができる）の賛成が必要となる（309条3項1号）。

● **機関構成の変更** ●

　取締役会非設置会社が取締役会を設置することにし、監査役非設置会社が監査役を設置することにし、また、会計参与設置会社が会計参与の設置を廃止することなどは、いずれも、定款変更の手続により、行われることになる。株主数の少ない株式会社や、特定の者が議決権総数の3分の2以上を確保しているような株式会社においては、機関構成の変更は難しい問題ではない。

第15章

新株の発行

第1節 募集株式の発行等（総論）

　会社法は、「通常の新株発行」と「自己株式の処分」とを合わせて「募集株式の発行等」と呼び、同一の条文で規制する。つまり、新しく株式を創出する場合と、かつて発行した株式であって会社が現在保有する株式を会社の外に移転する場合とを、同一手続によるべきものと定めている。以下では、新株の発行を中心として募集株式の発行等を解説する。

> ● **募集株式** ●
>
> 　会社法の法文上の「募集株式」という用語は、新株発行の場合の「発行する株式」と自己株式を処分する場合の「処分する自己株式」を合わせた意味である（199条1項）。

　新株の発行とは会社成立後に株式を発行することであり、講学上、通常の新株発行と特殊な新株発行に分類される。特殊な新株発行とは、①取得請求権付種類株式、取得条項付種類株式、全部取得条項付種類株式を会社が取得する際の新株の発行、②株式分割、株式無償割当てによる新株の発行、③新株予約権の行使による新株の発行、④吸収合併、吸収分割、株式交換の際の新株の発行などをいう。ここではもっぱら通常の新株の発行を扱う。

> ● **募集株式の発行方法** ●
>
> 　募集株式の発行には、(1)公募、(2)株主割当て、(3)第三者割当ての3種類の方法がある。
> **(1)公募**　募集株式を引き受ける者を広く一般から募集し、応募してきた者に募集株

式を割り当てる方法である。応募してきた者の中の誰に対しどれだけの募集株式を割り当てるかについて制約はなく、会社が自由に決定することができる（株式割当自由の原則、204条1項）。非公開会社では、会社の従業員や経営者の親戚・知人、取引先等の限られた範囲の者から募集することが多い。このような場合を特に「縁故募集」という。

(2)株主割当て　株主割当てとは、既存の株主にその保有する株式の数に比例して「募集株式の割当てを受ける権利」を与える方法である（202条1項・2項）。個々の株主は、この権利を行使してもよいし、しなくてもよい。「募集株式の割当てを受ける権利」は、発行する新株の割当てを受ける権利と処分する自己株式の割当てを受ける権利を意味する。

(3)第三者割当て　特定の者に募集株式を割り当てる方法である。株主に割り当てる場合でも、株主の保有する持株数に比例せずに募集株式を割り当てる場合は第三者割当てとなる。

第2節　募集株式の募集事項の決定

(1)　株主総会の特別決議

　非公開会社が募集株式の発行等を行う場合、発行する株式は譲渡制限株式（107条1項1号）か譲渡制限種類株式（108条1項4号）となる。この場合、その都度、原則として株主総会の特別決議により本節(2)①〜⑤の募集事項を決定しなければならない（199条1項・2項、309条2項5号）。なお、募集事項は、一部の者に有利に定めることは許されず、必ず均等でなければならない（199条5項）。

● **非公開会社が発行する株式** ●

　本文に、非公開会社が募集株式の発行等を行う場合、発行する株式は譲渡制限株式（107条1項1号）か譲渡制限種類株式（108条1項4号）となる、と述べた。理解しにくい箇所なので、これについて解説しておく。

　非公開会社とは、正確には、「公開会社でない会社（2条5号）」を意味する。そうすると、非公開会社の定款には、会社が現在発行している株式および将来において発行する株式の全てについて譲渡制限の定めがあることになる。したがって、非公開会社が募集株式の発行等を行う場合は、譲渡制限株式または譲渡制限種類株式のいずれかしか発行できないことになる。

　非公開会社が譲渡制限の定めのない株式の発行を行うときは、最初に定款変更を行い、会社がそのような株式を発行できる旨を定款に定めなければならない。た

だし、このような定款変更を行った瞬間に、そのような株式をまだ発行していなくても、その会社は公開会社になってしまう（2条5号）。

(2) 決定すべき募集事項

募集株式を引き受ける者を募集をする場合、非公開会社においては株主総会の特別決議により、①募集株式の数（種類株式発行会社にあっては募集株式の種類および数）、②募集株式の払込金額（募集株式1株と引き換えに払い込む金銭または給付する金銭以外の財産の額）またはその算定方法、③金銭以外の財産を出資の目的とするとき（いわゆる現物出資）はその旨ならびに当該財産の内容および価額、④募集株式と引き換えにする金銭の払込みまたは現物出資財産の給付の期日（払込期日・給付期日）またはその期間（払込期間・給付期間）、および、⑤株式を発行するとき（＝自己株式の処分でないとき）は増加する資本金および資本準備金に関する事項、を定めなければならない（199条1項）。

(ア) 募集株式の数は定款に定められている発行可能株式総数の範囲内で定めなければならない。ここで定められた募集株式の数はあくまでも予定数である。

(イ) 払込金額は株主割当ての場合には特に制約がない。株主割当て以外の方法によるときは、既存株主に持株価値の減少を引き起こさないために、基本的には株式の時価を基準とする金額（＝特に有利な金額でない金額）でなければならない。払込金額が特に有利な金額となる場合については(3)で述べる。

(ウ) ③はいわゆる現物出資であり、出資する財産の過大評価を防止するために厳重な調査手続が定められている（207条）。

(エ) 原則として募集株式発行の際の払込金額の全額が資本金となるが（445条1項）、2分の1を超えない額を資本金とせず、資本準備金とすることができる（445条2項・3項）。

(3) 有利発行

株主割当て以外の場合で、募集株式の払込金額が募集株式を引き受ける者に特に有利な金額であるときは、取締役は、募集事項を決定する株主総会において特に有利な金額による募集株式の発行が必要な理由を説明しなければならな

い（199条2項・3項）。

(4) 種類株式発行会社における種類株主総会の特別決議

種類株式発行会社が譲渡制限種類株式の募集をする場合、募集事項の決定については、199条2項所定の株主総会の特別決議（309条2項5号）に加えて、当該種類株主総会の特別決議が必要となる（324条2項2号）。ただし、当該種類の株式を引き受ける者の募集について当該種類株主総会の決議を要しない旨の定款の定めがある場合、または、当該種類株主総会において議決権を行使できる種類株主がいない場合は除かれる（199条4項）。なお、株主割当てによる発行の場合には種類株主総会の決議は不要となる（202条5項）。

(5) 取締役・取締役会への募集事項決定権限の委任

募集事項の決定については原則として株主総会の特別決議が必要であるが、株主割当ての場合に限り、取締役会非設置会社では取締役（取締役会設置会社では取締役会）が決定する旨を定款に定めることができる（202条3項1号・2号）。しかし、有利発行であるか否かを問わず、公募および第三者割当ての場合に、募集事項等を取締役（取締役会設置会社では取締役会）が決定する旨を定款に定めることはできないと解される。この場合、株主総会の特別決議により募集事項の決定を取締役（取締役会設置会社では取締役会）に委任することができる（200条1項、309条2項5号）。この株主総会決議は払込み・給付期日（払込み・給付期間を定める場合はその期間の末日）が決議の日から1年以内の日である募集についてのみ有効である（200条3項）。この決議では、募集株式の数の上限および払込金額の下限を定める必要がある（200条1項）。また、払込金額の下限が募集株式を引き受ける者に特に有利な金額である場合には、募集事項の決定についての委任を認める株主総会において、取締役は当該払込金額により募集することを必要とする理由を説明しなければならない（200条2項）。

第3節 募集株式引受けの通知・申込み・割当て

(1) 申込みの誘引としての通知

　会社は募集株式の引受けの申込みをしようとする者に対し、募集株式の申込みに関する事項を通知する（203条1項）。募集株式の申込みに関する事項とは、①会社の商号、②募集事項（募集事項とは本章2節(2)①～⑤である）、③金銭の払込みをすべきときは払込取扱場所、および、④その他の法務省令で定める事項（法務省令で定める事項は、発行可能株式総数、種類株式の内容、単元株式数等（施規41条）、である。

(2) 引受けの申込み

　募集株式引受けの申込みをする者は、①申込みをする者の氏名・名称および住所、ならびに、②引き受けようとする募集株式の数を記載した書面または記録した電磁的記録を会社に提供し、引受けの申込みをする（203条2項・3項）。

(3) 募集株式の割当て

　会社は、申込者の中から株式割当自由の原則により、割当てを受ける者およびその者に割り当てる株式の数を定める。割当ての際、会社は、申込人が申込みの際に希望した数の募集株式を割り当てる必要はなく、それ以下の数を割り当てることもできる（以上、204条1項）。非公開会社の場合、割り当てられる募集株式は譲渡制限株式であるから、定款に別段の定めがある場合を除き、上述の割当てに関する決定は、株主総会の特別決議によらなければならない（204条2項、309条2項5号）。

　株式が割り当てられた者を募集株式引受人と呼び（206条柱書）、募集株式引受人の地位（募集株式引受人の権利および義務）を権利株と呼ぶ。割当てに関する決定をした会社は、払込期日または払込期間の初日の前日までに、申込者に対して、その申込者に割り当てた募集株式の数を通知する（204条3項）。

第4節 出資の履行

(1) 出資金額の払込みと現物出資の給付

募集株式引受人は、払込期日または払込期間内に払込金額の全額を払込取扱場所に払い込み、または、現物出資財産の全部の給付をしなければならない（208条1項・2項）。なお、払込みと給付をあわせて出資の履行という。募集株式引受人が会社に対して有する債権をもって出資の履行と相殺することはできない（208条3項）。会社からの相殺は可能と解されている。募集株式引受人が出資の履行をしないときには、当然に、「当該出資の履行をすることにより募集株式の株主となる権利」を失う（208条5項）。実務では募集株式引受けの申込みをする際に払込金額と同額の申込証拠金を添えて申し込むので、通常、払込期日または払込期間内に出資の履行がなされないという状況は生じない。

(2) 現物出資の給付と検査役の調査

金銭以外の財産を出資する（現物出資）場合、会社は予め募集事項として現物出資がなされる旨ならびに現物出資財産の内容および価額を定めなければならない（199条1項3号）。また、現物出資財産の過大評価を防止するために、募集事項の決定後遅滞なく、会社は裁判所に検査役選任の申立てをし検査役の調査を受ける必要がある（207条1項）。ただし、207条9項に定める場合には検査役の調査は必要ない。

第5節 募集株式の株主となる時期と登記

払込期日までに払込みまたは現物出資の給付がなされたときは、払込期日の日に新株が発行され、募集株式引受人が株主となる（209条1号）。払込期間内に払込みまたは現物出資の給付がなされたときは、払込みをした日または給付の日に新株が発行され、募集株式引受人が株主となる（209条2号）。新株の発行が行われると会社の発行済株式の総数、種類および数、ならびに資本金額が

増加するので変更登記を行う必要が生じる（915条）。

第6節 株主割当ての場合

(1) 募集事項等の決定

　会社は、既存の株主にその有する株式の数に応じて募集株式の割当てを受ける権利を与えることができる（202条1項・2項）。これを株主割当てという。この場合、決定事項や手続がこれまでの説明と少し異なることになる。会社が既存の株主にその有する株式の数に応じて募集株式の割当てを受ける権利を与える場合、会社は、本章2節(2)に挙げた5つの募集事項（①〜⑤、199条1項1号〜5号）に加え、⑥募集株式の引受けの申込みをすることにより募集株式（種類株式発行会社にあっては当該株主の有する種類の株式と同一の種類の株式）の割当てを受ける権利を株主に与える旨、および、⑦募集株式の引受けの申込みの期日を決定する（202条1項）。なお募集事項は募集ごとに均一でなければならない（199条5項）。

(2) 募集事項等を決定する機関

　非公開会社では原則として株主総会の特別決議が必要である（202条3項4号、309条2項5号）。例外として、取締役会設置会社において当該募集事項等を取締役会の決議によって定めることができる旨の定款の定めがあるときは取締役会の決議により（202条3項2号）、取締役会非設置会社において当該募集事項等を取締役の決定によって定めることができる旨の定款の定めがあるときは取締役の決定による（202条3項1号）。特に有利な金額であっても株主割当ての場合には理由の説明は不要となる（202条5項）。

(3) 基準日前の公告

　既存の株主は株主名簿により確認される。したがって、株券発行会社では、名義書換未了の株主に株主名簿の書換えの機会を与えるために、基準日の2週間前に基準日株主が行使することのできる権利を定款所定の方法により公告し

なければならない。(124条3項)。

(4) 株主への通知

既存の株主に募集株式の割当てを受ける権利を与えること、および、その他の募集事項等（199条1項1号～5号、202条1項1号・2号に挙げる事項）を定めたときは、会社は申込期日の2週間前までに、株主名簿上の株主に対して、①募集事項、②当該株主が割当てを受ける募集株式の数、および、③募集株式の引受けの申込期日を通知しなければならない（202条4項）。

> **● 公開会社において支配権の異動をもたらす場合 ●**
>
> 特定の株主が、全株主の有する議決権総数の過半数を有する場合、通常、当該特定の株主は株主総会の普通決議の結果を左右することができ、したがって、取締役の解任・選任を自由に行うことができる。このため、一般的に、全株主の有する議決権総数の過半数を「支配権」と呼ぶ。平成26年改正により、公開会社において、募集株式の発行等によって支配権の異動が生じる場合または特定の株主が新たに支配権を獲得する場合について、株主の意思を確認するために株主総会の決議が必要であることを定めている（206条の2）。以上の制度は、公開会社についてのものであるから、本書では省略する。

第7節 募集株式発行等の差止め

違法または不公正な募集株式の発行等が行われた場合、株主によっては持株割合の減少や持株価値の減少という不利益を被ることになる。このような不利益を未然に防ぐため、株主に募集株式発行等の差止請求権が認められる。実際には、仮処分（民事保全法23条）で問題となることが少なくない。

募集株式の発行等の差止めの訴えを提起するためには、募集株式の発行等が、①法令もしくは定款に違反する場合、または、②募集株式の発行等が著しく不公正な方法により行われる場合であって、それにより③株主が不利益を受けるおそれのあることが必要である。このような場合に、不利益を受けるおそれのある株主（議決権の有無は問われない）は、会社に対し募集株式の発行等の差止めを請求することができる（210条）。

> ● **著しく不公正な方法** ●
>
> 　会社の支配権の争奪などのために、特定の者や特定のグループに第三者割当ての募集株式発行を行うことがある。このとき、他の既存株主は持株割合の減少や持株価値の減少という不利益を被る。このような既存株主が上の理由により株式の発行の差止めを求めることができるかが問題となる。支配権争いが生じている最中に自派の持株割合を増加させる目的で第三者割当ての募集株式発行を行うことは、「著しく不公正な方法」に当たると解されている。買収防衛の目的の場合も基本的には同様に解される。もっとも、会社が工場の建設等のために資金調達の必要性があるなどと他の目的を併せて主張する場合には難しくなる。判例は、正当な資金調達の目的が認められる場合には、特定の株主の持株比率を高める結果を伴っても、募集株式発行の差止めを認めないことが多い。学説は、これを「主要目的ルール」と呼ぶ。これに対し、継続企業であれば常に資金調達の理由を示すことは容易であり、主要目的ルールを認める限り、ほとんどの事案において差止めが認められないことになるとして、同ルールは適当でないとする批判がある。

第8節　新株発行無効の訴え・自己株式処分無効の訴え

(1) 意義

　募集株式の発行等において瑕疵がある場合に、その株式を単純に無効とすると多くの人々が不測の損害を被ることになるので、法的安定性に配慮しながら、損害を被った株主の救済を図るために、会社法は、新株発行無効の訴え（828条1項2号）、自己株式処分無効の訴え（828条1項3号）の制度を設けている。これらの訴えは、株式の発行の効力が生じた日または自己株式の処分の効力が生じた日より、非公開会社では1年以内に限り訴えを提起することができる。訴えを提起できる者は、株主、取締役、清算人、監査役、および、執行役に限られる（828条1項2号・3号、2項2号・3号）。形成の訴えである。

(2) 無効事由

　無効事由は法定されていないため解釈に委ねられる。ところで、発行された新株は払込期日の当日から、払込みの期間が定められた場合には出資の履行を行った日から株式として成立し（209条）、ただちに転々流通する可能性があ

る。発行の日から長期間を経過した後に無効判決が言い渡されると、流通していた株式が無効となり、事情を知らずに取得した善意の株主が不測の損害を被ることになる。この点、会社の内部者間の公正を維持することよりも会社の外部者にとっての取引安全を重視すべきだと考えられている。このように、取引安全の観点から無効事由となる場合は狭く解され、重大な法令・定款違反の場合だけに限られる。具体的には、定款所定の発行可能株式総数を超過して新株を発行した場合（発行可能株式総数を超過して株式を発行することは犯罪である、966条）や、定款に定めのない種類株式を発行した場合は無効事由になると解されている。新株発行手続停止の仮処分または新株発行差止めの仮処分を無視して新株を発行することは、新株発行無効の訴えの無効事由になる。なお、自己株式処分無効の訴えの無効事由は以上に述べたところに準ずることになる。

(3) 無効判決の効果

新株発行の無効判決および自己株式処分の無効判決は、将来に向かって当該株式の効力を失わせる（839条）。したがって、無効判決の確定時までになされた株式譲渡、当該株式に係る配当や議決権行使は有効である。このように無効判決に遡及効はないが、画一的処理の必要性から対世効が認められている（838条）。

第9節　新株発行不存在確認の訴え等

新株発行の不存在とは、新株発行の登記がなされている等の何らかの外形があるにもかかわらず、実体として新株の発行がなされていない場合であり、自己株式の処分の不存在とは、自己株式を処分した外観があるにもかかわらず、実体として自己株式の処分がなされていない場合である（829条1号・2号）。新株発行不存在確認の訴え、自己株式処分不存在確認の訴えは確認の訴えであり、出訴期間について制限はなく、また、確認の利益を有する者には原告適格が認められると解される。

第10節 募集株式の発行等に係る責任

(1) 引受け等の無効・取消しの主張の制限

　募集株式の引受けの申込み、割当て、および、総数引受契約（205条）の意思表示に関しては、心裡留保および通謀虚偽表示による無効を定める民法の規定（民法93条但書および民法94条1項）は適用されない（211条1項）。また、募集株式の引受人は、株主となった日から1年を経過した後またはその株式について権利を行使した後は、錯誤、詐欺、強迫を理由として募集株式の引受けの無効・取消しを主張できない（211条2項）。これらの制限は、会社に関する法律関係を早期に安定させるためにある。

(2) 取締役の責任

　株主総会の特別決議を経ずに株主割当て以外の方法により特に有利な払込金額での募集株式の発行等を行った場合、取締役は、会社に対し、あるべき公正な払込金額との差額分の損害を賠償する責任を負う（423条1項）。また、既存株主は、そのような株式の発行により生じた持株価値の減少について、取締役に損害賠償責任を追及することができると考えられる（429条）。

(3) 株式引受人の責任

　取締役と通謀して著しく不公正な払込金額で募集株式を引き受けた者は、会社に対し公正な価額との差額を支払う義務を負う（212条1項1号）。取締役との通謀が要件となる。会社側からの差額の支払請求に関しては株主代表訴訟の規定が準用されている（847条1項）。著しく不公正な価額かどうかは、株式の時価ないしその公正な評価額を基準として判断されることになる。

　現物出資をした募集株式の引受人は、現物出資財産の実際の価額が会社が募集事項として定めた現物出資財産の価額（199条1項3号）に著しく不足する場合は、その不足額を支払う義務を負う（212条1項2号）。この請求についても株主代表訴訟の規定が準用される（847条1項）。なお、現物出資財産を給付した募集株式引受人が著しく不足することにつき善意かつ無重過失である場合

は、当該引受人は、募集株式の引受けの申込みまたは総数引受契約（205条）に係る意思表示を取り消すことができる（212条2項）。

(4) 取締役等の現物出資財産不足額支払義務

募集株式引受人が現物出資をした場合に、現物出資財産の実際の価額が会社が募集事項として定めた現物出資財産の価額（199条1項3号）に著しく不足する場合は、取締役等はその不足額を支払う義務を負う（213条1項）。ただし、①現物出資財産の価額について検査役の調査（207条4項）を経た場合、または、②当該取締役等がその職務を行うについて注意を怠らなかったことを証明した場合には、不足額支払義務を負わない（213条2項）。

(5) 出資の履行が仮装された場合における株式引受人・取締役の責任

募集株式の発行手続において、払込金額の払込みまたは現物出資における財産の給付が仮装された場合、当該募集株式引受人は、上記の払込金額の全額の支払いまたは本来の現物出資財産の給付（会社が当該給付に代えて当該現物出資財産の価額に相当する金銭の支払いを請求したときは当該金銭の全額の支払い）の義務を負う（213条の2第1項）。出資の履行（35条）の仮装に関与した取締役等も会社に対し上記の義務を負う（213条の3）。出資の履行を仮装した募集株式の引受人は無過失でも義務を負う（213条の2第1項）。関与した取締役等は無過失であれば義務を免れる（213条の3第1項但書）。

支払いまたは給付がなされるまで、当該株式に係る株主の権利を行使することはできない（209条2項）。ただし、善意無重過失で出資の履行が仮装された募集株式を譲り受けた者はその権利を行使できる（209条3項）。

第16章

新株予約権

第1節 新株予約権（総説）

　新株予約権とは、その権利者（＝新株予約権者）が、定められた権利行使期間内に、会社に対し、予め定められた権利行使価額を払い込み、その権利を行使することにより、株式の交付を受けることができる権利である（2条21号）。会社が交付する株式は、新株でも自己株式でもよい。基本的には、新株予約権は新株発行契約の予約権と考えることができ、権利行使をするまでは、新株予約権者は会社の債権者としての側面を有する。

第2節 新株予約権の発行

1 新株予約権の内容の決定

　会社が新株予約権を発行するときは、新株予約権の内容として以下の（ア）〜（コ）の事項を定めなければならない（236条1項）。新株予約権の内容の重要事項は登記される（911条3項12号）。
(ア)　新株予約権の目的である株式の数（種類株式発行会社にあっては株式の種類および種類ごとの数）またはその数の算定方法（236条1項1号）。
(イ)　「新株予約権の行使に際して出資される財産の価額」（＝権利行使価額）またはその算定方法（236条1項2号）。新株予約権の権利行使の際に出資する金

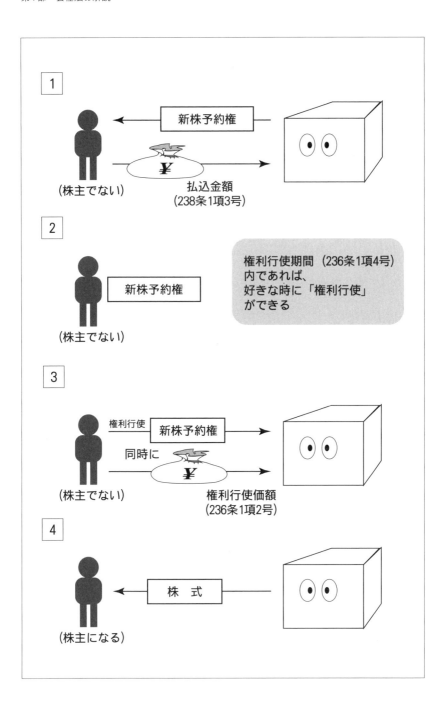

銭の価額である。

(ウ) 金銭以外の財産を新株予約権の行使に際して行う出資の目的とするときはその旨、および、当該財産の内容および価額（236条1項3号）。いわゆる現物出資である。この場合、現物出資財産の価額の調査等が必要となる（284条）。

(エ) 新株予約権の権利行使期間（236条1項4号）。権利行使期間について特に制約はなく、例えば10年を超えるようなものも可能である。

(オ) 新株予約権の行使により株式を発行する際に増加する資本金および資本準備金に関する事項（236条1項5号）。新株予約権に関しては、(a)その発行の際の払込金額（238条1項3号）と(b)新株予約権の行使の際に出資する財産の価額（236条1項2号・3号、権利行使価額）があり、原則として、(a)と(b)の合計額が資本金等増加限度額になる（計規17条1項）。

(カ) 新株予約権の譲渡制限に関する事項（236条1項6号）。特に定めなければ、新株予約権の譲渡は自由である。新株予約権の譲渡につき取締役会非設置会社では株主総会の承認を要する旨の定めを置くことができる（取締役会設置会社では取締役会の承認となる）。

(キ) 取得条項付新株予約権に関する事項（236条1項7号）。取得条項付株式と同様に、一定の事由が生じたことを条件として、当該会社が新株予約権を強制的に取得できると定めることができる。一定の事由や取得の際に新株予約権者に交付する対価の内容、あるいは、対価を交付しないことなどを定めなければならない（236条1項7号ニ～チ）。

(ク) 吸収合併等が行われる場合の新株予約権の帰趨（236条1項8号）。

(ケ) 株式の端数の処理（236条1項9号）。新株予約権を行使した新株予約権者に交付する株式の数に1株に満たない端数がある場合に、その端数を切り捨てるものとするときはその旨。

(コ) 新株予約権について新株予約権証券を発行するときはその旨（236条1項10号）。この定めがないときは、新株予約権証券は発行されない。

2 募集事項の決定

　会社は、その発行する新株予約権を引き受ける者を募集するときは、その都

度、募集新株予約権（当該募集に応じて当該新株予約権の引受けの申込みをした者に対して割り当てる新株予約権）について、以下の(ア)〜(オ)の募集事項を定めなければならない（238条1項）。なお、新株予約権の払込金額その他の発行の条件は、均等に定められなければならない（238条5項）。

(ア) 募集新株予約権の内容および数（238条1項1号）。募集新株予約権の内容については本節**1**で述べた。数とは、そのような内容の新株予約権を何個募集するかである。

(イ) 募集新株予約権と引換えに金銭の払込みを要しないこととする場合にはその旨（238条1項2号）。このように募集事項を定めれば、募集新株予約権を無償で発行することもできる。取締役や会社の使用人に成功報酬の意味で、すなわちストックオプションとして新株予約権を与えるときは、無償で与えることが多い。

(ウ) 募集新株予約権の払込金額（＝募集新株予約権1個と引き換えに払い込む金銭の額）またはその算定方法（238条1項3号）。（イ）と異なり、募集新株予約権を発行する際に一定額の金銭の払込みを求めるときは、その額または算定方法を定めなければならない。

(エ) 募集新株予約権の割当日（238条1項4号）。新株予約権の引受けの申込みをした者の中から一定の者に対し新株予約権の割当てをする日であり、新株予約権が成立する日でもある（245条）。

(オ) 募集新株予約権と引き換えにする金銭の払込みについて払込期日を定めるときはその期日（238条1項5号）。

● 成功報酬の意味のストックオプション ●

　新株予約権を、成功報酬の意味のストックオプションとして、利用することができる。もっとも、成功報酬の意味とするためには、主として上場会社の場合になろう。以下では、現在の株式の時価が1000円の場合を例に挙げ、説明しよう。このとき、取締役・部長・課長等に、権利を行使すると1株が得られる新株予約権を無償で交付する。権利行使期間は1年後からの1か月間と定め、権利行使価額を1500円と定めておく。権利行使期間に株価が2500円になっているとすれば、新株予約権の権利行使を行い、その際、1500円を払い込んで1株を受け取り、ただちにその株式を株式市場で売却すれば、2500円が得られるので、たちどころに1000円の利益を得ることができる。新株予約権の数や権利行使して得られる株式の数が1000倍、1万倍になれば、多額の利益を得ることができる。したがって、新株予

> 約権をもらった者達は、権利行使期間が経過するまでに株価をできるだけ高くしたいと考え懸命に働くことになる、と説明される。
>
> もっとも、この説明の怪しげな点は、会社が衰退していたり会社を取り巻く経済環境等が停滞していれば、新株予約権を有する者がどんなに働いたとしても、会社の株価が上がるとはいえないことである。
>
> 本書で対象としている非公開会社の場合には、株価の時価が考えにくいので、多くの場合、例えば5年後に株式をいずれかの株式市場に上場する計画であり、そのときは大儲けができるだろう、というような仕組みになろう。

3 募集事項の決定機関

非公開会社では、株主総会の特別決議により募集事項を定めなければならない（238条2項、309条2項6号）。なお、株主総会の特別決議により、一定の制限の下に、新株予約権の募集事項の決定を取締役（取締役会設置会社では取締役会）に委任することができる（239条1項）。委任できる期間は1年間である（239条3項）。

なお、募集新株予約権の目的である株式が譲渡制限種類株式であるときは、当該募集新株予約権に関する募集事項の決定について、当該種類株主を構成員とする種類株主総会の決議を要しない旨の定款の定めがある場合を除き、当該種類株主総会の決議が必要となる（239条4項）。

4 申込み、割当て、払込み

会社は、募集新株予約権の引受けの申込みをしようとする者に対し、①会社の商号、②新株予約権の募集事項、③新株予約権の行使に際して金銭の払込みをすべきときはその払込取扱場所、および、④その他法務省令（施規54条）所定の事項を通知しなければならない（242条1項）。

募集新株予約権の引受けの申込みをする者は、①氏名・名称、住所、および、②引き受けようとする募集新株予約権の数を記載した書面を会社に交付しなければならない（電磁的方法も可、242条2項・3項）。

会社は、申込者の中から、募集新株予約権の割当てを受ける者、および、割り当てる募集新株予約権の数を定め（243条1項）、割当日の前日までに、申込

者に対し割り当てる募集新株予約権の数を通知する（243条3項）。申込者は割当日に新株予約権者となる（245条1項）。

募集新株予約権につき払込金額を定めた場合、新株予約権者は払込期日に、払込期日が定められないときは新株予約権の権利行使期間の初日の前日までに払込金額の全額を払い込まなければならない（246条1項）。これを怠ると新株予約権を行使できなくなり（246条3項）、その新株予約権は消滅する（287条）。なお、会社の承諾を得たときは、金銭の払込みに代えて、払込金額に相当する金銭以外の財産の給付、または、会社に対する債権による相殺をすることができる（246条2項）。

新株予約権の発行においても、支配権の異動をもたらす可能性が生じる。したがって、新株の発行のところ（15章6節(4)）のコラムで述べたのと同様の趣旨により、公開会社において、新株予約権の発行によって支配権の異動が生じうる場合または特定の株主が新たに支配権を獲得しうる場合について、株主の意思を確認する機会を設ける規定が定められている（244条の2）。

5 新株予約権の株主への有償割当て

会社は、既存の株主に対し、その有する株式の数に応じて新株予約権の割当てを受ける権利を与えることができる（241条1項、株主割当て）。この場合、前述した募集事項のほか、①株主に対し引受けの申込みをすることにより募集新株予約権の割当てを受ける権利を与える旨、および、②募集新株予約権の引受けの申込期日を定めなければならない（241条1項）。なお、無償（＝払込金額0円）での新株予約権の株主割当てについては、本節**6**で解説する。決定機関は、取締役会非設置会社であって特に定款の定めがある場合は取締役であり（241条3項1号）、取締役会を設置する非公開会社であって特に定款の定めがある場合は取締役会であり（241条3項2号）、その他の場合は株主総会である（241条3項4号）。株主総会では特別決議が必要とされる（309条2項6号）。

会社は、新株予約権について株主割当てを行うことを決定したときは、基準日の公告をし（124条3項）、新株予約権の引受けの申込期日の2週間前までに、株主に対し、①募集事項、②当該株主が割当てを受ける募集新株予約権の内容

および数、ならびに、③募集新株予約権の引受けの申込期日を通知しなければならない（241条4項）。その後、本節**4**の場合と同様に、株主は新株予約権の引受けの申込みを行い、これに対し会社が割当てを行うことになる。

6 新株予約権の株主への無償割当て

会社は、既存の株主に対し、その有する株式の数に応じて、払込みをさせずに、新株予約権の割当てをすることができる（277条、これを新株予約権無償割当てという）。この場合、株主からの申込みを必要としない。会社が新株予約権無償割当てを行うときは、その都度、①株主に割り当てる新株予約権の内容および数等、②新株予約権無償割当てが効力を生ずる日、ならびに、③会社が種類株式発行会社であるときは新株予約権無償割当てを受ける株主の有する株式の種類を定めなければならない（以上、278条1項各号）。

新株予約権無償割当てを行う場合は、株主の有する株式（種類株式発行会社にあっては種類株主の有する種類株式）の数に応じて新株予約権を割り当てなければならない（278条2項）。新株予約権無償割当てに関する事項は、定款に別段の定めがない限り、株主総会（取締役会設置会社にあっては取締役会）の普通決議により決定する（278条3項、309条1項）。新株予約権の無償割当てを受けた株主は効力発生日に当該新株予約権の新株予約権者となる（279条1項）。

7 新株予約権の有利発行

新株予約権の有利発行を考える場合、「有利」であるとはどのようなことかという問題を検討しなければならない。新株発行を考えた場合、有利であるとは、新株の払込金額が当該株式の時価より低い場合をいう。時価より低い金額を払い込むことにより株式の発行を受け、上場会社の株式であればただちにその株式を時価で譲渡することにより、その差額を利益として得ることになるからである。

新株予約権の場合、新株予約権の発行時に新株予約権そのものの時価を認識できるとすれば、新株予約権の払込金額がその時価より低い場合を有利という

ことができる。もっとも、時価の認定の困難や発行する際の実務上の便宜・裁量等に鑑みて、会社法は、「特に有利」な場合について、有利発行としての特別な規定を設けている。募集株式の有利発行の場合と同様である。このような考え方から、新株予約権を無償で発行する場合には無償であることが特に有利な条件であるとき、または、新株予約権の発行に際し一定の払込金額の払込みを要する場合にその金額が特に有利な金額であるときは、取締役は株主総会においてそのような新株予約権を引き受ける者の募集が必要であることの理由を説明しなければならない（238条3項）。

● 新株予約権の価値 ●

　甲株式会社の新株予約権は、権利行使により甲会社株式1株の交付を受けるものとする。新株予約権の発行時の払込金額を0円、権利行使時に出資する金額（＝権利行使額）を10万円として解説する。仮に、Sが4月1日に新株予約権の発行を受け、4月1日から権利行使が可能だとする。同日の甲会社の株式の価格が25万円だとすれば、Sは、その日（4月1日）に新株予約権の権利行使を行い会社に10万円を出資し、株式1株の交付を受ける。Sは10万円出資して25万円の株式を得るのだから、新株予約権の価値は15万円と考えることができる。

　これに対し、新株予約権の権利行使期間が、1年後とか3年後から開始する場合には、難しい問題が生じる。1年後とか3年後にSが権利行使可能になるときの甲会社の株式の価格は誰にも分からないため、上記のように考えて、新株予約権の価値を計算することができないことになる。難解な金融工学の数式が利用できると主張する学説もあるが、現実にはほとんどの場合、その数式が機能するための前提条件が満たされない。まして、上場会社でない中小企業の場合、そもそも理論上正確な株式の価値の算定方法すら確立していないのであり、このような中小企業が発行する上記のような新株予約権の価値を算定することはきわめて困難である。

第3節　新株予約権原簿

　会社は、株主名簿に相当する新株予約権原簿を作成し、本店に備え置かなければならない（249条、252条）。株主、債権者（新株予約権者も債権者に含まれる）および親会社がある場合その株主（社員）に、新株予約権原簿についての閲覧請求権、謄本抄本交付請求権が認められる（252条）。

第4節　新株予約権証券

　会社は、新株予約権に係る新株予約権証券の発行を定めることができる（236条1項10号）。その場合、新株予約権を発行した日以後遅滞なく、会社はその新株予約権を表章した有価証券である新株予約権証券を発行しなければならない（288条1項）。ただし、新株予約権者から請求があるまで新株予約権証券を発行しないとすることもできる（288条2項）。新株予約権証券には、会社の商号、表章する新株予約権の内容および数が記載され、代表取締役の署名または記名押印がなされなければならない（289条）。

第5節　新株予約権の譲渡

(1)　譲渡自由の原則

　新株予約権の譲渡は原則として自由である（254条1項）。ただし、新株予約権についても、株式と同様に譲渡制限の定めを設けることができる（236条1項6号）。これを譲渡制限新株予約権という（243条2項2号）。

　証券が発行されていない新株予約権の譲渡は、新株予約権者と譲受人の間では合意により譲渡の効力が生ずるが、会社および第三者に対しては譲受人の氏名・名称等を新株予約権原簿に記載しなければ対抗できない（257条1項）。

　証券が発行されている新株予約権の譲渡は証券の交付により効力が生ずる（255条1項）。無記名式新株予約権証券の譲渡は証券の交付により第三者にも会社にも対抗できる（257条3項）。記名式新株予約権証券の譲渡は証券の交付により第三者に対抗できる（257条2項）ものの、新株予約権の取得者の氏名・名称等を新株予約権原簿に記載しない限り会社に対抗できない（257条1項）。新株予約権証券は有価証券であるから、証券の占有に権利推定的効力が認められ（258条1項）、善意取得も認められる（258条2項）。また、新株予約権原簿の書換えを請求するときは、新株予約権証券の提示が必要となる（260条2項、施規56条2項1号）。

(2) 新株予約権の譲渡制限

　会社は、新株予約権の譲渡について会社の承認を要する旨を定めることができる（236条1項6号）。譲渡制限の定めのある新株予約権を譲渡しようとする新株予約権者は、当該新株予約権の内容および数、ならびに、譲り受ける者の氏名・名称を明らかにして、譲渡の承認を請求しなければならない（262条、264条1号）。既に新株予約権を取得している者は、当該新株予約権の内容および数、ならびに、自らの氏名・名称を明らかにして、新株予約権原簿に記載されている新株予約権者またはその一般承継人と共同して譲渡の承認を請求しなければならない（263条、264条2号）。

　株主総会（取締役会設置会社では取締役会）が譲渡についての承認を決定する（265条1項）。ただし、新株予約権の内容として別段の定めがある場合はそれに従う（265条1項但書）。会社が、譲渡等承認請求の日から2週間以内に譲渡承認の決定の通知をしないときは、会社と請求者との間に別段の定めがない限り、会社は譲渡の承認をしたものとみなされる（266条）。譲渡制限株式の場合と異なり、会社が譲渡・取得を承認しない場合でも、会社に当該新株予約権の買取義務や、買取人の指定義務は生じない。

第6節　自己新株予約権および新株予約権の消却

　会社は自らの新株予約権を取得し、保有することができる。権利行使はできない（280条6項）。また、会社は、取締役の過半数の同意（348条2項、取締役会設置会社では取締役会決議）により自己新株予約権を消却することができる（276条）。

第7節　新株予約権の行使

　新株予約権者は、新株予約権の権利行使期間内において、①行使しようとする新株予約権の内容および数、ならびに、②新株予約権を行使する日、を明ら

かにして新株予約権を行使することができる（280条1項）。新株予約権について証券が発行されているときは、③新株予約権証券を提出しなければならない（280条2項）。

新株予約権の行使に際しての出資の目的が金銭の場合、新株予約権者は新株予約権を行使する日に会社が定めた払込取扱場所において、当該新株予約権についての権利行使価額の全額を払い込まなければならない（281条1項）。出資の目的が金銭以外の場合、新株予約権者は新株予約権を行使する日に出資すべき財産を給付しなければならない（281条2項）。新株予約権者は権利行使価額の払込み等の債務と、会社に対する債権とを相殺することはできない（281条3項）。新株予約権を行使した新株予約権者は、行使した日に当該新株予約権の目的である株式の株主となる（282条1項）。なお、新株予約権の行使により発行される株式の数は、発行可能株式総数から発行済株式総数を控除して得た数を超えてはならない（113条4項）。

第8節　新株予約権に関する責任

新株予約権を行使した新株予約権者であって、次に掲げる者は以下の①〜③の責任を負う。①募集新株予約権につき金銭の払込みを不要とすることが著しく不公正な条件であるような新株予約権を、取締役と通じて引き受けた者であって、新株予約権を行使した新株予約権者は、当該新株予約権の公正な価額に相当する金額を支払う義務を負う（285条1項1号）。②取締役と通じて著しく不公正な払込金額で新株予約権を引き受けた者であって、新株予約権を行使した新株予約権者は、その払込金額と新株予約権の公正な価額との差額に相当する金額を支払う義務を負う（285条1項2号）。③新株予約権を行使する際に金銭以外の財産を出資した場合において、その現物出資財産の価額が新株予約権の内容として定められた価額（236条1項3号）に著しく不足するときには、当該新株予約権を行使した新株予約権者はその不足額を支払う義務を負う（285条1項3号）。なお、上記の場合における取締役および現物出資財産の価額の証明者等の義務も定められている（286条）。

新株予約権の発行においても、出資の履行が仮装される場合の問題が生じる。したがって、新株の発行(15章10節(4))のところで述べたのと同様の趣旨により、出資の履行が仮装された場合における新株予約権者・取締役の責任が定められている（286条の2）。

第9節 新株予約権発行差止請求権

新株予約権の発行が、①法令または定款に違反する場合、または、②著しく不公正な方法により行われる場合であって、株主が不利益を受けるおそれがあるときは、株主は会社に対して募集新株予約権の発行の差止めを請求することができる（247条）。なお、募集株式の発行の場合と異なり、新株予約権の発行については資金調達の必要性は必ずしも要求されないと解される。

第10節 新株予約権発行無効の訴え等

新株予約権の発行の効力発生日から1年以内に限り新株予約権発行無効の訴えを提起することができる（828条1項4号）。原告適格は株主等および新株予約権者に認められる（828条2項4号）。請求認容判決に対世効は認められるが（838条）、遡及効はない（839条）。一般に法令・定款違反は無効事由になると考えられる。新株予約権発行の不存在確認の訴えも認められている（829条3号）。

第17章

合　併

第1節　合併総論

(1) 合併の意義および目的

　合併とは、会社同士が合併契約を締結し実行することにより、合併を行う2以上の会社の法人格が合一化し、同時にそれぞれの会社が有する事業の全てが合体することである。このとき、1つの会社（存続会社または設立会社）を除き、他の会社は全て消滅する。他の会社が消滅する点において、事業譲渡と区別される。また、消滅する会社の権利義務を含む全ての財産が包括承継により存続会社・設立会社に承継される。この点においても、特定承継しか認められない事業譲渡と区別される。合併を行う会社のうち、1社を除き、他の会社が全て消滅する点において、会社分割、株式交換・株式移転と区別される。なお、株式交換・株式移転においては、事業の移転、財産の承継は生じない。

　合併は、様々な経済的機能を果たすために行われる。第1に、同種の商品を生産する会社同士が合併し市場占拠率を高めるために、第2に、原材料供給会社、製造会社、製造下請会社、販売会社などが合併し費用の削減を図るために、第3に、合併を行うそれぞれの会社が抱える弱点を補完するために、第4に、企業の規模や事業の内容を拡大するために、第5に、業績不振の会社を救済するために、行われる。

(2) 合併自由の原則　(748条)

　合併自由の原則には、2つの意義がある。第1に、合併を行うにあたり、国

や議会等の承認を要しないということである。第2に、株式会社と株式会社、合名会社と合名会社といった同種の会社同士の合併のみならず、株式会社と合名会社の合併も認められるということである（748条）。株式会社と持分会社が合併する場合、株式会社が存続会社あるいは設立会社となることも（749条、753条）、持分会社が存続会社あるいは設立会社となることも可能である（751条、755条）。なお、合名会社の社員や合資会社の無限責任社員は株式会社の株主に比べて重い責任（すなわち会社債権者に対して直接・無限の連帯責任）を負うため、持分会社が存続会社または設立会社であって消滅会社たる株式会社の株主が存続会社または設立会社の社員となるときは、その責任が著しく加重されることになる。したがって、この場合には、合併契約の承認について株主全員の同意が必要とされる（783条2項、804条2項）。なお、株式会社と特例有限会社が合併を行う場合は、存続会社または設立会社は株式会社に限られる（会社法整備法37条）。

以下では、その重要性を考慮して、株式会社同士の合併について解説する。

(3) 吸収合併と新設合併

合併には吸収合併と新設合併がある。吸収合併は合併後に存続する会社と合併後に消滅する会社とが行う合併である。前者を存続会社、後者を消滅会社という。消滅会社は2社以上でもよい。新設合併は、合併を行う当事会社が全て合併により消滅し、別の新しい会社（＝設立会社）が設立される合併である。実際には、以下に述べる理由により、新設合併はほとんど利用されていない。第1に、吸収合併に比較し、新設合併では発行する新株式・新株券の数が多くなり、その分、手間と費用がかさむ。第2に、吸収合併の場合には、登録免許税が資本の増加額について課されるが、新設合併の場合には設立会社の資本額について課され、同じ会社同士の合併の場合、新設合併の方がこの税額が高くなる。第3に、事業等についての各種の許認可が、原則として、吸収合併の場合には消滅会社についてのみ消滅するが、新設合併では全当事会社について消滅するため、事業を継続するにあたり、許認可を再度取得する必要が生じる。

このような事情から、新設合併はほとんどが行われていない。したがって、以下では吸収合併について解説する。

第2節 吸収合併の手続

　吸収合併の手続の概要は、①吸収合併契約の作成と締結、②合併契約等の備置き、③合併契約承認のための株主総会決議、④株主のための株式買取請求の手続、⑤新株予約権者のための新株予約権買取請求の手続、⑥会社債権者保護の手続、⑦合併の効力発生日の到来、⑧合併の登記、⑨合併経過報告書の備置き、といった順になる。なお、実際には、②④⑤⑥はほぼ同時に行われる。

(1) 吸収合併契約の作成と締結

　取締役会非設置会社であれば取締役の決定に基づき、取締役会設置会社であれば取締役会の決議に基づき、存続会社と消滅会社は合併契約を作成し締結しなければならない（748条後段）。合併契約には、①各当事会社の商号・住所、②存続会社が消滅会社の株主に交付する合併対価に関する事項、③合併対価の割当比率、④消滅会社の新株予約権者に交付する存続会社の新株予約権または金銭に関する事項、⑤吸収合併の効力発生日、以上の必要的記載事項およびその他の任意的記載事項が記載される（749条1項1号～6号）。

　なお、合併契約に、消滅会社の物権・債権・債務・知的財産権などの財産の一部を存続会社に承継させないと定めても、その定めは無効である。

(2) 合併契約等の備置き

　各当事会社は、782条が定める「吸収合併契約等備置開始日」から合併の効力発生日後6か月を経過する日まで（消滅会社は合併の効力発生日まで）、合併契約の内容、合併対価の相当性に関する事項、合併対価について参考となるべき事項、吸収合併に係る新株予約権の定めの相当性に関する事項、計算書類に関する事項、合併の効力発生日以後における存続会社の債務の履行の見込みに関する事項などを記載した書面を本店に備え置き、株主・債権者からの閲覧請求および謄本抄本交付請求に応じなければならない（782条・794条、施規182条・191条）。これらの書面等の備置きは会社債権者および株主の保護を目的としたものである。

> ● 合併契約等備置開始日 ●
>
> 　合併契約等備置開始日は、消滅会社においては以下に述べる7つの日のうちの最も早く到来する日、存続会社においては以下に述べる5つの日のうちの最も早く到来する日と定められる。したがって、消滅会社における合併契約等備置開始日と存続会社におけるそれとは、必ずしも一致しない。
> 　消滅会社における吸収合併契約等備置開始日は、以下の日のうち、いずれか最も早く到来する日をいう（782条2項）。①吸収合併契約について株主総会の承認決議が必要な場合には当該株主総会の日の2週間前の日、②株式買取請求手続による通知（785条3項）を受けるべき株主があるときは、同通知の日または公告の日（785条4項）のいずれか早い日、③新株予約権買取手続による通知（787条3項）を受けるべき新株予約権者があるときは、同通知の日または公告の日（787条4項）のいずれか早い日、④債権者保護手続（789条）をしなければならないときは789条2項所定の公告の日または同項所定の催告の日のいずれか早い日（782条2項4号）、である。
> 　存続会社における吸収合併契約等備置開始日とは、以下の日のうち、いずれか最も早く到来する日をいう（794条2項）。①吸収合併契約について株主総会の承認決議が必要な場合には当該株主総会の日の2週間前の日、②株式買取請求手続による通知（797条3項）を受けるべき株主があるときは同通知の日または公告の日（797条4項）のいずれか早い日、③債権者保護手続（799条）をしなければならないときは公告の日または催告の日（799条2項）のいずれか早い日、である。

(3) 合併契約承認決議

(ア)　原則として、各当事会社の株主総会の特別決議により合併契約が承認され、はじめて合併契約が成立する（783条1項、795条1項、309条2項12号）。なお、上記の株主総会において株主に書面または電磁的方法による議決権行使を認める場合には、招集にあたり、①吸収合併を行う理由、②吸収合併契約の概要、③合併対価の相当性に関する事項、④合併対価について参考となるべき事項、⑤新株予約権の定めの相当性に関する事項、⑥消滅会社においては存続会社の計算書類等の内容など、⑦存続会社においては消滅会社の計算書類等の内容などを記載した参考書類を株主に交付しなければならない（301条・302条、施規86条）。

(イ)　消滅会社または存続会社において種類株式が発行されている場合に、合併によって特定の種類株式の株主に損害を及ぼすおそれがあるときは、当該種類株主による種類株主総会の承認決議を得ることが必要となる（322条1項7

号)。

(ウ) ①存続会社が承継する消滅会社の「承継債務額」が、存続会社が承継する消滅会社の「承継資産額」を超過する場合、または、②存続会社が消滅会社の株主に交付する金銭等の帳簿価額が、承継資産額から承継債務額を控除して得られる額を超過する場合には、存続会社の取締役は合併契約承認の株主総会においてそのことを説明をしなければならない（795条2項）。また、承継する消滅会社の資産の中に存続会社の株式が含まれる場合には、合併後の存続会社が自己株式を取得することになるので、存続会社の取締役は、合併契約承認の株主総会において当該株式に関する説明をしなければならない（795条3項）。

(4) 少数株主の保護

(ア) 消滅会社の株主が有していた株式の経済的価値と、交付される合併対価である株式や金銭等の経済的価値がほぼ同等であれば、消滅会社の株主は合併が遂行されても、少なくとも経済的に不利益を被ることはない。また、存続会社の株主にとっても、その有する株式についての価値の減少といった不利益を被ることはないといえる。このように、個々の株主の利害を重視すれば、合併比率は当事会社の企業価値を表現している株式価値に重心をおいて決められるべきことになる。このような考え方を合併比率公正の原則という。通説は、合併比率が著しく不公正であることは合併無効原因になると解している。なお、東京高裁は合併比率が不公正であっても合併無効原因にはならないとした。

(イ) 合併に反対する少数株主のために株式買取請求権が認められている。株主がこの請求権を行使すると、株主と会社との間で、株主が有する株式について売買契約が成立したと同一の効果が生じる。その売買価格は当事者の協議によって決められるが、協議が調わないときは裁判所により株式の「公正な価格」が決定される（785条1項、786条、797条1項、798条）。消滅会社の株主は消滅会社に、存続会社の株主は存続会社に対し、買取請求をすることになる。

(ウ) 消滅会社の株主の保護のために、①吸収合併が法令または定款に違反する場合、または、②存続会社が消滅会社の特別支配会社であって消滅会社において吸収合併契約等の承認が株主総会決議によってなされないときに、存続会社が交付する合併対価の総量総額等もしくは割当比率が消滅会社および存続

会社の財産の状況その他の事情に照らして著しく不当である場合、以上①②のいずれかの場合であって、消滅会社の株主が不利益を受けるおそれがあるときは、その株主は消滅会社に対し吸収合併遂行の差止めを請求することができる（784条の2）。存続会社の株主の保護のために、同様の規定が新設されている（796条の2）。また、新設合併の消滅会社の株主の保護のために、同様の規定が新設されている（805条の2）。

(エ) 消滅会社の株主にとって合併比率が著しく不公正であった場合には、株主は明らかに経済的に損失を被ることになる。その場合、429条に基づき悪意または重過失のある取締役に対し、損害賠償責任を追及することが考えられる。このことは、存続会社の株主にも当てはまる。

(5) 新株予約権買取請求権

消滅会社が新株予約権を発行している場合に必要となる手続である。消滅会社の新株予約権者の保護のために、新株予約権買取請求権が認められている（787条）。存続会社の新株予約権者のための保護の制度はない。

(6) 債権者保護手続

各当事会社は、会社債権者に対して、当該合併に異議があるときには一定期間（最短1か月）内に異議を申述できる旨の内容の公告を官報により行い、かつ、会社がその存在を知っている債権者に対しては各別に同じ内容の催告をしなければならない（789条、799条）。この公告を官報のほかに、定款に定める日刊新聞紙もしくは電子公告により行うときは、各別の催告は不要となる（789条3項、799条3項）。債権者が異議を申述したときは、会社はその債務について弁済するか相当の担保を供するか、または、債権者への弁済を目的として信託会社等に相当の財産の信託を行わなければならない（789条5項、799条5項）。

(7) 吸収合併の効力発生日

債権者保護手続の終了後における合併契約所定の合併の効力発生日に、合併の効果が発生する（750条1項・6項）。合併契約所定の合併の効力発生日に、

消滅会社の権利義務を含めた全財産が存続会社に承継され、これにより当事会社は合体する。吸収合併の効力発生日から2週間以内に本店所在地において、存続会社については合併を理由とする変更の登記、消滅会社については合併を理由とする解散の登記をする（921条）。

(8) 合併経過報告書の備置き

存続会社の取締役は、合併の効力が発生した後遅滞なく、合併により消滅会社から承継した重要な権利義務に関する事項およびその他合併に関する重要な事項等を記載した書面を作成し、6か月間、本店に備え置かなければならない（801条1項・3項、施規200条）。株主および会社の債権者には、上記の書面についての閲覧請求権および謄本抄本交付請求権が認められる（801条4項）。

第3節　吸収合併の効果

債権者保護手続が終了していれば（750条6項）、合併契約所定の効力発生日に以下のような合併の効果が生じる。①合併当事会社のうち消滅会社は解散する（471条4号）。②消滅会社は清算手続を経ずに消滅する（475条1号括弧書）。③消滅会社の全ての権利義務が包括的に存続会社に承継される（750条1項、包括承継）。④消滅会社の株主は、合併の効力発生日に、存続会社から合併対価の交付を受ける（750条3項）。合併対価の全部もしくは一部が存続会社の株式であるときは、消滅会社の株主は存続会社の株主となる。⑤消滅会社が発行していた新株予約権が消滅する（750条4項）。

第4節　簡易合併・略式合併

1　簡易吸収合併

吸収合併において、存続会社が消滅会社の株主に交付する合併対価全部の額

(交付する存続会社の株式全部の純資産価値とそれ以外の財産の帳簿価額)が存続会社の純資産額の20％以下である場合、存続会社においては取締役の決定(取締役会設置会社であれば取締役会の決議)のみにより、株主総会の承認を不要として、合併を行うことができる(796条2項)。これを簡易合併という。簡易合併は、存続会社における合併契約承認の株主総会決議を不要としたものであり、他方、消滅会社においては株主総会決議をはじめ通常の手続が必要である。したがって、以下は、存続会社について説明することになる。

簡易合併の手続では、合併当事会社間において合併契約を締結し、存続会社においては合併の効力発生日の20日前までに、合併を行う旨、消滅会社の商号・住所、合併契約承認のための株主総会を開催しないことなどを全株主に通知する(797条3項)。存続会社の株主は、これらの情報を得て、簡易合併に反対するか否かを検討することになる。また、存続会社は債権者保護のための公告および催告を行う(799条)。存続会社は、株主のための通知、または、債権者保護のための公告もしくは催告のうち、いずれか最初に行った日から、合併契約の内容等を記載した書面等を本店に備え置き、株主および債権者からの閲覧請求、謄本抄本交付請求に応じなければならない(794条)。

合併契約承認のための株主総会が開催されるとした場合において議決権を備える株式の議決権総数の6分の1超を有する株主等が、簡易合併に反対する意思を会社に通知したときは、簡易合併は実行できない(796条3項、施規197条)。この場合、通常の合併手続により合併を行うことは可能である。

2 略式合併

消滅会社についての略式合併と、存続会社についての略式合併がある。

(1) 消滅会社についての略式合併

存続会社が消滅会社の特別支配会社である場合(存続会社が消滅会社の総株主の議決権の10分の9以上を有する場合、468条1項)には、消滅会社の株主総会における合併契約承認決議は不要となる(784条1項)。ただし、合併対価の全部または一部が譲渡制限株式等(会社法施行規則186条所定の取得条項付株式など)

であり、消滅会社が公開会社であり、かつ、種類株式発行会社でない場合には、原則に戻り、消滅会社における株主総会の承認決議が必要となる（784条1項但書）。

(2) 存続会社についての略式合併

消滅会社が存続会社の特別支配会社である場合には、存続会社の株主総会における合併契約承認決議は不要となる（796条1項）。ただし、合併対価の全部または一部が譲渡制限株式であり、存続会社が公開会社でない場合には、原則に戻り、存続会社における株主総会の承認決議が必要となる（796条1項但書）。

(3) 略式合併差止請求権

消滅会社において略式合併手続が進行する場合、一般的な合併差止請求権（784条の2）のほかに、合併対価の総価値ないしは合併比率が消滅会社または存続会社の財産の状況その他の事情に照らして著しく不当であり、消滅会社の株主が不利益を受けるおそれがあるときには、その株主は消滅会社に対し略式吸収合併の差止めを請求することができる（784条の2）。

存続会社において略式合併手続が進行する場合にも同様に、不利益を受けるおそれのある存続会社の株主は存続会社に対し略式合併の差止めを請求することができる（796条の2）。

第5節　吸収合併無効の訴え

(ア)　吸収合併契約または吸収合併手続に吸収合併を無効とするような重大な瑕疵（＝合併無効事由）があった場合には、吸収合併の効力発生日から6か月以内に、各当事会社の株主、取締役、監査役および合併を承認しなかった債権者等は、吸収合併無効の訴えを提起することができる（828条1項7号・2項7号）。吸収合併の手続上の重大な瑕疵や合併契約の内容上の重大な瑕疵は原則として吸収合併の無効事由となる。吸収合併の無効は吸収合併無効の訴えに

よってのみ主張することができる（828条1項7号、形成訴訟）。

　合併の無効事由であるが、原則として、合併手続における法定事項の不遵守、債権者保護手続における法定事項の不遵守、合併契約の内容における法定事項の不遵守などがある。このほか、学説の多くは、合併比率が著しく不公正な場合も無効事由と考えている。

(イ)　合併を無効とする判決は対世効を有する（838条）が、遡及効はない（839条）。合併無効の判決が確定すると、全ての当事会社は、それぞれ合併以前の独立した会社に戻ることになる。しかし、合併の効力発生日以後に存続会社が負担した債務については、全ての当事会社が連帯して弁済の責任を負うことになる（843条1項）。合併の効力発生日以後に存続会社が取得した財産は、全ての当事会社の共有となる（843条2項）。各当事会社の負担部分または持分割合については、当事会社の協議により定められることになるが、協議が調わないときは、裁判所が合併の効力が生じた日における各当事会社の財産の額およびその他一切の事情を考慮して決定する（843条3項・4項）。

第18章

会社分割

第1節 会社分割制度の意義

　会社分割には、新設分割と吸収分割がある。
　新設分割とは、会社分割を計画する株式会社（これを分割会社という）が株主総会の特別決議により承認された新設分割計画を実行することにより、分割会社の事業に関して有する権利義務の全部または一部を分離し、新設する株式会社（これを設立会社という）に承継させることである（2条30号）。分割前の分割会社の債権者は、分割後は、基本的に分割計画の定めに従い、分割会社もしくは設立会社の債権者、または、分割会社および設立会社の債権者となる。設立会社が発行する株式は、分割計画に従い、その全部を分割会社に交付することになる。
　なお、設立会社から交付された株式を、分割会社が分割の効力発生と同時に、①分割会社の全部取得条項付種類株式の取得対価としてその株主に交付すること、または、②剰余金の配当として株主に交付することが可能である。これを、講学上、人的分割類似型と称する。
　吸収分割とは、2社以上の株式会社が、株主総会の特別決議による承認を経て分割契約を締結し実行することにより、分割会社の事業に関して有する権利義務の全部または一部を他の株式会社（これを承継会社という）に承継させることである（2条29号）。分割前の分割会社の債権者は、分割後は、基本的に分割契約の定めに従い、分割会社もしくは承継会社の債権者、または、分割会社および承継会社の債権者となる。承継会社が発行する株式などのいわゆる分割

対価は、分割契約に従い、全部を分割会社に交付することになる。なお、吸収分割においても、承継会社から交付された株式を、分割会社が分割の効力発生と同時に、①分割会社の全部取得条項付種類株式の取得対価としてその株主に交付すること、または、②剰余金の配当として株主に交付することが可能である。

なお、略式合併や簡易合併と同様に略式吸収分割（784条1項、796条1項）、簡易吸収分割（784条2項、796条2項）、簡易新設分割（805条）が認められる。

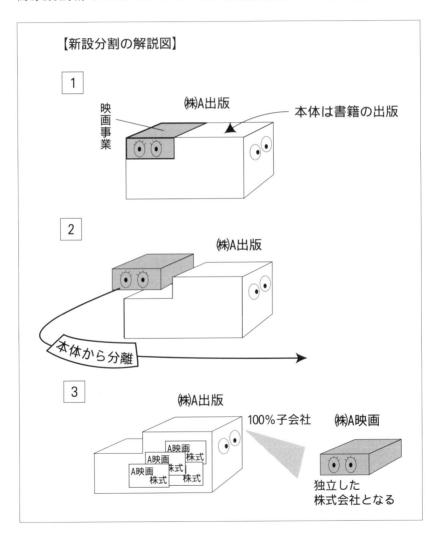

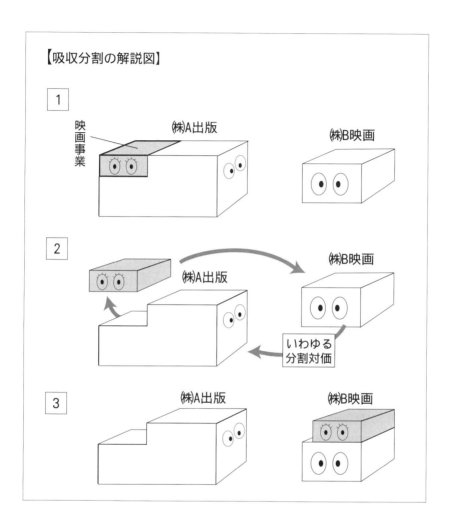

【吸収分割の解説図】

第2節 新設分割

1 新設分割の手続

　新設分割手続の概要は、①新設分割計画の作成、②新設分割計画等の備置き、③新設分割計画承認のための株主総会決議、④株主のための株式買取請求の手

続、⑤新株予約権者のための新株予約権買取請求の手続、⑥会社債権者保護の手続、⑦新設分割の登記と効力発生、⑧新設分割経過報告書の備置き、といった順になる。なお、実際には、②④⑤⑥はほぼ同時に行われる。

(1) 新設分割計画の作成

分割会社が取締役会非設置会社であれば取締役の決定により、取締役会設置会社であれば取締役会の決議により、新設分割計画を作成する (762条1項)。

(2) 新設分割計画等の備置き

分割会社は、株主および債権者への事前の情報開示として、「新設合併契約等備置開始日」から、新設分割計画の内容、いわゆる分割対価の相当性に関する事項、分割会社および設立会社のそれぞれにおける債務の履行の見込みに関する事項等を記載した書面等を本店に備え置き (803条1項2号、施規205条)、株主・債権者からの閲覧請求および謄本抄本交付請求に応じなければならない (803条3項)。なお、会社分割において免責的債務引受けが行われる場合には、債務者の更改が生じるので、債権者の保護が特に重要であると考えられている。

● いわゆる分割対価について ●

吸収合併の場合、存続会社は合併の対価を消滅会社の株主に直接に交付する。また、株式交換の場合も、株式交換完全親会社は株式交換の対価を株式交換完全子会社の株主に直接に交付する。このことから、合併の対価については**合併対価**(施規182条2項)、株式交換の対価については**交換対価**(施規184条2項) の定義が法定されている。これに対し、分割の場合、原則として、承継会社は分割会社に対して分割の対価を交付することとされており、会社法施行規則は吸収分割については分割対価の定義を法定していない。したがって、講学上の用語として用いるため、**いわゆる分割対価**と呼ぶことになる。

---

(3) 新設分割計画の承認決議

分割会社の株主総会において、特別決議により新設分割計画の承認を行う (804条1項、309条2項12号)。

(4) 少数株主の保護

新設分割に反対する少数株主のために、株式買取請求権が認められている（806条）。

(5) 新株予約権者の保護

分割会社の新株予約権者のために、新株予約権買取請求権が認められている（808条1項2号）。

(6) 債権者保護手続

分割会社は債権者保護手続を行わなければならない（810条1項2号）。新設分割後に分割会社に債務の履行を請求できなくなる債権者は分割会社に対し異議を述べることができ、異議を述べた債権者に対して、分割会社は弁済または担保の設定もしくは信託の設定をしなければならない（810条1項2号・2項・5項）。

(7) 新設分割の登記と効力発生

設立会社の本店所在地において設立の登記がなされたときに、設立会社が成立し、分割の効力が生じる（924条、911条、764条1項）。

(8) 新設分割経過報告書の備置き

分割会社および設立会社は、新設分割の効力が生じた後遅滞なく、設立会社が承継した権利義務およびその他の重要な事項を記載した書面等を作成し、6か月間、本店に備え置かなければならない（811条1項・2項、施規209条）。株主、債権者およびその他の利害関係人には、備え置かれた書面等についての閲覧請求権および謄本抄本交付請求権が認められる（811条3項）。

● **新設分割の悪用** ●

会社の経営状態が悪くなったときに、その会社の良好な事業部門だけを設立会社に移転し不良な事業部門を元の分割会社に残すという内容の新設分割を実行し、その後、分割会社だけを倒産手続に委ね、負債の少ない設立会社によって新規やり直しをもくろむことがある。しかし、会社法は、「新設分割が効力を生ずる日以

> 後における当該新設分割株式会社の債務および新設分割設立会社の債務の履行の見込みに関する事項」を記載した書面等を本店に備え置くことを定め（803条1項2号、施規205条7号）、これは債務が履行される見込みであると解されているので、分割会社についても債務の履行の見込みがなければならないことになる。したがって、上記のようなもくろみは、分割会社についての債務の履行の見込みがないことになるはずであるから、通常は違法となろう。上記書面におけるこの点についての虚偽記載は、新設分割無効の訴えの無効事由となる。

2 新設分割の効果

(ア) 新設分割は、設立会社の設立の登記により効力が生じ（764条1項）、分割会社の事業に関する権利義務の全部または一部を財産とする設立会社が設立される。設立会社の設立に伴い発行される株式の全ては分割会社に割り当てられ、設立会社は分割会社の100％子会社（＝完全子会社）となる。

人的分割類似型では、設立会社の設立に伴い発行される株式はいったん分割会社に交付され、ただちに、分割会社において分割会社の株主に全部取得条項付種類株式の取得対価もしくは配当として交付される（763条1項12号）。この場合、分割会社の株主は、従来から有する分割会社の株式に加えて、設立会社の株式も有することになる。

(イ) 分割会社から設立会社へ移転される事業に関する権利義務は、分割計画の定めに従い、包括承継により、設立会社に承継される（764条1項）。分割会社の債権者であって各別の催告を受けなかった者は、新設分割計画において分割後に分割会社に債務の履行を請求できないと定められていても、分割会社が新設分割の効力発生の日に有していた財産の価額を限度として、分割会社に対し債務の履行を請求できる（764条2項）。同様に、分割会社の債権者であって各別の催告を受けなかった者は、新設分割計画において分割後に設立会社に債務の履行を請求できないと定められていても、承継した財産の価額を限度として設立会社に対し債務の履行を請求できる（764条3項）。

(ウ) コラムでも述べたように、新設分割の悪用濫用の事案が現実に増加した。そこで、平成26年の会社法改正は、新設分割によって詐害された分割会社の債権者を保護する規定を新設した。すなわち、人的分割類似型の場合を除き（764条5項）、設立会社に承継されない債務の債権者（これを残存債権者という）

を害することを分割会社が知って新設分割をした場合、残存債権者は、設立会社に対して、承継した財産の価額を限度として、当該債務の履行を請求することができる（764条4項）。この場合、残存債権者は、分割会社が残存債権者を害することを知って新設分割をしたことを知ったときから2年以内に請求または請求の予告をしなければならない（764条6項前段）。

3 新設分割無効の訴え

新設分割計画または新設分割手続に新設分割を無効とするような重大な瑕疵があった場合には、新設分割の効力発生の日から6か月以内に、各当事会社の株主、取締役、監査役および分割を承認しなかった債権者等は、新設分割無効の訴えを提起することができる（828条1項10号・2項10号）。

第3節 吸収分割

1 吸収分割の手続

吸収分割手続の概要は、①吸収分割契約の締結、②吸収分割契約等の備置き、③吸収分割契約承認の株主総会決議、④株主のための株式買取請求の手続、⑤新株予約権者のための新株予約権買取請求の手続、⑥会社債権者保護の手続、⑦吸収分割の効力発生日の到来、⑧吸収分割経過報告書の備置き、といった順になる。なお、実際には、②④⑤⑥はほぼ同時に行われる。

(1) 吸収分割契約の締結

分割会社・承継会社が取締役会非設置会社であれば取締役の決定により、取締役会設置会社であれば取締役会の決議により、吸収分割契約を作成し締結する（757条）。

(2) 吸収分割契約等の備置き

各当事会社は、株主および債権者への事前の情報開示として、「吸収合併契約等備置開始日」から、吸収分割契約の内容、いわゆる分割対価の相当性に関する事項、分割会社および承継会社のそれぞれにおける債務の履行の見込みに関する事項、相手方会社の計算書類の内容等を記載した書面等を本店に備え置き（782条1項2号、794条1項、施規183条、同192条）、株主・債権者からの閲覧請求および謄本抄本交付請求に応じなければならない（782条3項、794条3項）。なお、吸収分割においては、分割会社および承継会社の両者の債権者の保護が特に重要と考えられている。

(3) 吸収分割契約の承認決議

分割契約所定の効力発生日の前日までに、原則として各当事会社の株主総会において、特別決議より吸収分割契約の承認を行う（783条1項、795条1項、309条2項12号）。

(4) 少数株主の保護

吸収分割に反対する各当事会社の少数株主のために、株式買取請求権が認められている（785条、797条）。

(5) 新株予約権者の保護

分割会社の新株予約権者の保護のために、新株予約権買取請求権が認められている（787条1項2号）。

(6) 債権者保護手続

各当事会社は債権者保護手続を行わなければならない。吸収分割に異議のある当事会社の債権者に対しては、それぞれの会社が弁済または担保の設定もしくは信託の設定をしなければならない（以上、789条、799条）。

(7) 効力発生日

吸収分割契約所定の効力発生日に、吸収分割の効力が生じる（759条1項）。

(8) 吸収分割契約経過報告書の備置き

分割会社および承継会社は、吸収分割の効力発生日後遅滞なく、承継会社が承継した権利義務およびその他の重要な事項を記載した書面等を作成し、効力発生日後6か月間、本店に備え置かなければならない（791条1項・2項、801条3項2号）。株主、債権者およびその他の利害関係人には、備え置かれた書面等についての閲覧請求権および謄本抄本交付請求権が認められる（791条3項、801条4項・5項）。

2　吸収分割の効果

(ア)　吸収分割は、吸収分割契約所定の効力発生日に、分割会社の事業に関する権利義務の全部または一部が承継会社に承継され、いわゆる分割対価が分割会社に交付される。分割対価として株式が発行されるときは、その株式の全てが分割会社に割り当てられる。

人的分割類似型では、吸収分割の効力発生日に事業に関する権利義務の全部または一部が承継会社に承継され、分割対価としての株式が分割会社に交付される。同時に、分割会社において、交付された株式が、分割会社の全部取得条項付種類株式の取得対価もしくは剰余金の配当として分割会社の株主に交付されることになる。

(イ)　分割会社から承継会社へ移転される事業に属する権利義務は、分割契約の定めに従い、包括承継により、承継会社に承継される（759条1項）。また、分割会社の債権者であって各別の催告を受けなかった者は、吸収分割契約において吸収分割後に分割会社に債務の履行を請求できないと定められていても、分割会社に対して分割会社が吸収分割の効力発生日に有していた財産の価額を限度として債務の履行を請求できる（759条2項）。同様に、分割会社の債権者であって各別の催告を受けなかった者は、吸収分割契約において吸収分割後に承継会社に債務の履行を請求できないと定められていても、承継会社に対して承継した財産の価額を限度として債務の履行を請求できる（759条3項）。

(ウ)　平成26年会社法改正は、吸収分割によって詐害された分割会社の債権者を保護する規定を新設した。すなわち、人的分割類似型の場合を除き（759条

5項)、分割会社が承継会社に承継されない債務の債権者（これを残存債権者という）を害することを知って吸収分割をした場合、残存債権者は、承継会社に対して、承継した財産の価額を限度として、当該債務の履行を請求することができる（759条4項本文）。ただし、承継会社が吸収分割の効力が生じた時において残存債権者を害すべき事実を知らなかったときは、この限りでない（759条4項但書）。承継会社が759条4項の規定により同項の債務を履行する責任を負う場合、残存債権者は、分割会社が残存債権者を害することを知って吸収分割をしたことを知った時から2年以内に請求または請求の予告をしなければならない（759条6項前段）。

3 吸収分割無効の訴え

　吸収分割契約または吸収分割手続に吸収分割を無効とするような重大な瑕疵がある場合には、吸収分割の効力発生日から6か月以内に、各当事会社の株主、取締役、監査役および分割を承認しなかった債権者等は、吸収分割無効の訴えを提起することができる（828条1項9号・2項9号）。

第19章

株式交換・株式移転

第1節 株式交換

1 株式交換総論

　株式交換は、既存の2つの株式会社が株式交換契約を締結し、それぞれの株主総会の特別決議による承認を経て、これを実行することにより、一方の株式会社の株主およびその会社自身が有する全てのその会社の株式を、他方の株式会社に取得させることを意味する（2条31号）。この前者の会社を株式交換完全子会社といい、後者の会社を株式交換完全親会社という。株式交換を行うことにより、互いに無関係な会社同士から完全親子会社を創設することができる。このとき、株式交換完全子会社に株式交換に反対の意思を有する株主がいても、その者の株式は強制的に株式交換完全親会社の株式やその他の株式交換対価と交換されることになる。株式交換において株式交換完全親会社がその株式を交付する場合、株式を取得するための多額の資金を必要としないで、完全親子会社を創設できることが特徴である。
　会社法では、株式交換完全親会社として株式会社のほかに合同会社も認められるが、本書では株式会社について解説する。なお、略式合併や簡易合併と同様に略式株式交換（784条1項、796条1項）、簡易株式交換（796条2項）も認められる。

第1部　会社法の解説

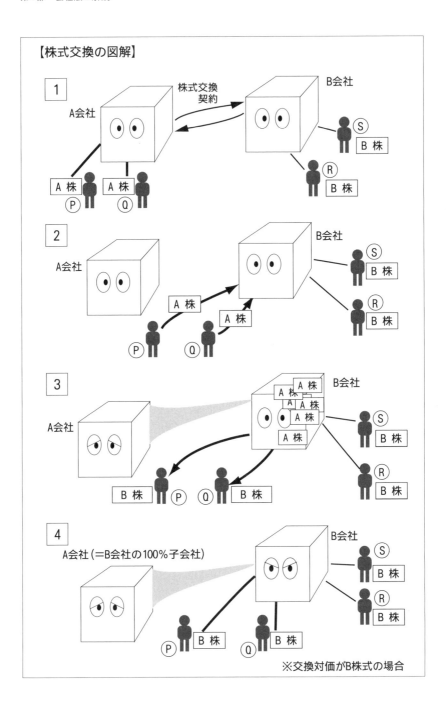

252

> ● 当初の株式交換 ●
>
> 平成11年に初めて株式交換制度が設けられた際には、株式交換は、既存の2つの株式会社が、株式交換契約を締結し、それぞれの株主総会の特別決議による承認を経て、これを実行することにより、一方の株式会社の株主およびその会社自身が有する全てのその会社の株式を、他方の株式会社の株式と交換することを意味した。つまり、株式と株式を交換するので「株式交換」と称された。その後、平成17年の会社法においては、交換されるものが、「他方の株式会社の株式」から、「交換対価」（＝財産一般）に拡張された。このため、現在では、必ずしも株式と株式の交換がなされるわけではない。

2　株式交換の手続

　株式交換手続の概要は、①株式交換契約の締結、②株式交換契約等の備置き、③株式交換契約承認のための株主総会決議、④株主のための株式買取請求の手続、⑤新株予約権者のための新株予約権買取請求の手続、⑥会社債権者保護の手続、⑦株式交換の効力発生日の到来、⑧株式交換経過報告書の備置き、といった順になる。なお、実際には、②④⑤⑥はほぼ同時に行われる。

(1)　株式交換契約の締結

　取締役会非設置会社であれば取締役の決定により、取締役会設置会社であれば取締役会の決議により、株式交換完全子会社と株式交換完全親会社は株式交換契約を締結する（767条）。株式交換契約には、①各当事会社の商号・住所、②株式交換完全親会社が株式交換完全子会社の株主に交付する株式交換対価に関する事項および株式交換比率、③株式交換完全子会社の新株予約権者に交付する株式交換完全親会社の新株予約権に関する事項、④株式交換の効力発生日、以上の必要的記載事項が記載されなければならない（768条）。任意的記載事項の記載も許される。

(2)　株式交換契約等の備置き

　各当事会社は、株主および新株予約権者への情報開示として、「吸収合併契約等備置開始日」から、株式交換契約の内容、株式交換対価の相当性に関する事項、株式交換完全親会社の定款、相手方会社の計算書類の内容等を記載した

書面等を本店に備え置き（782条1項3号・794条1項、施規184条・193条）、株主および完全子会社となる会社の新株予約権者からの閲覧請求および謄本抄本交付請求に応じなければならない（782条3項、794条3項）。原則として、株式交換を行うことにより各当事会社の債権者に不利益の生ずることはないと考えられるため、合併や会社分割と異なり、債権者には閲覧請求権も謄本抄本交付請求権も認められない。

(3) 株式交換契約の承認決議

株式交換契約の効力発生日の前日までに、各当事会社の株主総会において特別決議により株式交換契約の承認をしなければならない（783条1項、795条1項、309条2項12号）。

(4) 少数株主の保護

株式交換に反対する各当事会社の少数株主の保護のために、合併や会社分割におけるのと同様に、株式買取請求権が認められている（785条、797条）。

(5) 新株予約権者の保護

株式交換完全子会社の新株予約権者の保護のために、新株予約権買取請求権が認められている（787条1項3号）。

(6) 債権者の保護

株式交換の場合、原則として、株式交換を行うことにより各当事会社の債権者に不利益の生ずることはないと考えられるため、会社債権者保護の手続は不要となる。ただし、株式交換完全親会社が株式交換完全子会社の株主に、株式交換対価として株式交換完全親会社の株式以外のものを交付する場合には、株式交換完全親会社の債権者の保護が必要となり、株式交換に異議のある株式交換完全親会社の債権者に対しては、弁済または担保の設定もしくは信託の設定をしなければならない（799条）。

> ● 債権者の保護が例外的に必要となる場合 ●
>
> 　第1に、株式交換完全親会社が、交換対価として株式交換完全親会社の株式以外のもの（例えば、金銭や社債など）を交付する場合（799条1項3号）、第2に、株式交換の際に、完全親会社の「その他資本剰余金」を増加する会計処理を行う場合（計規39条2項）、第3に、株式交換完全子会社が新株予約権付社債を発行していて、株式交換完全親会社がその新株予約権付社債の社債に係る債務を承継する場合（799条1項3号、768条1項4号ハ）、このような場合に、株式交換完全親会社において債権者保護手続をしなければならない。また、上記第3の場合にのみ、株式交換完全子会社において、当該新株予約権付社債権者に対し債権者保護手続をしなければならない。

(7) 株式交換の効力発生日

　株式交換契約所定の効力発生日に株式交換の効力が生じる（769条1項）。

(8) 株式交換経過報告書の備置き

　株式交換完全子会社および株式交換完全親会社は、株式交換の効力が生じた日の後遅滞なく、株式交換完全親会社に移転した完全子会社の株式の数、株式買取請求手続の経過、株式交換に関する重要な事項などを記載した書面等を作成し、効力発生日後6か月間、本店に備え置かなければならない（791条1項・2項、801条3項3号、施規190条）。効力発生日に株式交換完全子会社の株主もしくは新株予約権者であった者、または、株式交換完全親会社の株主もしくは株式交換対価が完全親会社の株式のみでないときの完全親会社の債権者に、備え置かれた書面等についての閲覧請求権、謄本抄本交付請求権が認められる（791条4項・3項、801条6項・4項）。

3　株式交換の効果 (769条)

　株式交換の効果は、株式交換完全子会社の発行済の全ての株式が株式交換完全親会社の有するところとなり、株式交換完全子会社は後者の100％子会社（これを完全子会社という）となる。また、株式交換完全子会社の株主は、有していた株式の代わりに株式交換対価の交付を受ける。株式交換対価として株式交換完全親会社の株式の交付を受けるときは、株式交換完全親会社の株主となる。

株式交換完全子会社に多数の株主が存在する場合、株式交換制度を用いずに、全ての株主の合意を得て、株式交換完全親会社が株式交換完全子会社の発行済の株式の全てを取得し後者を前者の完全子会社とすることは極めて困難であるが、株式交換制度を用いることにより、これが容易に達成できることになる。

4　株式交換無効の訴え

株式交換契約または株式交換手続に株式交換を無効とするような瑕疵（無効事由）がある場合には、株式交換の効力発生日から6か月以内に、各当事会社の株主、取締役、監査役等は、株式交換無効の訴えを提起することが認められる（828条1項11号・2項11号）。

第2節　株式移転

1　株式移転総論

株式交換制度では、完全親会社になる会社と完全子会社になる会社の両者が、既に存在していることが前提であった。これに対し、完全子会社となることを望む会社は存在するが、完全親会社となるべき会社が存在していない場合に、一回の手続により、完全親会社を設立し、同時に、株式交換を行うという法制度が株式移転制度である（2条32号）。

2　株式移転の手続

株式移転手続の概要は、①株式移転計画の作成、②株式移転計画等の備置き、③株式移転計画承認のための株主総会決議、④株主のための株式買取請求の手続、⑤新株予約権者のための新株予約権買取請求の手続、⑥株式移転の登記と効力発生、⑦株式移転経過報告書の備置き、といった順になる。なお、実際には、②④⑤はほぼ同時に行われる。

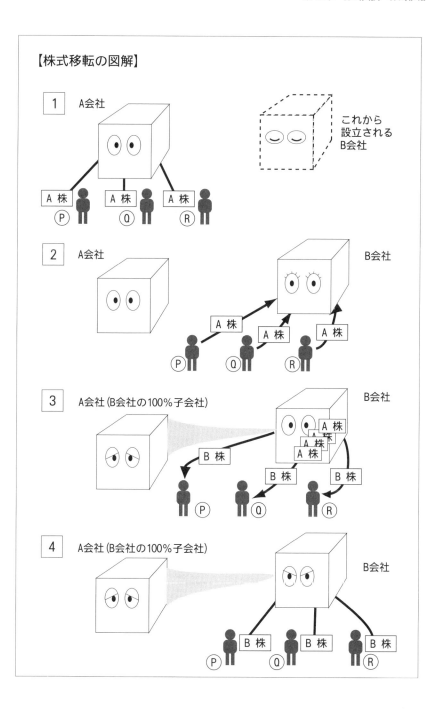

(1) 株式移転計画の作成

　株式移転により完全子会社となる会社（＝株式移転完全子会社）は、完全親会社となる会社の設立に関する手続と、設立される株式移転設立完全親会社と株式移転完全子会社との間での株式交換に関する手続とを進めなければならない。株式移転完全子会社が取締役会非設置会社であれば取締役の決定により、取締役会設置会社であれば取締役会の決議により、株式移転設立完全親会社の設立および株式交換を内容とする株式移転計画を作成する（772条）。株式移転計画には、①株式移転により設立される株式移転設立完全親会社の目的・商号・本店所在地等、②株式移転設立完全親会社の定款で定めるべき事項、③株式移転設立完全親会社が株式移転完全子会社の株主に対する株式の割当てに関する事項および交付する社債などに関する事項、④株式移転設立完全親会社が株式移転完全子会社の新株予約権者に対して株式交換完全親会社の新株予約権を交付する場合は、それについて必要とされる事項などの絶対的記載事項が定められなければならない（773条）。

(2) 株式移転計画等の備置き

　株式移転完全子会社は、株主および新株予約権者への情報開示として、「新設合併契約等備置開始日」から、株式移転計画の内容、株式移転対価の相当性に関する事項、会社財産の状況に重要な影響を与える事象などを記載した書面等を本店に備え置き（803条1項3号、施規206条）、株主および新株予約権者からの閲覧請求および謄本抄本交付請求に応じなければならない（803条3項）。原則として、会社債権者には閲覧請求権も謄本抄本交付請求権も認められていない。株式移転を行うことにより株式移転完全子会社の債権者に不利益は生じないと考えられたからである。

(3) 株式移転計画の承認決議

　株式移転完全子会社の株主総会において、特別決議により株式移転計画の承認決議を行わなければならない（804条1項、309条2項12号）。

(4) 少数株主の保護

株式移転に反対する株式移転完全子会社の少数株主の保護のために、株式買取請求権が認められている（806条）。

(5) 新株予約者の保護

株式移転完全子会社の新株予約権者の保護のために、新株予約権買取請求権が認められている（808条1項3号）。

(6) 株式移転の登記と効力発生

株式移転では完全親会社の設立がなされるため、株式移転を理由とする株式移転設立完全親会社の設立の登記が必要となり（925条）、株式移転の効力はこの設立の登記の時に発生する（774条1項）。

(7) 株式移転経過報告書の備置き

株式移転完全子会社および株式移転設立完全親会社は、株式移転の効力発生日後遅滞なく、完全親会社が取得した株式移転完全子会社の株式の数、その他の株式移転に関する事項を記載した書面等を作成し、効力発生日後6か月間、本店に備え置かなければならない（811条1項・2項、815条3項3号、施規210条）。完全親会社の成立の日に株式移転完全子会社の株主または新株予約権者であった者および株式移転設立完全親会社の株主または新株予約権者は、備え置かれた書面等についての閲覧請求権、謄本抄本交付請求権を有する（811条4項・3項、815条6項・4項）。

3 株式移転の効果

株式移転設立完全親会社が成立し、完全子会社となる会社の発行済株式の全てが株式移転設立完全親会社の有するところとなり、株式移転完全子会社は株式移転設立完全親会社の100％子会社となる（774条1項）。また、株式移転完全子会社の株主は、有していた株式の代わりに株式移転対価の交付を受ける。株式移転対価の中には株式移転設立完全親会社の株式が含まれるので（773条

1項5号)、完全子会社の株主は完全親会社の株主になる（774条2項）。

4　株式移転無効の訴え

　株式移転計画または株式移転手続に株式移転を無効とするような瑕疵がある場合には、株式移転の効力発生日から6か月以内に、各当事会社の株主、取締役、監査役等は、株式移転無効の訴えを提起することが認められる（828条1項12号・2項12号）。なお、前述したように、株式移転においては原則として株式移転完全子会社の債権者の保護の制度は設けられていない。

第20章

事業譲渡

　株式会社は、その全部または一部の事業を他の会社等に譲り渡すことができ、また他の会社等の全部または一部の事業を譲り受けることができる（467条）。事業譲渡は、理論上、取引行為として位置付けられており、組織再編である合併や会社分割とは一線を画すものと理解されている。

　事業譲渡は、改正前商法の下において営業譲渡といわれていたものである。会社法467条以下は事業とは何かを規定するものではなく、株式会社が事業を譲渡する場合または事業を譲り受ける場合について、事業譲渡の効力発生日の前日までに株主総会の特別決議が必要なこと（467条1項、309条2項11号）、および、反対する株主のために株式買取請求権（469条、470条）が用意されていることを規定する。会社債権者の保護手続や、新株予約権買取請求権は規定されていない。なお、事業とは、一定の事業目的のため組織化され有機的一体として機能する財産であり、その譲渡により法律上当然に会社法21条以下の競業避止義務が生じるものと考えられている。したがって、事業譲渡に関しては、競業避止義務等を定める会社法21条〜24条も重要である。

　事業譲渡と合併とを比較すると以下のようになる。①事業譲渡をしたことにより自動的に譲渡会社が解散することはない。②事業譲渡をした後に譲渡会社が解散するときは、改めて解散および清算の手続が必要となる。③譲渡される事業に関する債権債務ないし権利義務は個々の手続により譲受会社に移転される（包括承継の効果が生じない）。④譲渡会社の株主が譲受会社から直接に事業譲渡の対価の交付を受けることはなく、譲渡会社が譲受会社から事業譲渡の対価としての現金等の交付を受ける。なお、事業譲渡の対価に関しては特に制約がないので、現金、社債、手形、株式、貴金属、不動産、動産、知的財産権等々

が考えられる。

　会社法467条1項は、事業全部の譲渡（1号）のほか、事業の重要な一部の譲渡（2号）、子会社の株式等の全部・一部譲渡（2号の2）、他の会社の事業全部の譲受け（3号）、事業の賃貸借・経営の委任・損益共通契約の締結（4号）、事後設立（5号）についても、株主総会の特別決議が必要なこと（467条1項各号、309条2項11号）を規定する。

　なお、子会社株式の譲渡とは、株式会社が、有していたところの子会社の株式等の全部または一部を譲渡し、譲渡後において当該子会社の議決権総数の過半数の議決権を有さないことになるときであって、譲渡する株式または持分の帳簿価額が株式会社の総資産額の5分の1を超えるときをいう（467条1項2号の2）。

　このほか、平成26年会社法改正は、事業譲渡によって詐害された譲渡会社の債権者を保護する規定を新設した。すなわち、譲渡会社が譲受会社に承継されない債務の債権者（これを残存債権者という）を害することを知って事業を譲渡した場合、残存債権者は、譲受会社に対して、承継した財産の価額を限度として、当該債務の履行を請求することができる（23条の2第1項本文）。ただし、譲受会社が事業の譲渡の効力が生じた時において残存債権者を害すべき事実を知らなかったときは、この限りでない（23条の2第1項但書）。

第21章

解散・清算

第1節 解散

1 解散事由

　解散とは、会社の法人格を消滅させる手続を開始する原因となる法的事実であり、解散に続く清算により、会社の実体も法人格も消滅する。株式会社は、以下に述べる6つの解散事由のいずれかが生じたときに解散しなければならない（471条）。

(ア)　定款で定めた会社の存続期間の満了（471条1号）。

(イ)　定款で定めた会社の解散事由の発生（471条2号）。例えば、特定の地域で特定の鉱石を採掘するためだけに設立された会社などでは、鉱脈が尽きた時を解散事由とすることがある。

(ウ)　株主総会の特別決議による解散決議（471条3号、309条2項11号）。株主はいつでも株主総会の特別決議により会社の解散を決定することができる。大企業が株主総会の特別決議により解散した事例として、東京証券取引所第2部に上場していた雪印食品株式会社が、2002年4月30日に株主総会の特別決議により解散を行った例がある。

(エ)　会社が消滅会社となる合併（471条4号）。吸収合併および新設合併においては、消滅する会社は観念的に解散をすることになる。

(オ)　会社についての破産手続開始の決定（471条5号）。

(カ)　会社に対する解散を命ずる裁判の確定（471条6号）。詳細は本節**2**で述べ

る。

　以上のうち、(ア)の存続期間、および、(イ)の解散事由を定めたときは登記しなければならない（911条3項4号）。

2　解散を命ずる裁判

　解散を命ずる裁判には、解散命令（824条）と、少数株主の請求に基づき言い渡される解散判決（833条）がある。

(1)　解散命令
　裁判所は、公益を確保するために特定の会社の存立を許すことができないと判断するときは、法務大臣、株主、債権者またはその他の利害関係人の申立てにより、当該会社に対し解散を命ずることができる（824条）。詳細は省略する。

(2)　解散判決
　上記の解散命令は公益の維持のためのものであるが、解散判決は、難局に至った会社またはその存立が危うい会社の株主の救済のために認められるものである。
　裁判所は、以下の場合であって、かつ、やむを得ない事由がある場合に、総株主（株主総会において決議することができる事項の全部について議決権を行使できない株主を除く）の議決権の10分の1（定款でこれを下回る割合を定めた場合はその割合）以上の議決権を有する株主、または、発行済株式（自己株式を除く）の10分の1（定款でこれを下回る割合を定めた場合はその割合）以上の数の株式を有する株主が、訴えにより請求するときは、会社の解散を言い渡すことになる（833条1項）。すなわち、①会社が業務の執行において著しく困難な状況に至り、当該会社に回復することができない損害が生じ、もしくは、生ずるおそれがある場合、または、②会社の財産の管理もしくは処分が著しく失当で、当該会社の存立を危うくする場合である。なお、「やむをえない事由がある」とは、会社の解散以外に株主の利益を保護する方法がないことを意味する。

3 休眠会社のみなし解散

　株式会社に関する登記が最後になされた日から12年が経過した会社を休眠会社と呼ぶ（472条1項）。法務大臣が休眠会社に対し2か月以内にその本店の所在地を管轄する登記所に事業を廃止していない旨の届出をするよう官報に公告し、それにもかかわらず、なおその旨の届出がなされないときは、2か月間の期間満了時に当該休眠会社は解散したものとみなされ（472条1項）、登記官の職権により解散の登記がなされる（商登72条）。上記公告がなされると、登記所は当該会社に対しその旨の通知を発する（472条2項）。

第2節　解散後の会社

　会社が解散しても会社はただちに消滅するわけではなく、清算を目的とする範囲内で清算が結了するまで清算株式会社として存続するものとみなされる（476条）。会社は解散をすると、2週間以内に解散の登記をしなければならない（926条）。解散をすると、清算手続が開始する（475条）のが原則だが、合併と破産は例外となる。合併の場合、合併の効力の発生により、解散会社は存続会社または設立会社に吸収される。破産の場合、破産手続開始決定の後には破産管財人が選任され、破産手続が開始する。いずれの場合も、解散後に清算手続は行われない（475条1号）。

　なお、会社が471条1号〜3号までの事由により解散した場合には清算が結了するまで、また、みなし解散の場合には3年以内に限り、株主総会の特別決議により会社を継続することができる（会社の継続という。473条、309条2項11号）。この場合、継続の登記をする（927条）。

第3節 清算

1 総論

　会社が解散すると、破産および合併による解散の場合を除き、清算が開始する（475条1号）。清算においては、清算会社の全財産が原則として現金化され、弁済期未到来の債務も含めた全ての債務について弁済が行われる。清算の遂行に著しい支障を来すべき事情があるか、または、債務超過の疑いがあるときは、債権者・清算人・監査役または株主の申立てにより、特別清算に移行する（510条、511条）。

　株式会社の清算は、株主および債権者の利害に関係するため、厳格な法定の手続に従わなければならない。これを「法定清算」という。合名会社および合資会社では、社員が解散後も会社債権者に責任を負うので、必ずしも厳格な手続によることはなく、「任意清算」が認められる（668条）

　会社は解散してもただちに消滅するのではなく、清算が結了するまで存続するものとみなされる（476条）。このような会社を清算株式会社と呼ぶ（以下では清算会社と略する）。清算会社においては、清算の目的の範囲内で、清算事務を行う（476条）。清算会社においては、事業の拡大や事業の拡大を前提とする行為は認められない。例えば、法務省令（施規151条）で定める場合を除き、自己株式の取得が禁止され、剰余金の配当、資本金の減少などが禁止される（509条）。

2 清算人と清算人会

(1) 清算人の選任・解任

　清算会社は1人以上の清算人を置かなければならない（477条1項）。定款で定める者、または、株主総会の決議により選任された者が清算人となる。そのような者がいないときは、当該会社の取締役であった者が清算人となる（以上、478条1項）。これらを経ても清算人となる者がいないときは、利害関係人の申

立てにより裁判所が清算人を選任する（478条2項）。清算人の任期は法定されていない。裁判所により選任された清算人以外の清算人については、会社はいつでも株主総会の決議により清算人を解任することができる（479条1項）。重要な事由があるときは、一定の要件を備えた株主の申立てにより、裁判所は清算人を解任することができる（479条2項・3項）。

(2) 清算人の職務

清算人の職務は、①現務の結了、②債権の取立ておよび債務の弁済、③残余財産の分配である（481条）。①は、終了していない様々な事務を終了させることである。②は、弁済期の到来した債権の取立てをし、債務について弁済を行い、売却すべき財産を売却することである。弁済期未到来の債権は弁済期まで待つか、債権譲渡をすることになる。会社の負っている条件付債務、存続期間の不確定な債務その他価額の不確定な債務等については、裁判所の選任した鑑定人の評価に従い弁済し債務を消滅させる（501条1項・2項）。③については、本節**5**で解説する。

(3) 清算人の義務および責任等

会社と清算人の関係は委任関係であり（478条8項、330条）、清算人はその職務を遂行するにあたり、会社に対して善良なる管理者の注意を尽くす義務を負う（330条、民644条）。このほか、忠実義務も負う（482条4項、355条）こととなり、清算人の競業行為、利益相反取引も規制される（482条4項、356条）。清算人が任務を怠り清算会社に損害が発生した場合、その清算人は会社に対し損害賠償の責任を負う（486条1項）。責任を負うべき清算人が2名以上いるときは、連帯して責任を負う（488条）。さらには、清算人の責任追及のために株主代表訴訟が認められる（847条）。清算人がその職務を行うにつき悪意または重過失により第三者に損害を与えた場合は、その第三者に対し損害賠償の責任を負う（487条1項）。清算人が、事業その他の説明に用いた資料についての虚偽の記載・記録、財産目録等に記載・記録すべき重要な事項について虚偽の記載・記録、または、虚偽の登記、虚偽の公告をした場合、そのことにより損害を被った者に対し損害賠償の責任を負う（487条2項）。

(4) 清算人会

清算人会が設置される場合、清算人会は全ての清算人で組織される（489条1項）。清算人会が設置される場合は、必ず代表清算人を定めなければならない（489条3項）。清算人会の職務は、清算会社の業務執行の決定、清算人の職務執行の監督、および、代表清算人の選定・解職である（489条2項）。このほか取締役会の権限等に相当する権限等が認められる（489条）。

(5) 清算人会を設置しない場合における清算人

清算人会が設置されない清算会社において、清算人は、清算会社の業務を執行し（482条1項）、会社を代表する（483条1項）。清算人が2人以上いる場合は、業務執行は定款に別段の定めがある場合を除き、清算人の過半数により決定する（482条2項）が、各自が清算会社を代表する（483条2項）。なお、清算人が2人以上いる場合、定款、定款の定めに基づく清算人の互選、もしくは、株主総会の決議により、代表清算人を定めることができる（483条3項）。

3 書類の作成

清算人は、就任後遅滞なく会社財産の現況を調査し、清算開始日における財産目録および貸借対照表を作成し、株主総会に提出し、その承認を受けなければならない（492条1項・3項）。これを会社財産の調査報告義務という。この貸借対照表は、資産等の評価が処分価格による清算貸借対照表である（施規144条、145条）。

清算人は、各清算事務年度に係る貸借対照表および事務報告ならびにこれらの附属明細書を作成し（494条1項）、監査役設置会社（監査役の監査の範囲を会計に関するものに限定する旨の定款の定めがある株式会社を含む）である清算会社においては、監査役の監査を受けなければならない（495条1項、施規148条）。清算人会設置会社においては上記の書類等について清算人会の承認を受けなければならない（495条2項）。清算会社は貸借対照表等を定時株主総会に提出し、その承認を受けなければならない（497条1項・2項）。

清算会社は定時株主総会の1週間前の日から清算結了の登記の時までの間、

貸借対照表等を本店に備え置かなければならない（496条1項）。株主および債権者には、貸借対照表等についての閲覧請求権、謄本抄本交付請求権が認められる（496条2項）。

4　債権者

　清算会社は、清算開始原因が生じた時から遅滞なく、その債権者に対し2か月以上の一定の期間内に清算会社に対する債権を申し出るべき旨の公告を、官報により行わなければならない（499条）。この公告には、債権者が期間内に申し出ないときは清算手続から除斥される旨を付記しなければならない（499条2項）。会社は、その存在を知っている債権者には各別にその債権を申し出るよう催告しなければならない（499条1項）。その存在を知っている債権者は清算手続から除斥できない（503条1項）。清算手続から除斥された債権者は、債権申出期間内に申し出た債権に対する弁済がなされた後に、残された財産に対してのみ弁済を請求することができる（503条2項）。

　清算人は公告した債権申出の期間内には債権者に弁済をすることができない（500条1項前段）。清算手続では、会社の所有する財産が全ての債務について弁済できることを確認した上で、いっせいに債権者に弁済をすることが予定されている。もっとも、清算人は裁判所の許可を得て、少額の債権および担保のある債権、その他弁済しても他の債権者を害するのおそれのない債権については弁済をすることができる（500条2項）。清算人は、債務超過の疑いがあるときは特別清算開始の申立て（510条2号）を、また、会社の財産が会社の全ての債務を完済するのに不足するのが明らかなときは破産手続開始の申立てをしなければならない（484条1項）。

5　残余財産

　債権申出期間内に申し出てきた債権について弁済を行った後の、残余の財産を残余財産という。残余財産分配に関して特別の定めのある種類株式（108条1項2号）を除き、原則として残余財産は各株主の持つ株式の数に応じて株主

に分配されなければならない（504条2項・3項）。根底に株主平等原則がある。なお訴訟継続中の債務のように、債務の存否または債務額について争いのある債務については、その弁済に必要と認められる財産を留保して、残余財産の分配をすることができる（502条但書）。株主平等原則を遵守する限り、残余財産は金銭以外の財産でもよい（504条1項1号・3項）。ただし、分配される残余財産が金銭以外の財産の場合、株主は金銭分配請求権を有する（505条）。

6　清算の終了

　全ての債務を弁済し、株主への残余財産の分配を行い、清算事務が終了したときは、清算人は遅滞なく決算報告を作成し（施規150条）、それを株主総会に提出してその承認を受けなければならない（507条1項・3項）。清算人に任務懈怠に基づく責任があったとしても、決算報告の承認により、その責任は免除されたものとみなされる（507条4項、責任の解除という）。ただし、職務執行に関して不正の行為があったときは責任は免除されない（507条4項但書）。清算事務が終了し株主総会で決算報告が承認されると清算が結了したことになり、会社の法人格は消滅する。

　最後に、清算人は清算結了の登記を行う（929条1号）。清算人は清算会社の帳簿および重要な資料を清算結了の登記の時から10年間、保存しなければならない（508条1項）。裁判所は、利害関係人の申立てにより、清算人に代わって帳簿資料を保存する者を選任することができる（508条2項・3項）。

第2部　類型別 会社法の要点

第 1 章

完全一人会社

　本章の**完全一人会社**とは、非公開会社である取締役会非設置会社であって、取締役1人、株主1人の株式会社をいう。このとき、取締役と株主が同じ人であるものを完全一人会社とする。取締役と株主が異なるものについては、擬似一人会社として、2部2章で解説する。資本金の額は1万円とする。資本金の額は1円でも設立の登記は可能とされるが、それはあまりに非現実的と思われる。著者は、1万円でも非現実的と考えるが、ビジネス・モデルであるので、ここでは一応の資本金の額として1万円と仮置きしてみた。

```
┌─ 完全一人会社 ─────────
│ ・非公開会社
│ ・取締役会非設置会社
│ ・資本金1万円
│ ・取締役1人（A）、株主1人（A）
│ ・取締役と株主が同じ人の場合
└──────────────────
```

株主、取締役などが知っておくべき必須事項

経営の関係

必須事項1　原則として、取締役が会社の経営事項を決定し、取締役が第三者と行う契約等の内容を決定し、契約を締結する。しかし、取締役会がないので、株主総会も決議を行うことにより会社の経営に関与することができる。なお、取締役と会社の利益相反取引の承認、取締役の競業行為の承認、取締役の報酬の決定等について、株主総会の決議が必要となる。

株主総会の決議と議事録の作成

必須事項2 株主総会で決議がなされた後には、必ず、株主総会議事録を作成し、株主総会議事録を本店に10年間備置きし、株主および会社債権者からの閲覧請求・謄写請求に応じなければならない（318条1項・2項・4項）。

株式の関係

必須事項3 株主がその有する株式の全部または一部を第三者に譲渡する場合、譲渡を承認するか否かを決めるのは株主総会である。株主総会の決議により承認しないことを決定したときは、株主が譲渡等承認請求の手続をした日から2週間以内にその旨を通知しなければならない（145条1号）。

必須事項4 新株の発行、新株予約権の発行は原則として、株主総会の決議が必要となる。

会計の関係

必須事項5 毎年、計算書類（＝貸借対照表・損益計算書・株主資本等変動計算書・個別注記表）および事業報告とこれらの附属明細書を作成しなければならない（435条2項、計規59条1項）。

必須事項6 毎年、作成した計算書類・事業報告およびこれらの附属明細書を5年間本店に備置きし（442条1項1号）、株主および会社債権者からの閲覧請求・謄本抄本交付請求に応じなければならない（442条3項）。

必須事項7 毎年、作成した計算書類のうち、貸借対照表を積極的に公開しなければならない（440条1項・2項）。

必須事項8 正確な会計帳簿を作成し（432条1項）、10年間、保存しなければならない（432条2項）。

必須事項9 剰余金の配当（＝利益配当）を行うときは、必ず、株主総会の決議をしなければならない（454条1項）。

事業の終結の関係

必須事項10 会社の事業の全部もしくは重要な一部または支配権移転を伴う子会社株式の譲渡をする場合には、株主総会の決議が必要となる(467条1項1号〜2号の2)。

必須事項11 分割会社として吸収分割を行う場合には、株主総会の決議が必要となる(783条1項)。

必須事項12 消滅会社として吸収合併または新設合併を行う場合には、株主総会の決議が必要となる(783条1項、804条1項)。

必須事項13 解散事由がなく、自発的に会社を解散する場合には、株主総会の決議が必要となる(471条3号)。

第1節 完全一人会社　はじめに

　株式会社を設立するにあたり、最初に、株式会社の内部組織を定めなければなりません。会社法の下では、株主総会と取締役のみを内部組織とする最小型の株式会社から株主総会・取締役会・監査役会・会計監査人を備える上場会社型の株式会社まで、実に19種類の株式会社が認められています。19種類の機関構成については、1部3章2節**1**に表で示してあります。

　本章が対象とする**完全一人会社**は、機関として株主総会と取締役のみを備える株式会社であり、機関構成の組合せ表の1番目に当たります。そして、株主が1人であって、同じ人が取締役も兼ねる場合を、完全一人会社と名付けます。

第2節 設立の関係

1 設立手続 point-1 *1

(1) 設立の概要

　株式会社を設立する手続には、発起設立と募集設立があります。募集設立

は、発起人以外に、会社の株式を引き受ける者を必要とする手続なので、本書では省略します。

　発起設立の手続の概要ですが、①発起人が定款を作成する、②公証人が定款を認証する、③発起人が金銭または金銭以外の財産を会社に出資する、④設立時取締役を選任する、⑤登記所で設立の登記をする、という順になります。

(2) 定款の作成と認証

　株式会社を設立するには、最初の段階で、発起人[*2]が定款を作成し、公証人による認証を受けなければなりません。

(3) 定款の定める内容

　定款[*3]には、会社の事業の目的、会社の商号、本店所在地、設立に際して出資される財産の価額またはその最低額、および、その他の必要な事項（例えば、発行可能株式総数）を定めなければなりません（27条、下の記載例参照）。

```
定款の記載例（一部です）
（商号）
第1条　当会社は、柴田商事株式会社と称する。
（目的）
第2条　当会社は、以下の事業を営むことを目的とする。
　　1号　書籍の出版
　　2号　各種教材の製造・販売
　　3号　前各号に付帯する一切の事業
（本店の所在地）
第3条　当会社は、本店を東京都千代田区に置く。
（設立に際して出資される財産の最低額）
第4条　当会社の設立に際して出資される財産の最低額は、金1万円とする。
（公告の方法）
第5条　当会社の公告方法は、官報に掲載する方法とする。
（発行可能株式総数）
第6条　当会社の発行可能株式総数は、100万株とする。
　　　――――――　以下省略　――――――
```

[*1]　設立手続についての詳しい解説は、1部3章を参照。
[*2]　発起人についての詳しい解説は、1部3章1節を参照。
[*3]　定款についての詳しい解説は、1部3章2節を参照。

(4) 株式の非公開・取締役会の非設置

　株式会社を設立する場合、最初の段階で株式会社の基本的な骨格を定款に定めなければなりません。それは、第1に、公開会社とするか非公開会社（コラム参照）とするか、第2に、取締役会設置会社とするか取締役会非設置会社（コラム参照）とするかです。

● 公開会社と非公開会社 ●

　発行する株式の全てに譲渡制限が課されている会社を、講学上、非公開会社という。株式に譲渡制限を課すには、107条を根拠として譲渡制限を課す方法と、108条を根拠として譲渡制限を課す方法がある。後者の場合は、譲渡制限種類株式を発行することになる。いずれの場合も、定款にその旨を定めなければならない。発行する株式の少なくとも一部に譲渡制限が課されていない会社を公開会社という（2条5号）。

　完全一人会社を設立する場合は、非公開会社とし、取締役会非設置会社とすることになります。

● 取締役会設置会社と取締役会非設置会社 ●

　平成17年に会社法が制定される以前には、全ての規模の株式会社が取締役会設置会社であった。また、その当時、全ての有限会社は取締役会非設置会社であった。現在は、会社を設立する段階で、発起人（＝会社成立後の株主）達の合意により、取締役会設置会社とするか取締役会非設置会社とするかを決めることになる。取締役会設置会社においては、原則として、会社の経営に関する事項は取締役会が決定し、株主総会が関与することは制限される。これに対し、取締役会非設置会社においては、株主総会も積極的に会社の経営に関する事項について関与することができる。なお、取締役会設置会社では、取締役が3人以上必要となる。

---

(5) 監査役および会計監査人の非設置

　取締役会を設置するか否かのほかに、監査役を設置するか否か、会計参与を設置するか否か、会計監査人を設置するか否かなども定款に定めなければなりません。完全一人会社の場合、いずれも設置しないことになります。

(6) 出資と設立時取締役の選任

　発起人が金銭または金銭以外の財産を会社に出資し、定款に設立時取締役の

定めがないときは、遅滞なく、発起人が設立時取締役を選任します。次に行う設立の登記により会社が成立すると、設立時取締役は取締役になります。本章の完全一人会社の場合、設立時取締役はただ１人の株主と同一人となります。なお、金銭以外の財産を出資することを現物出資と言います[*4]。

(7) 設立の登記

以上を終えた後、登記所で**設立の登記**を行うと、株式会社が成立します。

2 定款と株式の関係 point-2

定款には、会社が将来に発行する可能性のある株式の総数としての株式総数を定めます（37条）。これを発行可能株式総数といいます。本章の完全一人会社を含む全ての非公開会社の場合、設立時には200株しか発行しなくても、将来に100万株を発行することを目指して、100万株と記載することも許されます。発行する株式として数種類の株式を発行することも可能です。非公開会社の場合、発行する株式の全てに譲渡制限の定めのあることが必要となります。

3 株式と株券 point-3

(1) 株式と株券の関係

株式[*5]と株券は異なるものです。株式は目に見えない権利の集合体と言うことができます。株式は、基本的には、会社から剰余金（利益）の配当を受ける権利、会社が解散するときに残余財産の分配を受ける権利、および、株主総会で発言し決議に参加する権利、以上の３つの権利から成り立っています。このほか現在では、株式会社制度の発展に伴い、貸借対照表などの計算書類を閲覧する権利とか取締役の責任を追及する権利などといった様々な権利が付加されています。株式を表章する有価証券が株券です。

株主になろうとする者は、金銭またはその他の財産を会社に出資します。そ

[*4] 現物出資についての詳しい解説は、1部3章2節 **2** (3)(ア)を参照。
[*5] 株式についての詳しい解説は、1部4章1節を参照。

の見返りとして、会社は目に見えない株式（権利のかたまり）を創り出し、出資した者に与えます。株式を有する者を株主と言います。現在の会社法の下では、誰が株主であるかは、原則として、株主名簿の記載によって決まります。ただし、株券を持っていれば、株主であることが推定されることになります。

(2) 株券の発行と不発行

定款に株券を発行する旨を定めた場合、公開会社であれば、会社は自発的に株主に株券を交付しなければなりません。本章の完全一人会社を含む全ての非公開会社においては、株主から株券交付の請求があるまでは、株券を交付しなくてよいことになります。定款で株券を発行する旨を定めていない場合には、株主から請求があっても株券を交付することはできません。株券を発行しない場合に、株主が、株主であることを証明する何らかのものを請求するときは、会社は**株主名簿記載事項証明書**を交付することになります（122条1項）。

4　省略事項

株式・種類株式 point-4 、および、株主の関係 point-5 は、株主が2人以上いる株式会社において問題となるので、有限会社型株式会社の章（2部3章）で解説します。

第3節　株主総会の関係

1　株主総会 point-6

(1) 定時株主総会と臨時株主総会

どのような会社でも、1年に1回は株主総会[*6]を開催しなければなりません。株主総会の決議により計算書類（貸借対照表・損益計算書など）を承認しなけれ

---

*6　株主総会についての詳しい解説は、1部7章を参照。

ばならないからです（438条2項）。この株主総会を定時株主総会といいます。定時株主総会のほか、取締役が必要と判断した場合や、一定の要件を備えた株主からの要請がある場合（297条）に、株主総会を開催することがあります。これを臨時株主総会と言います。

(2) 株主総会の開催手続の概要

株主総会は株式会社の最高決定機関ですから、本来は、開催手続や決議方法は大変に重要です。そのため、会社法は株主総会の開催手続や決議方法に関して詳細な規定を設けています。すなわち、株式会社においては取締役が株主総会の開催の日時・場所を決め、株主に対し1週間前に株主総会の招集通知を発出し、株主総会を開催することになります。

(3) 完全一人会社の株主総会

本章の完全一人会社の場合、すなわち、株主が1人で同じ人が取締役の場合、株主総会は極端に簡略化することができます。つまり、この場合には、株主総会の招集手続および株主総会の決議の全てはその人の頭の中で行われれば良いと考えられています（株主が1人の会社では、招集手続なしにいつでもどこででも株主総会が開催できると考えられています）。したがって、完全一人会社の場合、株主は、旅行先でも、新幹線の中でも、自宅にいるときでも、いつでも、どこででも思い立ったときに、株主総会を開催することが可能になります。

(4) 株主総会議事録の作成

完全一人会社の場合、株主が1人ですから、その株主は頭の中で株主総会を開催し決議を行うことができます。しかし、その場合であっても、取締役は、株主総会議事録[7]を作成し、本店に10年間備置きし、株主[8]および会社債権者からの閲覧請求・謄写請求に応じなければなりません（318条1項・2項・4項）。

株主総会議事録を作成しないとき、株主総会議事録に記載すべき事項を記載

---

[7] 株主総会議事録についての詳しい解説は、1部7章10節(3)を参照。
[8] 頭の中で株主総会決議を行った株主のみならず、その後に新たに株主となった者も株主総会議事録の閲覧請求・謄写請求ができる。

しないとき、または、虚偽の記載をしたときは、取締役は100万円以下の過料に処せられます（976条7号）。また、正当な理由なく、株主または会社債権者からの閲覧請求・謄写請求に応じないときは、取締役は100万円以下の過料に処せられます（976条4号）。

2 省略事項

少数株主の権利 point-7 は、株主が2人以上の株式会社において問題となるので、有限会社型株式会社の章（2部3章）で解説します。

第4節 取締役の関係

1 取締役の資格・任期・選任・解任・辞任 point-8

(1) 取締役の資格

非公開会社の場合、取締役[*9]になるための資格として、会社の株主であることとか、会社の株式を例えば10株以上有することなどの定めを定款に設けることができます（以下、331条2項）。

(2) 取締役の任期

取締役の任期は、定款に何も定めないときは、選任から2年間です。定款に定めを置くことにより、最長10年間までの任期を設定することができます（332条1項・2項）。

(3) 取締役の選任・解任

取締役の選任および解任は、株主総会の普通決議（定足数について特則がある）により行います（329条1項、339条1項、341条）。

[*9] 取締役についての詳しい解説は、1部8・9章を参照。

(4) 取締役の辞任

　取締役が辞任を望む場合、会社と取締役の関係は委任関係と定められていますから、取締役はいつでも自らの意思により辞任することができます。しかし、完全一人会社では取締役が1人ですから、後任の取締役が就任するまでの間、辞任した取締役は引き続き取締役としての権利を有し、取締役としての義務を負うことになります（346条1項）。

2 取締役の報酬 point-9

　取締役の報酬・賞与は、定款にその金額や金額の定め方等が定められている場合を除き、株主総会の決議により定めます（361条）。完全一人会社の場合、取締役の報酬[*10]は、取締役と同じ人である株主の頭の中で開催される株主総会の決議によって定まることになります。

3 取締役の競業行為・利益相反取引 point-10

　取締役が、会社の事業の部類に属する取引を、個人として第三者と行うときは、株主総会の承認決議が必要となります（356条1項1号）。これが取締役の競業行為[*11]についての規制です。

　取締役自身が会社と何らかの契約を締結するときは、株主総会の承認決議が必要となります（356条1項2号）。また、取締役の個人的な債務のために、会社が第三者と保証契約や連帯保証契約を締結するとき、もしくは、会社がその財産に抵当権等を設定するときは、株主総会の承認決議が必要となります（356条1項3号）。これが、取締役の利益相反取引についての規制です。

　完全一人会社の場合、上記の株主総会の決議による承認は、株主の頭の中で開催される株主総会の決議によってなされることになります。

---

*10　取締役の報酬についての詳しい解説は、1部9章1節**7**を参照。
*11　競業行為・利益相反取引についての詳しい解説は、1部9章1節**5 6**を参照。

4　会社の経営方針　point-11

　株式会社においては、原則として取締役が会社の経営方針を決定します。しかし、取締役会非設置型の株式会社の場合、株主総会が会社の経営方針に関する最高決定機関と定められています（295条1項）から、株主総会の決議によって何らかの経営方針が決定されたときは、決定された事項について、取締役は株主総会の決議に従わなければなりません。取締役会非設置会社の株主総会の権限は、株式会社の組織事項、経営事項および管理事項の全てに及びます（295条1項）。したがって、株主総会はどのような事柄についても決議（特に定めがない限り、普通決議）を行うことにより決定することができます。

　完全一人会社のように株主と取締役が同じ人の場合、株主の頭の中で株主総会を開催し、経営方針や経営に関する事項を決定することができます。株主が1人で考えて決断をすることは、あるときは株主総会の決議であり、また、あるときは取締役としての決定ということになります。

5　会社の対内的経営事項　point-12

(1)　対内的経営事項

　株式会社の経営には、対内的な経営事項と対外的な経営事項とがあります。対外的経営事項については次の**6**で解説します。

　対内的経営事項には、経営戦略・経営方針・特定のプロジェクトの決定、特定の取引や特定のプロジェクトの担当者の決定、従業員（労働者）の採用・昇進・配置・異動の決定など多くの事項があります。これらについての最終判断は、原則として、取締役が決定することになります（348条1項）。

　取締役会非設置会社では、株主総会にも経営事項の決定権が認められます。通常、会社の経営は取締役の決定により行われますが、特定の経営事項について、株主総会で何らかの決議が行われたときは、取締役は株主総会の決議に従わなければなりません。取締役は株主総会決議を遵守すべき義務を負うからです（355条）。例えば、製造業の会社の株主総会において、「当社の製品を北米に輸出することを禁止する」とする株主総会決議があったときには、取締役は

それに反する経営方針を実行することはできません。

(2) 完全一人会社の決定のあり方
　取締役会非設置会社の場合、株主総会は会社の経営方針に関する最高決定機関です。株主と取締役が同一人の場合、株主の頭の中で株主総会を開催し、経営方針や経営に関する事項を決定することができます。

6　会社の対外的経営事項および契約の締結 point-13

(1) 対外的経営事項と取引相手
　対外的経営事項は、2つの局面に分解されます。第1に、会社を取り巻く外部のいずれの法人・自然人と取引を行うかを決定するという問題があります。例えば、会社が製造した商品をどこの問屋、どこの小売店に出荷するかを決定しなければなりません。この問題は、相手方が存在しますので、価格・数量・引渡時期等について、何度も相手方と交渉を行うことが予想されますが、最終的には原則として取締役が決定します。ただし、取締役会非設置型の株式会社の場合、株主総会は会社の経営方針に関する最高決定機関ですから、株主総会の決議によって何らかの決定がなされたときは、取締役は株主総会の決議に従わなければなりません。

(2) 会社代表権の問題
　第2に、対外的経営事項については、会社内で決定された事項を、誰が相手方に伝え、契約の締結等を行うかという問題があります。株式会社は法人ですから、原則として、代表権のある取締役が行います。完全一人会社では取締役が1人ですから、当然、その取締役が代表権を有することになります（349条1項）。ここでは株主と取締役は同一人ですが、契約を締結するときは代表権のある取締役としての立場で契約締結行為を行うことになります。

7 取締役の義務および会社に対する責任 point-14

　会社法は、株主と取締役が同一人でない場合を前提として規定を設けています。会社法は、取締役が会社に対し多様な義務[*12]を負うと定めています。例えば、法令・定款・株主総会決議遵守義務（355条）、経営を行うに当たり尽くすべき善管注意義務（330条、民644条）、会社の利益を優先すべき忠実義務（355条）などです。取締役が注意を怠ること（＝過失）によりこのような義務に違反し、会社に損害が生じたときは、取締役は会社に対し損害賠償責任を負うことになります。

8 省略事項

　株主代表訴訟 point-15 、株主の差止請求権 point-16 は、株主と取締役が異なる人の場合に意味があるので、擬似一人会社の章（2部2章）で解説します。

9 取締役の責任の免除と一部免除 point-17

　株主と取締役が同一人である場合にも、観念的には 7 で述べたことが当てはまり、取締役が注意を怠ることにより義務に違反し、会社に損害が生じたときは、取締役は会社に対し損害賠償責任を負うことになります。しかし、会社に対する取締役の責任は、総株主の同意により免除することができます（424条）から、取締役としてのAが会社に対して損害賠償責任を負うことになっても、結局の所、全株式を有する株主としてのAが免除すれば、取締役としてのAの責任は消滅することになります。

10 取締役の第三者に対する責任 point-18

　上で述べたように取締役は会社に対して責任を負いますが、このほかに、職

[*12] 取締役の義務・責任についての詳しい解説は、1部9章1・2節を参照。

務を行うについて悪意または重過失があるときは、そのことによって損害を被った会社以外の第三者に対して損害を賠償する責任[*13]を負います（429条）。

例えば、会社と第三者が契約を締結しているときに会社が債務不履行を行ったとします。会社は第三者に対して債務不履行責任（＝通常は損害賠償責任）を負いますが、原則として取締役個人は責任を負いません。しかし、契約締結の時点で会社が債務を履行できなくなることを取締役が予想していた場合には、損害を被った第三者に対し取締役個人もまた損害賠償の責任を負うことがあります（429条）。

また、取締役がまじめに会社の経営を行わなかったため会社が倒産し、その結果、会社が債務不履行を行うことになり売掛代金債権等を有する第三者が損害を被ることになる場合にも、取締役個人がそのような第三者に損害を賠償する責任を負うことがあります（429条）。

なお、取締役の第三者に対する責任（429条）は、総株主（全株式を有する株主）の同意により免除することができないことに注意してください。

以上に述べたことを簡単にまとめると、完全一人会社であっても、取締役の第三者に対する責任（429条）は、大規模な株式会社における取締役の責任と同様に取締役に重く課されることになります。

11　法人格否認の法理　point-19

株式会社は法人格を有し、その株主には株主有限責任の原則が認められていますので、原則として株式会社が負担した債務は会社が有する財産を限度として責任を果たすべきことになります。しかし、正義・衡平の見地から、株式会社の背後にいて会社を操って利得している者（以下、**背後者**という）の責任を追及すべきだと考えられる場合が生じます。このとき、会社の債権者が会社の背後者の責任を追及することを可能にするのが、法人格否認の法理[*14]です。

法人格否認の法理が認められる多くの場合は、株主が1人か実質的に1人であり、株主総会を開催することなく代表取締役がワンマン経営をし、会社の財

[*13] 取締役の第三者に対する責任についての詳しい解説は、1部10章3節を参照。
[*14] 法人格否認の法理についての詳しい解説は、1部2章4節を参照。

産や利益などが代表取締役個人のそれらと区別なく混在しているような株式会社が、事実上の倒産などの理由により、契約上の債務または不法行為に基づく損害賠償債務などを履行しない場合です。会社の債権者を救済するために、法人格を否認し、背後者（多くの場合、株主である取締役）の責任を追及することになります。

学説や判例は、法人格否認の法理が適用される事例を、①法人格の濫用の事例と②法人格の形骸化の事例とに分けて考えます。なお、会社が債務を逃れるために仮装的に事業譲渡を行う場合、しばしば法人格の形骸化が認められます。

第5節 監査役

完全一人会社では監査役を設置しません。したがって、監査役 point-20 は、監査役設置会社を解説する2部4章で解説します。

第6節 計算・配当の関係

1 会計帳簿の作成・保管 point-21

会計帳簿[*15]とは、日記帳・仕訳帳・総勘定元帳などを意味します。取締役は、会社計算規則等に従って、適時に正確な会計帳簿を作成しなければなりません（432条1項）。以下に解説する計算書類は会計帳簿に基づいて作成しなければなりません（435条2項）。会社は、会計帳簿の閉鎖の時から10年間、会計帳簿および事業に関する重要な資料を保存しなければなりません（432条2項）。

---

*15 会計帳簿についての詳しい解説は、1部13章1節を参照。

❷ 計算書類等の作成・監査・確定 point-22

(1) 取締役による計算書類作成

　株式会社は、必ず、各事業年度（通常は1年）ごとに、計算書類[*16]（＝貸借対照表・損益計算書・株主資本等変動計算書・個別注記表）および事業報告ならびにこれらの附属明細書を作成しなければなりません（435条2項、計規59条1項）。これらは会社法、法務省令および企業会計原則を遵守して作成しなければなりません。

　なお、取締役がこれらの計算書類を作成するための十分な知識を持ち合わせない場合のために、会社法は、専門家である会計参与の設置を認めています。会計参与の職務は、取締役と共同して計算書類および附属明細書を作成することです。どのようなタイプの株式会社であっても、定款に定めを置くことにより、会計参与を設置することができます。会計参与については、1部12章を参照してください。

(2) 株主総会への提出

　取締役会非設置会社であって監査役も会計監査人も設置しない会社においては、監査をする人がいませんから、取締役は、自らが作成した計算書類および事業報告をそのまま定時株主総会に提出することになります（435条2項、438条1項4号）。

(3) 株主総会での承認

　取締役によって作成された計算書類（＝貸借対照表・損益計算書・株主資本等変動計算書・個別注記表）およびこれらの附属明細書は、その内容を確定するために、株主総会の承認決議が必要となります（438条2項）。事業報告については取締役がその内容を株主総会で報告することになります（438条3項）。

[*16] 計算書類についての詳しい解説は、1部13章1節を参照。

(4) 剰余金の配当

株主への配当は、上記の株主総会の承認決議を経て確定した計算書類に基づいて行われます。剰余金の配当を決めるためには、原則として株主総会の決議によって、剰余金の配当に関する議案を承認しなければなりません。剰余金の株主への配当については、1部13章4節を参照してください。

(5) 計算書類の保存

会社は計算書類を作成したときから10年間、計算書類と附属明細書を保存しなければなりません（435条4項）。

3 貸借対照表等の公告 point-23

取締役は、会社計算規則136条の定めに従い、定時株主総会の終結後遅滞なく、貸借対照表を公告[17]しなければなりません（440条1項）。公告の方法として官報または時事に関する事項を掲載する日刊新聞紙を定款に定める会社においては、貸借対照表の要旨を公告すれば良いことになります（440条2項、計規137条）。

なお、定款に公告方法として官報または時事に関する事項を掲載する日刊新聞紙を定める会社においては、定時株主総会の終結後遅滞なく、貸借対照表の内容である情報を、株主総会の終結日後5年を経過する日までの間、継続して、会社のウェブサイト上に置く措置を採ることができます（440条3項前段、計規147条）。ウェブサイト上に置く措置を採る場合、電子公告とは異なり、定款の定めも（939条参照）、電子公告調査機関による調査も不要です（939条、941条参照）が、ウェブサイトのアドレスの登録は必要です（911条3項26号）。この場合には、貸借対照表およびその要旨の公告は不要となります（440条3項後段）。

---

[17] 貸借対照表の公告についての詳しい解説は、1部13章3節を参照。

4　計算書類等の備置きおよび閲覧等　point-24

　株式会社は、①各事業年度に係る計算書類・事業報告およびこれらの附属明細書を、定時株主総会の日の1週間前の日（319条1項による株主総会決議の省略の場合には、同項の提案があった日）から5年間、②臨時計算書類をその作成日から5年間、その本店に備え置かなければなりません[*18]（442条1項）。

　会社の株主および債権者には、会社の営業時間内であれば、いつでも、計算書類等についての閲覧および謄本抄本交付の請求が認められます（442条3項）。

5　配当の定め方　point-25

　株式会社において、必ずしも、毎年株主に配当[*19]を交付する必要はありません。貸借対照表上の剰余金が少ないため分配可能額が存在しないときは、当然に配当できないことになります。また、分配可能額が存在したとしても、株主総会の決議により、当期は1株につき何円の配当をすると決議しない限り、配当はできません。また、その事業内容により、1年間とか2年間とかの存続期間で会社の解散が予定されている場合には、毎期ごとの配当をしないで、会社が解散したときに、残余財産の分配という形でそれまでに蓄積した剰余金（利益）を株主に交付することが可能です。したがって、会社が利益を得たときに、それを株主へ分配する方法としては、**剰余金の配当**によるか、または、**残余財産の分配**によるかという選択が考えられます。ただし、必ず、毎期ごとに決算を行い、株主総会の決議により剰余金を確定しなければなりません。

　なお、完全一人会社の場合、株主と取締役が同じ人ですから、課税との関係から、その人は、株主として会社から配当の形で金銭を受け取るよりも、取締役として報酬の形で金銭を受け取るほうを望むことが多いとされています。

[*18]　計算書類の備置き・閲覧等についての詳しい解説は、1部13章3節を参照。
[*19]　剰余金の配当の定め方についての詳しい解説は、1部13章4節を参照。

> ● 300万円の基準 ●
>
> 株式会社では、剰余金の分配可能額の範囲内で配当額を定めることができるが、配当した後に剰余金が300万円以上残らなければならないと定められている。貸借対照表に基づいて計算した分配可能額が301万円であれば、1万円を配当と定めることは可能だが、分配可能額が280万円の場合には、配当はできないことになる。

第7節　株主の変動の関係

1　株主の変動　point-26

　株主の変動とは、完全一人会社の場合には、第1に、現在、会社の株式の全部を有する株主Aが、その全株式を、ほかの人Bもしくは法人Cに譲渡することが考えられます。株式の譲渡により、株主と取締役が同じ人でないことになれば、本書でいう完全一人会社ではなくなります。第2に、現在、会社の株式の全部を有する株主Aが、その株式の一部（例えば、100株のうちの40株）を、ほかの人Bもしくは法人Cに譲渡することが考えられます。これらについては、**株式の譲渡**として以下に解説します。第3に、株主Aの有する株式には変動がなく、BもしくはC法人のために、会社が新たに株式を発行してこれをBもしくはC法人に与えることが考えられます。これについては、**新株の発行**として以下に解説します。第2、第3のどちらの場合でも、本書でいう完全一人会社ではなくなります。

2　株式の譲渡　point-27　[20]

　ほとんどの中小規模の株式会社は非公開会社です。非公開会社であるためには、発行する株式の全てに譲渡制限の定めを置かなければなりません。方法は2つあります。第1は、発行する全ての株式に譲渡制限を課す旨を定款に定め

---

[20]　株式の譲渡についての詳しい解説は、1部5章3節を参照。

る方法です(107条1項1号)。第2は、何種類かの種類株式を発行することを将来の計画とし、それぞれの種類株式の性質として譲渡制限を課す旨を定款に定めておく方法です(108条1項4号)。

　譲渡制限株式(107条1項1号所定の譲渡制限株式と108条1項4号所定の譲渡制限種類株式を合わせて譲渡制限株式という(2条17号))を譲渡する場合の手続ですが、原則として、株主名簿上の現在の株主が、その有する株式の中から株式何株を誰に譲渡したいとしてその承認を求める旨を会社に通知することになります。承認するかしないかは株主総会の決議で決めます。ただし、2週間以内に、承認しない旨の通知を発しないときは、会社が承認したものとみなされてしまいます。手続は複雑ですので、1部5章3節**3**(2)の譲渡制限株式の譲渡の手続の図を参照してください。もっとも、完全一人会社の場合には、株式を譲渡したいとする株主と、株主総会を頭の中で行う株主が同じ人になりますから、手続のほとんどは、その株主の頭の中で行われることになります(株主が1人の会社では、招集手続なしにいつでもどこででも株主総会を開催できると考えられています)。

3 新株の発行 point-28

　新株を発行[*21]する場合、株主となる者(=株式を受け取る者)は出資をしなければなりません。出資は多くの場合に金銭ですが、設立時と同様、金銭以外の出資(=現物出資)も認められます。新株を発行するためには、原則として、株主総会の特別決議(コラム参照)が必要となります。たまたま、会社が自己株式を有するときに、出資する者に対して会社がその自己株式を交付する場合にも、株主総会の特別決議が必要になります。

　完全一人会社の場合、株主と取締役が同じ人ですから、株主総会は極端に簡略化することができ、株主総会の手続、開催、決議は全て、その人の頭の中で行われれば良いことになります。

---

*21　新株の発行についての詳しい解説は、1部15章を参照。

> ● 株主総会の普通決議と特別決議 ●
>
> 　普通決議は、定款に別段の定めがある場合を除き、議決権を行使できる株主の議決権の過半数を有する株主が株主総会に出席することにより株主総会が成立し（定足数＝株主総会成立要件）、その出席した株主の議決権の過半数の賛成により決議が成立する（＝決議成立要件、309条1項）。なお、定款の定めにより、定足数要件を排除することができる。
>
> 　特別決議は、議決権を行使できる株主の議決権の過半数を有する株主が株主総会に出席することにより株主総会が成立し（定足数＝株主総会成立要件）、出席した株主の議決権の3分の2以上の多数の賛成により決議が成立する（＝決議成立要件、309条2項）。なお、定款に定めを置くことにより定足数を緩和できるが、その場合でも、定足数を議決権を行使できる株主の議決権の3分の1未満に引き下げることはできない（309条2項）。

4　新株予約権

　新株予約権 point-29 は、多くの場合、株主と取締役が異なる人の場合に利用されるので、擬似一人会社の章（2部2章）で解説します。

第8節　組織再編等および解散・清算

1　合併・会社分割・事業譲渡等 point-30

　会社が合併を行う場合、会社分割を行う場合、株式交換・株式移転を行う場合、その事業の全部を譲渡する契約を締結する場合、事業の重要な一部を譲渡する契約を締結する場合、他の会社の事業の全部を譲り受ける契約を締結する場合などには、原則として、株主総会の特別決議が必要となります。合併についての詳細は1部17章、会社分割についての詳細は1部18章、株式交換・株式移転についての詳細は1部19章、事業譲渡等についての詳細は1部20章を参照してください。

2 解散・清算 point-31

　会社が事業活動を停止し、会社としての存在を消滅させるときは、会社は解散をし、清算[*22]をしなければなりません。会社は、いくつかの解散事由により解散することになりますが、自発的に解散するときは、株主総会の特別決議が必要となります。

　株主が1人の株式会社では、その者が頭の中で株主総会を開催し、会社解散の特別決議を行えば足りることになります。このように、解散は簡単にできますが、それに続く清算は債権者の利害が絡むので、厳格な法定手続に従って行われなければなりません。清算の手続では、会社の全ての財産を現金化し、会社の全ての債務を弁済します。その後に残る財産を**残余財産**といいます。残余財産が残るときは、残余財産は原則として株式数に比例して株主に分配されます。完全一人会社の場合、株主は1人しかいませんから、残余財産の全部は1人の株主に分配されることになります。

---

*22　解散・清算についての詳しい解説は、1部21章を参照。

第 2 章

擬似一人会社

　本章の**擬似一人会社**とは、非公開会社である取締役会非設置会社であって、取締役1人、株主1人の株式会社であるが、取締役と株主が異なる人である株式会社をいう。資本金の額については、完全一人会社の冒頭の解説を参照されたい。

```
┌─ 擬似一人会社 ──────────────┐
│ ・非公開会社                    │
│ ・取締役会非設置会社            │
│ ・資本金1万円                   │
│ ・取締役1人（P）、株主1人（A）  │
│ ・取締役と株主が同じ人でない場合│
└────────────────────────────────┘
```

株主、取締役などが知っておくべき必須事項

　擬似一人会社における必須事項は、全て完全一人会社の必須事項と同じである。

第1節　擬似一人会社　はじめに

　本章が対象とする**擬似一人会社**の機関構成は、機関構成の組合せ表（1部3章2節**1**）の1番目の株式会社に当たります。つまり、機関としては、株主総会と取締役のみを備えます。そして、株主が1人で取締役も1人ですが、株主と取締役は同じ人ではありません。この点が、完全一人会社との相違点となり

ます。

第2節 設立の関係

設立の関係ですが、擬似一人会社においては、設立手続 point-1 、定款と株式の関係 point-2 、株式と株券 point-3 は、完全一人会社の各 point と同様になります。また、株式・種類株式 point-4 、および、株主の関係 point-5 は、株主が2人以上の株式会社において問題となるので、有限会社型株式会社の章（2部3章）で解説します。

第3節 株主総会の関係

1 株主総会 point-6

株主総会 point-6 の関係ですが、(1)定時株主総会と臨時株主総会、および、(2)株主総会の開催手続の概要は、完全一人会社の株主総会 point-6 の(1)および(2)と同様になります。(3)擬似一人会社の株主総会、および、(4)株主総会議事録の作成は、株主と取締役が同じ人ではないことから、内容が異なることになります。したがって、ここでは、(3)と(4)を解説します。

(1) 定時株主総会と臨時株主総会

完全一人会社の株主総会 point-6 の(1)と同様です。

(2) 株主総会の開催手続の概要

完全一人会社の株主総会 point-6 の(2)と同様です。

(3) 擬似一人会社の株主総会

2部1章で解説したように、完全一人会社の場合には、株主の頭の中で株主

総会の全ての手続を行うことができましたが、株主が1人で取締役が別の人である擬似一人会社の場合には、そのようにはなりません。株主が1人で取締役が別の人の場合、本来は、取締役が株主総会の日時・場所を定め、株主に株主総会の招集通知を発出し、株主総会を開催することになります[*1]。株主は1人ですから、その者が出席すれば株主総会が成立し、その者が出席しなければ株主総会は成立しません。このほか、1人しかいない株主が、招集手続不要として、いきなり株主総会を開催することも可能です。法律上は、株主全員の同意による招集手続の省略[*2]された株主総会の開催ということになります（300条）。

　株主総会においては、株主は1人ですから、その者が賛成すれば議案は成立し、その者が反対すれば議案は不成立となります。株主と取締役が別人ですから、株主は議題に関連した事柄について、取締役に対し説明を求めることができます。法律上、株主総会において株主が適法に説明を求めた場合、取締役はこれに答えなければなりません[*3]。

(4) 株主総会議事録の作成

　株主が1人の場合でも、取締役は株主総会議事録を作成し、本店に10年間備置きし、株主[*4]および会社債権者からの閲覧請求・謄写請求に応じなければなりません（318条1項・2項・4項）。株主総会議事録を作成するのは、株主ではなく、取締役です。したがって、株主が、招集手続の省略された株主総会を頭の中で開催し決議を行った場合、株主は、取締役が株主総会議事録を作成できるように、決議された内容を示さなければならないといえます。

　株主総会議事録を作成しないとき、不実記載等をしたとき、また、株主・会社債権者からの閲覧請求等に応じなかったときの取締役の過料の制裁については、完全一人会社の解説と同様になります。

[*1] 株主総会の招集通知等についての詳しい解説は、1部7章4節を参照。
[*2] 招集手続の省略についての詳しい解説は、1部7章4節(7)を参照。
[*3] 取締役の説明義務についての詳しい解説は、1部7章9節を参照。
[*4] 株主総会後に、新たに株主となった者も株主総会議事録の閲覧請求・謄写請求ができる。

2 省略事項

　少数株主の権利 **point-7** は、株主が2人以上の株式会社において問題となるので、有限会社型株式会社の章（2部3章）で解説します。

第4節 取締役の関係

1 完全一人会社と同様となる事項

　取締役の関係ですが、取締役の資格・任期・選任・解任・辞任 **point-8** 、取締役の報酬 **point-9** 、取締役の競業行為・利益相反取引 **point-10** についての概要は、完全一人会社の各pointと同様になります。

　会社の経営方針は、原則として取締役が決定するのですが、擬似一人会社は取締役会非設置会社ですから、取締役と異なる人である株主が株主総会の決議を通じて会社の経営方針に関与することができます。そして、擬似一人会社においては、場合によっては、取締役の経営方針と株主の経営方針（株主は株主総会の決議によって経営方針を定めることができる）が対立することが考えられます。この点は、完全一人会社と決定的に異なる部分です。そのため、新たな解説が必要になります。

2 会社の経営方針 **point-11**

(1) 株主と取締役における経営方針の衝突

　株式会社においては、原則として取締役が会社の経営方針を決定します。しかし、取締役会非設置型の株式会社の場合、株主総会は会社の経営方針に関する最高決定機関と定められており、株主総会の権限は株式会社の組織事項、経営事項および管理事項の全てに及びます（295条1項）。したがって、株主総会の決議によって何らかの経営方針が決定されたときは、決定された事項について、取締役は株主総会の決議に従わなければなりません。

完全一人会社のように株主と取締役が同一の場合、株主の頭の中で株主総会を開催し、経営方針や経営に関する事項を決議することができます。それが、あるときは株主総会の決議であり、また、あるときは取締役としての決定ということになります。これに対し、擬似一人会社のように株主と取締役が同じ人でない場合、経営方針の決定に関して新たな問題が生じます。

株主と取締役が同じ人でない場合、経営の決定権限の所在は以下の3通りのいずれかになります。

(ア) 経営に関する決定は全て取締役が行うと株主が決めている場合

この場合、取締役は、会社法の定める様々な義務、例えば、法令・定款・株主総会決議遵守義務[*5]（355条）、経営を行うに当たり尽くすべき善管注意義務（330条、民644条）、会社の利益を優先すべき忠実義務（355条）などを遵守しながら、経営に関する決定を行うことになります。取締役が注意を怠ること（＝過失）によりこのような義務に違反し、会社に損害が生じたときは、取締役は会社に対し損害賠償責任を負うことになります。また、取締役は、職務を行うについて悪意または重過失があるときは、そのことによって損害を被った会社以外の第三者に対して損害賠償責任を負うことになります（429条）。

(イ) 経営に関する決定は全て株主総会決議により決定すると株主が決めている場合

この場合、取締役は何らかの決定をしなければならないときは、常に株主に伺いを立て、株主総会を開催し株主総会決議により当該経営問題を決定し、取締役はその決議に従って経営を行うことになります。擬似一人会社の場合、株主は1人ですから、必要に応じてただちにその場で株主総会を開催し決議をすることが可能です。

(ウ) 経営に関する決定は、原則として取締役が行うが、必要に応じて株主総会決議により決定すると株主が決めている場合

実際の多くの擬似一人会社では、このようになることが多いと考えられます。つまり、日常的な経営上の問題については、取締役が自らの判断により、会社法の定める様々な義務、例えば、法令・定款・株主総会決議遵守義務（355

[*5] 取締役の法令・定款・株主総会決議遵守義務についての詳しい解説は、1部9章1節**1**を参照。

条)、経営を行うに当たり尽くすべき善管注意義務（330条、民644条）、会社の利益を優先すべき忠実義務（355条）などを遵守しながら、経営に関する決定を行うことになります。ただし、株主が特に重要と判断した事項や、株主が自ら意図する経営方針を押し通したいときは、株主総会を開催し、そこで問題の事項について決議をすることにより、株主の見解が会社の経営方針として貫かれることになります。取締役は、株主総会決議を遵守すべき義務を負うため、株主総会の決議に従わなければなりません。

(2) 株主総会決議の効力

株主と取締役が同じ人でない場合、経営方針について、株主と取締役が実際に意見交換を行う必要が生じると思われます[*6]。このとき、取締役としては、株主と雑談をしているのか、会社としての決定事項について真剣に議論しているのかが判明しないと困りますから、何らかの形で、株主総会を開催する旨および株主総会として決議された旨を、取締役に明確に表明することが、株主に求められます。また、取締役は、その都度、株主の表明した見解が、株主個人の意見であるか、株主総会の決議としての見解であるかを確認しなければならないことになります。

株主総会において経営方針が決議された場合、取締役はその決議を遵守する義務を負います（355条）から、取締役は株主総会で決議された事項に抵触することを決定したり実行したりすることは許されません。取締役の決定や業務の執行行為が株主総会の決議に抵触するときは、任務懈怠となります。

(3) 取締役をコントロールする方法

取締役が株主総会の決議内容に従わない場合、株主はどのように対処することができるかという問題があります。

第1に、取締役が株主総会の決議内容に反する行動をする場合、株主は、取締役の行為の差止めを求めて裁判所に訴えを提起することができます[*7]。

[*6] 取締役のいないところで、株主が株主総会を開催し、一定の経営方針等を株主総会決議により決定し、後に、その結果だけを取締役に通知することも考えられる。この場合、取締役は、株主総会で決定された経営方針の枠内で最善の経営をしなければならない。

[*7] 取締役に対する差止請求についての詳しい解説は、1部10章2節**3**を参照。

第2に、株主総会の決議内容を実行しない取締役に対して、株主は、株主総会の決議により、ただちに取締役を解任することができます[*8]。

第3に、株主総会の決議内容に取締役の行為が違反し会社に損害が生じた場合、会社は当該取締役に損害賠償を請求することができます[*9]。

第4に、第3の場合に、株主は取締役に対して株主代表訴訟を提起することができます[*10]。

したがって、前述したように、取締役は株主総会の決議内容に反して行動することはできないことになります。

3 会社の対内的経営事項 point-12

会社の対内的経営事項 point-12 については、完全一人会社の会社の対内的経営事項 point-12 と同様になります。ただし、株主総会を行う株主と取締役が別人のために生ずる問題があることは、前述したとおりです。

4 会社の対外的経営事項および契約の締結 point-13

会社の対外的経営事項および契約の締結 point-13 については、(1)対外的経営事項と取引相手、および、(2)会社代表権の問題は、完全一人会社の対外的経営事項および契約の締結 point-13 の(1)(2)と概ね同様ですが、若干、異なります。なお、擬似一人会社では、新たに(3)代表権についての制限が重要になります。

(1) 対外的経営事項と取引相手

これは、完全一人会社の会社の対外的経営事項および契約の締結 point-13 の(1)と同様になります。

なお、株主と取締役が同じ人でない場合、株主総会の決議がなされない問題については、取締役が独断で決定をすることができ、株主のコントロールが及

[*8] 取締役の解任についての詳しい解説は、1部8章1節**6**(4)を参照。
[*9] 会社に対する取締役の損害賠償責任についての詳しい解説は、1部9章2節**2**を参照。
[*10] 取締役に対する代表訴訟の提起についての詳しい解説は、1部10章2節**1**を参照。

ばないように思われます。しかし、やはり株主は株主総会の決議を通じて取締役をコントロールすることができます。なぜなら、株主は、指示に従わない取締役を株主総会の決議により解任することができるからです。もちろん、解任という形をとらずに、株主は株主総会の決議を通じて経営に関与し、取締役をコントロールすることもできます。

(2) 会社代表権の問題

完全一人会社の会社の対外的経営事項および契約の締結 point-13 の(2)と同様になります。

(3) 代表権についての制限

定款の定め、または、株主総会の決議により、取締役の代表権に制限を課すことができます。いずれも、取締役はそれらを遵守する義務を負いますから、遵守しないときは、会社に対し423条の任務懈怠責任が生じます。もっとも、そのような取締役が定款や株主総会決議等による制限を逸脱して第三者と契約を締結した場合、制限があることについて第三者が善意（＝当該取締役の代表権に制限があることを知らない第三者）であれば、会社は当該第三者に対して代表権に制限があったことを主張できず、契約は有効に成立します（349条5項）。

5 取締役の義務および会社に対する責任 point-14

取締役の義務および会社に対する責任 point-14 は、完全一人会社の取締役の義務および会社に対する責任 point-14 と同様になります。

6 株主代表訴訟 point-15

取締役が任務懈怠等により会社に損害を生じさせその損害賠償責任を負った場合、現実に会社がその責任を追及するためには、会社が取締役に対し損害賠償請求の意思表示をし、さらには、裁判所に訴えを提起しなければなりません[*11]。しかし、この会社では、訴えを提起するか否かの決定を行うのは、その取締役で

す。仮に、株主総会において取締役に対し損害賠償請求の意思表示をし、または、裁判所に訴えを提起することを決議したとしても、実際に取締役が訴えを提起するといった行為しなければ、訴えを提起したことにはなりません。形式的には、取締役が会社を代表して、自らに対して損害賠償請求の訴えを提起することになるのですが、実質的には自分で自分を訴えることになるので、通常は考えられません。そこで、株主は、会社に代わって取締役の責任追及の訴えを提起することが認められています（847条）。

7　株主の差止請求権 point-16

例えば、取締役があやしげな投資話に会社の多額の資金を投じようとしていたり、いわゆる仕手株の値上がりを期待して会社の多額の資金を株に投資しようとしているようなときは、株主は、裁判所に訴えを提起して、その行為の差止めを求めることができます[*12]。監査役設置会社では、会社に「回復することができない損害」が生ずるおそれがあることが要件ですが、監査役を設置しない会社では、会社に「著しい損害」が生ずるおそれがあれば、株主は差止めを求めることができます（360条）。

8　取締役の責任の免除と一部免除 point-17

取締役の責任の免除には、責任全部の免除と一部免除[*13]があります。第1に、総株主の同意により、取締役の会社に対する責任を全額免除することができます（424条）。第2に、取締役の責任の一部免除として、株主総会の特別決議により、取締役の会社に対する責任について、最低責任限度額を残して免除することができます（425条）。

取締役が法令・定款等の不遵守や任務懈怠により会社に損害を発生させた場合、取締役は会社に対して損害賠償責任を負います（423条）。しかし、いった

---

*11　株主代表訴訟についての詳しい解説は、1部10章2節❶を参照。
*12　取締役に対する差止請求についての詳しい解説は、1部10章2節❸を参照。
*13　取締役の責任の免除、責任の一部免除についての詳しい解説は、1部10章1節を参照。

ん発生した取締役の会社に対する責任は、総株主の同意により免除することができます（424条）。したがって、例えば、取締役が会社に対して損害賠償責任を負う場合、完全一人会社および擬似一人会社では1人の株主が総株主ですから、その株主が取締役の責任を免除すれば責任は消滅することになります。しかし、擬似一人会社では株主と取締役は別の人ですから、株主が責任の免除をしないときは、取締役の損害賠償責任は消滅しません。取締役の損害賠償責任が消滅するかしないかは、株主の判断に従うことになります。

9 取締役の第三者に対する責任 point-18

取締役の第三者に対する責任[*14] point-18 については、完全一人会社の取締役の第三者に対する責任 point-18 と同様になります。取締役が職務を行うにつき悪意または重過失があって第三者に損害をもたらした場合、取締役はその第三者に対して損害賠償責任を負います（429条）。本章の擬似一人会社では取締役と株主とが別人ですから、この場合、株主は責任を負いません。

10 法人格否認の法理 point-19

法人格否認の法理 point-19 については、完全一人会社の法人格否認の法理 point-19 と同様になります。

なお、株主と取締役が同じ人でない擬似一人会社の場合、法人格否認の法理は極めて重要になります。例えば、擬似一人会社において、取締役があまり財産を持たない、いわゆる「雇われ取締役」だとします。この場合、取締役個人の責任を追及しても、あまり多額の損害賠償を得ることはできません。会社が契約上の多額の債務を履行しない場合や不法行為に基づく巨額の損害賠償債務を履行しない場合などには、①法人格の濫用、または、②法人格の形骸化、のいずれかが認められ、株主が会社の背後にいて会社を操っていたことが認められれば、債権者は法人格否認の法理により、背後者である株主の責任を追及す

[*14] 取締役の第三者に対する責任についての詳しい解説は、1部10章3節を参照。

ることができます。

第5節 監査役

擬似一人会社では監査役を設置しません。したがって、監査役 point-20 は、監査役設置会社を解説する2部4章で解説します。

第6節 計算・配当の関係

計算・配当の関係ですが、擬似一人会社においては、会計帳簿の作成・保管 point-21 、計算書類等の作成・監査・確定 point-22 、貸借対照表等の公告 point-23 、計算書類等の備置きおよび閲覧等 point-24 、配当の定め方 point-25 は、完全一人会社の各pointと同様になります。

第7節 株主の変動の関係

■1 完全一人会社と同様になる事項

擬似一人会社においては、株主の変動 point-26 、株式の譲渡 point-27 、新株の発行 point-28 は、完全一人会社の各pointと同様になります。

■2 新株予約権（ストックオプションとしての新株予約権） point-29

取締役、会社の使用人などに成功報酬の意味で、いわゆるストックオプションとしての新株予約権[15]を与えることがあります。この場合、通常、無償で

---

*15 新株予約権についての詳しい解説は1部16章を参照。

与えることが多いといわれます。

　新株予約権を発行するにあたり、非公開会社では株主総会の特別決議により募集事項を定めなければなりません（238条2項、309条2項6号）。なお、株主総会の特別決議により、一定の制限の下に、新株予約権の募集事項の決定を取締役に委任することができます（239条1項）。委任できる期間は1年間です（239条3項）。

　新株予約権の目的である株式が譲渡制限種類株式の場合、当該新株予約権に関する募集事項の決定については、当該種類株主を構成員とする種類株主総会の決議を要しない旨の定款の定めがある場合を除き、当該種類株主総会の決議が必要となります（239条4項）。

第8節　組織再編等および解散・清算

　組織再編等の関係ですが、擬似一人会社においては、合併・会社分割・事業譲渡等 point-30 は、完全一人会社の point-30 と同様になります。

　解散・清算の関係ですが、擬似一人会社においては、解散・清算 point-31 は、完全一人会社の point-31 と同様になります。

第 3 章

有限会社型株式会社

　本章の**有限会社型株式会社**とは、非公開会社である取締役会非設置会社であって、取締役1人、株主2人以上の株式会社をいう。ちなみに、株主の数は2人以上であれば、100人以上でも同じ原理に服することになる。資本金の額については、完全一人会社の冒頭の解説を参照されたい。

　なお、有限会社の取締役および株主について簡単に触れておく。昭和13年（1938年）に制定された有限会社法においては、平成2年（1990年）まで、取締役の数は1人以上、株主（有限会社法の下では、株主ではなく社員とされた）の数は2人以上と定められていた。取締役の数として1人でない場合が認められていたのであるから、本章の会社とは、少し異なることになる。したがって、取締役の数を考慮すれば、本章の会社は、「1人取締役・有限会社型株式会社」と言うべきかもしれない。しかし、現実に存在した多くの小規模な有限会社では、取締役の数は1人だったと思われる。したがって、本書では、本章の会社の特徴を捉えて、**有限会社型株式会社**と称することにしたい。なお、有限会社については、平成2年有限会社法改正により、株主の数が1人の有限会社も認められることとなった。また、有限会社法は株主（社員）の数を50人以内と制限していた（有限会社法8条1項）。

　さらに付言すると、有限会社においては監査役の設置は任意とされていた。この点、多くの有限会社では、監査役は設置していなかったと思われるので、本章の会社を有限会社型株式会社と称してもあまり違和感は無いものと考える。平成17年の会社法の制定に伴い、有限会社法は廃止された。したがって、現在では、新たに有限会社を設立することはできない。なお、現に存在する特例有限会社については、1部1章1節の有限会社のコラムを参照されたい。

以下では、煩雑さを避けるために、本章の会社について**有限型**という略称も使用する。

```
┌─ 有限会社型株式会社 ──────────┐
│ ・非公開会社                    │
│ ・取締役会非設置会社            │
│ ・資本金1万円                   │
│ ・取締役1人（A）または（P）     │
│ ・株主2人（A＋B）または2人以上  │
└────────────────────────────────┘
```

> 株主、取締役などが知っておくべき必須事項

有限会社型株式会社における必須事項は、全て完全一人会社の必須事項と同じである。

第1節 有限会社型株式会社 はじめに

本章が対象とする**有限会社型株式会社**の機関構成は、機関構成の組合せ表（1部3章2節**2**）の1番目の株式会社に当たります。つまり、機関としては、株主総会と取締役のみを備えます。取締役は1人ですが、株主が2人以上いる株式会社です。取締役が株主の1人と同じ人の場合もあり、また、取締役が株主ではない場合もあります。株主が2人以上になる点が、完全一人会社や擬似一人会社と大きく異なる点です。株主が2人以上になることにより、株主総会を1人の株主の頭の中で開催することができなくなり、また、株主総会としての意思の決定が現実に開催される株主総会を通じてなされることとなり複雑になります。

第2節 設立の関係

設立の関係ですが、有限会社型株式会社においては、設立手続 `point-1`、定

款と株式の関係 point-2 、株式と株券 point-3 は、完全一人会社の各pointと同様になります。

第3節 株式・種類株式

1 株式・種類株式 point-4

　会社の発行する株式の全部を1人（自然人または法人）が有する場合については、完全一人会社（2部1章）および擬似一人会社（2部2章）で解説しました。本章では、株主が2人の場合に新たに生ずる問題を解説します。なお、解説の便宜上、株主が2人の場合を想定しますが、ここで解説する内容は、株主が2人より多い場合にも通用します。

(1) 株主名簿の作成

　取締役は株主名簿[*1]を作成しなければなりません。株主が1人であっても株主名簿を作成しなければならないのですが、1人の株主が会社の発行している全ての株式を有する場合、株主名簿が作成されなくても、実務上ほとんど問題は生じません。

　しかし、株主が2人またはそれより多くなると、それぞれの株主がどのような種類の株式を有するか、また、それぞれの株主がどのような種類の株式を何株有するかを明確にする必要が生じます。そのために、株主名簿の作成が必要になります。会社は株主名簿を書面または電磁的記録により作成しなければなりません（121条）。

　なお、会社法は、書面については「記載する」、電磁的記録については「記録する」というように言葉を分けて使います。本書では、書面と電磁的記録の両者が認められる場合には、原則として、書面を作成することとし、電磁的記録についての言及を省略します。

---

*1　株主名簿についての詳しい解説は、1部5章1節を参照。

株主名簿に記載すべき事項は、①株主の氏名または名称および住所、②各株主の有する株式の数、種類株式発行会社にあっては株式の種類および種類ごとの数、③各株主が株式を取得した日、ならびに、④会社が株券発行会社である場合には各株主の有する株式（株券が発行されているものに限る）に係る株券の番号等です（121条）。

株主名簿は会社の本店に備え置かれ、株主および会社債権者は請求の理由を明らかにして閲覧・謄写を請求することができます（125条2項）。

(2) 株式の数と種類の問題

株主が2人（解説の便宜上、株主2人の場合を想定しますが、ここで解説する内容は、株主が2人より多くの場合にも通用します）の場合には、いくつかの複雑な問題が生じることになります。

(ア) 第1に、会社が1種類の株式だけを発行する場合に、株主Aと株主Bがそれぞれ何株を有するかに関係して問題が生じます。

(a) 株主が2人以上いる場合、株主全体の意思の決定は、原則として株主総会の決議によって行われます。特別な種類株式を除けば、原則として1株式に1つの議決権が備わります。したがって、株式1株を有する株主は1議決権を有し、株式2株を有する株主は2議決権を有することになります。

取締役の選任や解任、剰余金の配当およびその額などは株主総会の普通決議によって決定されます。株主総会の普通決議は、株主総会に参加した株主の有する議決権総数の過半数の賛成により成立します。したがって、株主Aと株主Bの2人だけがいる株式会社において、株主Aが50％より多くの株式を有し、株主Bが50％より少ない株式を有する場合には、株主総会の普通決議で決すべき事項は、Aが賛成すれば成立し、Aが反対すれば成立しないことになります。なお、株主Aが50％の株式を有し、株主Bも50％の株式を有する場合には、株主総会の普通決議で決すべき事項は、Aだけが賛成しても、また、Bだけが賛成しても決議は成立しないことになり、AおよびBが賛成したときに限り、成立することになります。

> ● **株主総会の普通決議と特別決議** ●
>
> 　普通決議は、定款に別段の定めがある場合を除き、議決権を行使できる株主の議決権の過半数を有する株主が株主総会に出席することにより株主総会が成立し（定足数＝株主総会成立要件）、その出席した株主の議決権の過半数の賛成により決議が成立する（＝決議成立要件、309条1項）。なお、定款の定めにより、定足数要件を排除することができる。
>
> 　特別決議は、議決権を行使できる株主の議決権の過半数を有する株主が株主総会に出席することにより株主総会が成立し（定足数＝株主総会成立要件）、出席した株主の議決権の3分の2以上の多数の賛成により決議が成立する（＝決議成立要件、309条2項）。なお、定款に定めを置くことにより定足数を緩和できるが、その場合でも、議決権を行使できる株主の議決権の3分の1未満に定足数を引き下げることはできない（309条2項）。

(b)　株主Aと株主Bの2人だけがいる株式会社において、株主Aが50％より多くの株式を有し、株主Bが50％より少ない株式を有する場合には、株主総会で決議すべき事項は、株主Aの意向のみで結論が決まるということができます。しかし、完全一人会社や擬似一人会社の場合と異なり、AのほかにBという株主がいますから、無駄な手続に思えますが、有限会社型株式会社では、原則として、実際に株主総会を開催して決議を行わなければなりません。

(c)　株主が1人の株式会社の場合（完全一人会社・擬似一人会社）には株主総会の開催および決議は当該株主の頭の中で行えば良いと考えられたのですが、株主が2人以上いる株式会社では、株主総会は実際に具体的な場所で開催されなければなりません。当然に、株主総会の招集手続も会社法の定めを厳格に遵守して行わなければなりません。

(d)　なお、319条は、株主総会の決議の省略という例外的措置を定めています。これは、株主総会で決議すべき事項について、株主の全員が当該議案について同意する旨を書面・電磁的記録により示したときは、株主総会が開催され決議があったものとみなすという規定です。確かに、株主全員の同意が上記の方法により示されたときは、株主総会の決議があったものとみなされますが、株主の1人でも同意しないときには、この方法は利用できません[*2]。

---

*2　株主総会の決議の省略についての詳しい解説は、1部7章5節**2**(5)を参照。

(イ)　第2に、会社が2種類以上の株式を発行する場合に、甲種類株式を有する株主Aと乙種類株式を有する株主Bの権利の相違の問題が生じます。

(a)　株式会社は、定款で定めることにより、108条が定める種類株式を発行することができます。さしあたり特に重要な種類株式[*3]は、議決権制限株式と取締役選任権付種類株式でしょう。

(b)　非公開会社に限り、取締役選任権付種類株式を発行することができます(108条1項9号)。取締役選任権付種類株式を発行するときは、その定め方によりいろいろな変種が考えられますが、基本的には、例えば、「当社の取締役は、取締役選任権付種類株式を有する種類株主によって構成される種類株主総会において選任される。」といった定めが定款に記載されることになります。その場合、その会社の取締役を選任するのは、取締役選任権付種類株式を有する種類株主によって構成される種類株主総会の決議によることになり、通常の株主総会では取締役を選任することができません。会社の実態が、株主Aが取締役として1人で事業を運営し、株主Bは資金援助だけを行うということであれば、株主Aだけが取締役選任権付種類株式を有し、株主Bがそうでない株式を有することにより、以後、会社の取締役の選任(および解任)は株主Aだけが構成する種類株主総会において行われることになります。つまり、Aの意思だけ取締役を決定できることになります。

(c)　議決権制限種類株式は、定款の定めに従って、議決権が制限される種類株式です。例えば、剰余金の配当に関する議案については議決権を有しないとか、定款変更の議案については議決権を有しないと定められます。したがって、剰余金の配当の議案について承認の決議を行う場合に、株主Aが議決権制限のない株式を有し、株主Bが剰余金の配当に関する議案について議決権を有しないとする議決権制限種類株式を有する場合、同日の株主総会において、例えば、取締役の報酬の議題と剰余金の配当に関する議題が審議される場合、前者については、株主Aと株主Bの議決権の合計数の過半数が賛成すれば決議が成立し、後者については、株主Aの議決権の総数の過半数が賛成すれば決議が成立することになります。

[*3]　種類株式についての詳しい解説は、1部4章2・3節を参照。

(ウ) 第3に、第1の問題（ア）と第2の問題（イ）が交錯した問題が生じます。これについては、上述したところの応用となります。

2 株主の関係 point-5

(1) 株主ごとの特別な定め

　非公開会社に限り、剰余金配当請求権、残余財産分配請求権、または、議決権に関する事項について、その有する株式の数に関わらず、株主ごとに異なる取扱いをする旨を定款で定めることができます（105条1項、109条2項）。これは、有限会社法39条1項、44条、73条についての解釈を引き継いだものです。このような定款の定めを新設または変更する株主総会の決議は、総株主の半数以上（定款でこれを上回る割合を定めることができる）、かつ、総株主の議決権の4分の3以上（定款でこれを上回る割合を定めることができる）の賛成が必要です（309条4項）。

　例えば、剰余金配当請求権については、持株数の割合に関わらず全株主の剰余金配当額を頭割りで同額とする旨の定めや、特定の株主の剰余金配当請求権をその持株数の割合以上に優遇する旨の定めなどが認められます。残余財産分配請求権についても同様に解されます。議決権については、持株数に関わりなく1人1議決権とする旨の定めや、特定の株主についてその持株数に関わりなく一定数の議決権を認める旨の定めが認められます（109条2項）。つまり、株主が有する株式の数に関わりなく、それとは比例せずに、株主総会における議決権、剰余金配当請求権、残余財産分配請求権について、株主ごとに異なる取扱いをする旨を定款で定めることができます。例えば、AとBがそれぞれ100株ずつ所有する場合に、株主総会における議決権数として、Aが150個、Bが50個とする旨を定款で定めることができます。

　定款に上記の定めがある場合には、当該株主が有する株式はその権利に関する事項について内容の異なる種類株式（108条）とみなされ、会社法第2編および第5編の規定が適用されることになります（109条3項）。

(2) 相続人からの株式取得の問題

非公開会社に限り、株主が死去したとき、その相続人から会社の株式を会社が対価を支払って取得する旨の定めを定款に設けることができます（162条、174条）。これは、信頼関係の高い者達が株式会社を設立し、長年にわたり経営してきたとき、その中の誰かが死去することにより、経営に関して信頼関係の確立していない者（＝死去した者の相続人（1人とは限らない））が自動的に株主になることを防止するためのものです。なお、会社による株式の取得は、株主の相続人が株主総会等において当該株式に係る議決権を行使していない場合に限られます（162条2号）。

第4節 株主総会の関係

1 株主総会 point-6

株主総会 point-6 の関係ですが、(1)定時株主総会と臨時株主総会は、完全一人会社の株主総会 point-6 の(1)と同様になりますが、(2)株主総会の開催手続の概要以下は、株主が2人以上であることから、内容が異なることになります。したがって、ここでは、(2)以下を、解説します。

(1) 定時株主総会と臨時株主総会

完全一人会社の株主総会 point-6 の(1)と同様です。

(2) 株主総会の開催手続の概要

株主総会[*4]は株式会社の最高決定機関ですから、本来は、開催手続や決議方法は大変に重要です。そのため、会社法は株主総会の開催の手続や決議方法に関して詳細な規定を設けています。

株主総会の開催は、取締役会非設置会社であれば、①取締役による開催日時

[*4] 株主総会についての詳しい解説は、1部7章を参照。

等の決定、②株主総会招集通知の発出、③株主総会の開催、④株主総会議事録の作成、という流れになります。

(3) 株主総会の招集

株主総会の招集の決定は取締役が行います。①株主総会を行う日時・場所、②株主総会の議題が具体的に予定されているときはその議題、③株主総会に出席しない株主に書面または電磁的方法による議決権行使を認めるか否か、などを決定します（298条1項各号）。

(4) 招集通知

本章の有限会社型株式会社の場合、取締役は、株主総会の開催日の1週間前までに招集通知を発出しなければなりません（299条、定款でこれを下回る期間を定めることができます）。招集通知は、書面、電磁的方法、またはその他の方法（口頭や電話も可）によることができます（299条2項～4項、施令2条2号）。

取締役会非設置会社では、招集通知に議題を示さなくてもよいと解されています。株主は、いつでも、また株主総会の開催中にも新たな議題を提案することができます。

(5) 株主総会の決議

株主総会を、実際にいずれかの場所で開催しなければなりません[*5]。

株主総会が成立するか否かは、総会成立要件（＝定足数）の問題ですから、議題が普通決議に係るものか特別決議に係るものかで異なります。

わが国のほとんどの株式会社においては、定款に、株主総会の成立のための定足数を不要とする旨の定めがあります。これは普通決議についてのみ有効です。普通決議が求められる議題において、定款により定足数の定めが排除されている場合、最小限1株を有する株主が出席すれば、株主総会が成立します。したがって、株主であるAかBのいずれかが出席すれば株主総会は成立します。なお、出席は代理人でもよいと解されています。株主総会では、決議事項

[*5] この点が、株主1人の会社との大きな違いとなる。

が決議され、報告事項が報告されなければなりません。

(6) 議決権行使書

通常、株主総会において株主に書面による議決権行使を認める必要はありませんが、取締役がそれを認めると決定すれば、株主は書面による議決権行使を行うことができることになります。電磁的方法による議決権行使についても同様です（電磁的方法による議決権行使の詳細は1部7章6節**7**を参照してください）。

この場合、会社は、株主総会に先立って、各株主に議決権行使書および株主総会参考書類を交付します。株主は、賛成・反対の意思を記載した議決権行使書を送付することにより、各議案ごとに賛成または反対の意思を示すことができます。株主は、自宅に居ながらにして、株主総会の決議に直接に参加することになります。

(7) 株主総会議事録の作成

株主総会の終了後、取締役は株主総会議事録を作成し、本店に10年間備置きし、株主および会社債権者からの閲覧請求・謄写請求に応じなければなりません（318条1項・2項・4項）。

株主総会議事録の不作成、不実記載等、および、株主・会社債権者からの閲覧請求等の拒絶についての、取締役の過料の制裁については、完全一人会社の解説と同様になります。

(8) 招集通知の省略

招集手続の例外として、株主全員の同意があれば、上記の取締役の決定(3)および招集通知の発出(4)を省略して、株主総会を開催することができます（300条）。ただし、書面または電磁的方法による議決権行使を認めたときは、この方法は認められません（300条但書）。

(9) 株主総会決議の省略

決議事項について、株主総会における決議を省略する方法が認められています。すなわち、決議事項に係る議案について、当該事項について議決権を行使

できる株主の全員が書面または電磁的記録により同意の意思表示を行えば、株主総会の決議があったものとみなされます（319条）。

⑽ 株主総会における報告の省略

報告事項についても、株主総会における報告を省略する方法が認められています。すなわち、取締役が報告事項について株主全員に対し通知し、当該事項について株主の全員が書面または電磁的記録により株主総会での報告を不要とすることに同意の意思表示を行うときには、株主総会において報告があったものとみなされます（320条）。

2 少数株主の権利 point-7

株主が2人以上いる株式会社においては、いつでも少数派の株主の保護の問題が生じます。つまり、普通決議の場合、株主Aが議決権総数の50％より多くの議決権を有すれば、いつでも株主総会におけるAの議決権行使により決議が成立することになります。しかし、このままでは、株主総会で審議を行う必要が無くなり、株主Aの独裁体制が確立してしまいます。そこで、少数派の株主Bの意見が無視されないようにするために、少数派の株主のために特別な権利が認められています。これらを少数株主権・単独株主権といいます。どのようなものがあるかについては、1部6章4節を参照してください。

第5節 取締役の関係

1 取締役の資格・任期・選任・解任・辞任 point-8

取締役の資格・任期・選任・解任・辞任 point-8 に関する事柄のうち、資格・任期・辞任については完全一人会社のそれらと同様ですが、選任・解任について新たな解説が必要となります。

(1) 取締役の資格および任期

　有限会社型における取締役の資格および任期については、完全一人会社の(1)取締役の資格、(2)取締役の任期、と同様になります。

(2) 取締役の選任および解任

　取締役の選任および解任は株主総会の普通決議（定足数について特則がある）により行います（329条1項、339条1項、341条）。

　選任・解任の決議は、株主Aと株主Bの持株割合により次のようになります。すなわち、Aが議決権総数の50％より多くの議決権を有すれば、株主総会におけるAの議決権行使により、選任の議案ないし解任の議案が可決成立します。株主Aと株主Bが議決権総数の50％ずつの議決権を有する場合、株主総会におけるAだけの議決権行使では、選任議案も解任議案も成立しません。なお、取締役選任権付種類株式を発行する場合については、前述してあります（本章3節**1**(2)（イ）(b)）。

(3) 取締役の辞任

　取締役の辞任については、完全一人会社の取締役の資格・任期・選任・解任・辞任 point-8 の(4)取締役の辞任、と同様になります。そのほか、株主である取締役Aが病気、死亡、行方不明などにより執務不能となった場合には、株主Bは、株主総会を開催し、株主総会において、まず取締役Aの解任の議案を可決し、続いて、別の人（B自身でもよい）を取締役に選任する議案を可決することになります。

2 完全一人会社または擬似一人会社と同様となる事項

　取締役の報酬 point-9 、取締役の競業行為・利益相反取引 point-10 、会社の対内的経営事項 point-12 、取締役の第三者に対する責任 point-18 については、完全一人会社の各pointと同様になります。

　会社の経営方針 point-11 、会社の対外的経営事項および契約の締結 point-13 、取締役の義務および会社に対する責任 point-14 、株主代表訴訟 point-15 、株主

の差止請求権 `point-16` 、取締役の責任の免除と一部免除 `point-17` 、法人格否認の法理 `point-19` については、擬似一人会社の各pointと同様になります。

第6節　監査役

　本章の有限会社型株式会社では監査役を設置しません。したがって、監査役 `point-20` は、監査役設置会社を解説する2部4章で解説します。

第7節　計算・配当の関係

　計算・配当の関係ですが、有限会社型株式会社においては、会計帳簿の作成・保管 `point-21` 、計算書類等の作成・監査・確定 `point-22` 、貸借対照表等の公告 `point-23` 、計算書類等の備置きおよび閲覧等 `point-24` 、配当の定め方 `point-25` は、完全一人会社の各pointと同様になります。

第8節　株主の変動の関係

　株主の変動の関係ですが、有限会社型株式会社においては、株主の変動 `point-26` 、株式の譲渡 `point-27` は、完全一人会社の各pointと同様になります。なお、新株の発行 `point-28` については新たな解説が必要となります。

1　新株の発行 `point-28`

(1)　株主総会の特別決議

　非公開会社が募集株式を発行（会社設立後の株式の発行および自己株式の処分）する場合、発行される株式は譲渡制限株式（107条1項1号）か、譲渡制限種類株式（108条1項4号）となります。この場合、その都度、原則として株主総会

の特別決議により発行を決定しなければなりません（199条1項・2項、309条2項5号）。

(2) 種類株式発行会社における種類株主総会の特別決議

非公開会社である種類株式発行会社が種類株式の募集をするときは、株主総会の特別決議に加えて、当該種類株主総会の特別決議が必要となります（ただし、当該種類の株式を引き受ける者の募集について当該種類株主総会の決議を要しない旨の定款の定めがある場合、および、当該種類株主総会において議決権を行使できる種類株主がいない場合は除く（199条4項、324条2項2号））。なお、既存の株主に対する株主割当てによる発行の場合には、種類株主総会の決議は不要となります（202条5項）。

(3) 募集事項決定権限の取締役への委任

募集事項の決定については、株主総会の特別決議により募集事項の決定を取締役に委任することができます（200条1項、309条2項5号）。

(4) 有利発行

募集株式の払込金額が募集株式を引き受ける者にとって特に有利な金額である場合には、募集事項の決定は必ず株主総会の特別決議でなければならず、取締役はその株主総会において当該払込金額（つまり、特に有利な払込金額）によりその者の募集をすることが必要である旨の理由を説明しなければなりません（199条3項）。ただし、特に有利な金額であっても株主割当発行の場合には理由の説明は不要となります（202条5項、決定機関は後述(5)）。なお、非公開会社においては、有利発行であるか否かを問わず、募集発行および第三者割当発行のときは、定款の定めにより募集事項等の決定を取締役に委ねることはできません（295条3項）。ただし、株主総会の特別決議により募集事項の決定を取締役に委任することはできます（200条1項、309条2項5号、本節**1**(3)参照）。

(5) 株主割当発行

会社は、既存の株主にその有する株式の数に応じて募集株式の割当てを受け

る権利を与えることができます（202条1項・2項）。非公開・取締役会非設置の会社では原則として株主総会の特別決議が必要であり（202条3項4号、309条2項5号）、例外として、取締役会非設置会社において当該募集事項等を取締役の決定によって定めることができる旨の定款の定めがあるときは取締役の決定となります（202条3項1号）。

2 新株予約権（ストックオプションとしての新株予約権） point-29

新株予約権[*6]については、擬似一人会社の新株予約権 point-29 と同様になります。

第9節 組織再編等・解散・清算の関係

組織再編等の関係ですが、有限会社型株式会社においては、合併・会社分割・事業譲渡等 point-30 は、完全一人会社の point-30 と同様になります。

解散・清算の関係ですが、有限会社型株式会社においては、解散・清算 point-31 は、完全一人会社の point-31 と同様になります。

---

*6　新株予約権の詳しい解説は1部16章を参照。

第 4 章

監査役設置型株式会社

　本書の**監査役設置型株式会社**とは、非公開会社である取締役会非設置会社であって、取締役1人、株主2人以上の株式会社である有限会社型株式会社に、監査役1人が加わる株式会社をいう。取締役1人、株主2人以上の株式会社を、本書において有限会社型株式会社と称することについては、前章（3章）で説明した。資本金の額については、完全一人会社の冒頭の解説を参照されたい。

　なお、会社法上、完全一人会社についても擬似一人会社についても、監査役を設置することは可能である。しかし、監査役の設置は、もっぱら株主のために（同時に会社債権者のために）、取締役の職務の執行を監査することにあるので、株主と取締役が同じ人である場合には、監査役を設置する必要性は少ないと考えられる。したがって、完全一人会社に監査役を設置することは考えられないと言える。また、擬似一人会社であれば、取締役の行っている職務執行を監査させるという意味で、わずかに監査役を設置する可能性は否定できないが、実際には監査役を設置することはほとんど考えられない。そこで、取締役1人、株主2人以上の株式会社である有限会社型株式会社において、監査役の設置を考えることが現実的であろうと考え、2部3章の有限会社型株式会社の解説を前提として、これに監査役を設置する株式会社の解説を2部4章とした。

　なお、取締役会非設置の株式会社に監査役を設置した場合も、また、取締役会設置の株式会社に監査役を設置した場合も、監査役の権限や責任等についての解説は基本的に同一となる。したがって、本章で、監査役について解説する内容は、監査役を設置する全ての機関構成の株式会社にほぼ等しく通用することになるので、本書では、取締役会設置の株式会社に監査役を設置する場合について、特に新しい章を設けて解説をすることはしていない。なお、本書にお

いて、監査役を設置する会社を、全てまとめて監査役設置型と称することがある。

```
┌─ 監査役設置型株式会社 ─────────┐
│ ・非公開会社                    │
│ ・取締役会非設置会社            │
│ ・資本金１万円                  │
│ ・取締役１人（A）または（P）    │
│ ・株主２人（A＋B）または２人以上│
│ ・監査役１人（K）               │
└──────────────────────────────┘
```

株主、取締役、監査役などが知っておくべき必須事項

監査役設置型株式会社における必須事項は、全て完全一人会社の必須事項と同じである。

第1節 監査役設置型株式会社　はじめに

本章が対象とする**監査役設置型株式会社**は、機関構成に関しては、機関構成の組合せ表（1部3章2節**2**）の3番目の株式会社に当たります。つまり、機関として、株主総会と取締役と監査役を備えます。そして、取締役は１人、監査役も１人ですが、株主は２人以上いる株式会社です。取締役が株主の１人と同じ人の場合もあり、また、取締役が株主ではない場合もあります。また、監査役が株主の１人と同じ人の場合もあり、また、監査役が株主ではない場合もあります。なお、同じ人が監査役と取締役を兼任することはできません。監査役は、株式会社の業務監査権限と会計監査権限を有します。

第2節　設立の関係

設立の関係ですが、監査役設置型株式会社においては、設立手続 point-1 、定款と株式の関係 point-2 、株式と株券 point-3 は、完全一人会社の各pointと同様になります。

第3節　株式・種類株式

1　株式・種類株式および株主の関係

株式・種類株式 point-4 、株主の関係 point-5 は、基本的には有限会社型株式会社（2部3章）の各pointと同様になります。

(1)　種類株式

株式会社は、定款に定めを置くことにより、108条が定める種類株式を発行することができます。さしあたり特に重要な種類株式は、議決権制限株式と取締役選任権付種類株式・監査役選任権付種類株式でしょう。このうち、議決権制限株式と取締役選任権付種類株式については、有限会社型株式会社の株式・種類株式 point-4 で解説しました。本章の監査役設置型においては、新たに監査役が設置されるので、特に、監査役選任権付種類株式について解説します。

(2)　監査役選任権付種類株式

非公開会社に限り、監査役選任権付種類株式を発行することができます（108条1項9号）。監査役選任権付種類株式を発行するときは、その定め方によりいろいろな変種が考えられますが、基本的には、例えば、「当社の監査役は、監査役選任権付種類株式を有する種類株主によって選任される。」といった定めが定款に記載されることになります。その場合、その会社の監査役を選任するのは、監査役選任権付種類株式を有する種類株主によって構成される種類株

主総会の決議によることになります。この場合、通常の株主総会では監査役を選任することができません。例えば、会社の実態が、株主Aが1人で事業を運営し、株主Bは資金援助だけを行うということであれば、株主Bだけが監査役選任権付種類株式を有し、株主Aがそうでない株式を有することにより、以後、監査役の選任（および解任）は、株主Bだけが構成する種類株主総会によって監査役を選任することになります。つまり、Bの意思だけで監査役を決定できることになります。

第4節　株主総会の関係

株主総会 point-6 、および、少数株主の権利 point-7 については、有限会社型株式会社の各pointと同様になります。

第5節　取締役の関係

1　有限会社型株式会社、完全一人会社または擬似一人会社と同様となる事項

取締役の資格・任期・選任・解任・辞任 point-8 については、有限会社型株式会社の point-8 と同様になります。

取締役の報酬 point-9 、取締役の競業行為・利益相反取引 point-10 、会社の対内的経営事項 point-12 、および、取締役の第三者に対する責任 point-18 については、完全一人会社の各pointと同様になります。

会社の経営方針 point-11 、会社の対外的経営事項および契約の締結 point-13 、取締役の義務および会社に対する責任 point-14 、ならびに、法人格否認の法理 point-19 については、擬似一人会社の各pointと同様になります。

なお、株主代表訴訟 point-15 、株主の差止請求権 point-16 、および、取締役の責任の免除と一部免除 point-17 については、監査役が存在することにより、

新たな解説が必要になります。

2 株主代表訴訟 point-15

　取締役が任務懈怠等により会社に損害を生じさせその損害賠償責任を負った場合、株主は、会社に代わって裁判所に取締役の責任追及の訴えを提起することができます（847条）。監査役設置型の場合、株主は、最初に監査役に対して、書面等により、取締役の責任追及の訴えの提起を求めなければなりません（386条2項1号）。

3 監査役および株主の差止請求権 point-16

　取締役が、あやしげな投資話に会社の多額の資金を投じようとしていたり、いわゆる仕手株の値上がりを期待して会社の多額の資金を株に投資しようとしていたりするときは、株主は、裁判所に訴えを提起して、その行為の差止めを求めることができます（360条1項）。監査役設置型では、会社に「著しい損害」の生ずるおそれがあるときは、監査役は取締役に対し差止請求権を行使すること（385条）が認められ、株主の差止請求権は会社に「回復することができない損害」が生ずるおそれがあることが要件となります（360条3項）。

　なお、会社に監査役が存在しても、その権限が会計監査権限だけに限られる場合、その会社は監査役設置会社にあたりません（コラム参照）ので、会社に「著しい損害」が生ずるおそれがあれば、株主は、裁判所に訴えを提起して、その行為の差止めを求めることができます（360条1項）。「回復することができない損害」とは、文字通り、ひとたび会社に生じた損害が事後において金銭等によって補填しきれない場合をいいます。これに対し、「著しい損害」とは、会社の資産総額や純資産額などを基準としたとき、会社に対する影響がかなり大きい損害をいい、事後において金銭等によって補填されうる場合を含みます。

> ● 監査役設置会社 ●
>
> 　原則として、監査役には、業務監査権限と会計監査権限が認められる。このような監査役が設置される株式会社を監査役設置会社という（2条9号）。しかし、会社法は、個々の会社が、監査役の権限を会計監査権限だけに限ることを認め、その場合、その旨を定款に定めなければならないとする（389条1項）。監査役が存在しても、権限が会計監査権限だけに限られる場合、その会社を監査役設置会社とはいわない。

4　取締役の責任の免除と一部免除　point-17

　取締役が任務懈怠により会社に損害を発生させた場合、取締役は会社に対して損害賠償責任を負います（423条）。また、会社に破産などの手続が開始した場合、破産管財人が取締役に対して上記の損害賠償責任を追及することができます。このような責任から取締役を解放するために、会社が取締役の責任を免除することが考えられます。

(1)　責任の免除

　責任の免除としては、総株主の同意により、取締役の会社に対する責任を全額免除することができます（424条）。これを責任の全額免除といいます。

(2)　株主総会決議による責任の一部免除

　このほか、株主総会の特別決議により、取締役の会社に対する責任について、最低責任限度額を残して、免除することができます（425条）。これを責任の一部免除といいます。監査役設置型（監査役が会計監査権限および業務監査権限を有する場合）の場合、株主総会に取締役の責任の一部免除に関する議案を提出するには、監査役全員の同意が必要となります（425条3項）。

(3)　取締役の決定による責任の一部免除

　監査役設置型（監査役が会計監査権限および業務監査権限を有する場合）に限り、特に、取締役（当該責任を負う取締役を除く）の過半数の同意により、取締役の会社に対する責任について、最低責任限度額を残して、免除できる旨を定款に

定めることができます（426条）。

実際に426条に基づいて取締役の責任の一部免除を行うときは、取締役の責任の一部免除を行うことに異議があるときは異議を述べるべき旨の通知を株主に対し発送しなければなりません（426条3項・4項）。総株主の議決権の3％以上の議決権を有する株主が異議を述べたときは、426条の手続によって取締役の責任の一部免除をすることはできません。

第6節 監査役 point-20

1 監査役の資格・任期・選任・解任・辞任 point-20a

(1) 監査役の資格

公開会社の場合、監査役になるための資格要件として、その会社の株主であることを定款に定めることは禁じられています（335条1項、331条2項）。これに対し、非公開会社の場合、監査役になるための資格要件として、会社の株主であることとか、会社の株式を10株以上有することなどの定めを定款に設けることができます。

(2) 監査役の任期

監査役の任期は、定款に何も定めないときは、選任から4年ですが、定款に定めを置くことにより、最長10年までの任期を設定することができます（336条1項・2項）。

(3) 監査役の選任・解任

監査役の選任は、株主総会の普通決議により行います（329条1項、339条1項、341条）。他方、監査役の解任は、株主総会の特別決議により行います（341条、309条2項7号）。

選任の決議は、株主Aと株主Bの持株割合により次のようになります。すなわち、Aが議決権総数の50％超の議決権を保有すれば、株主総会におけるA

の議決権行使により、選任の議案が可決成立します。株主Aと株主Bが議決権総数の50％ずつの議決権を保有すれば、株主総会におけるAだけの議決権行使では、選任議案は成立しません。

なお、監査役選任権付種類株式を発行する場合については、前述してあります（本章3節**1**(2)）。

(4) 監査役の辞任

監査役が辞任を望む場合、会社と監査役の関係は委任関係と定められていますから、監査役はいつでも自らの意思により辞任することができます。しかし、本章の監査役設置型株式会社では監査役が1人ですから、後任の監査役が就任するまでの間、監査役は引き続き監査役の権利を有し、監査役の義務を負うことになります（346条1項）。

(5) 監査役の執務不能

監査役が病気、死亡、行方不明などにより執務不能となった場合、株主AまたはBは株主総会を招集し、株主総会において監査役解任の議案を可決し、続いて、別の人を監査役に選任する議案を可決することになります。

2 監査役の報酬 point-20b

監査役の報酬・賞与は、定款にその金額等が定められている場合を除き、株主総会の決議により定めます（361条）。

3 監査役の競業行為・利益相反取引 point-20c

取締役と異なり、監査役は会社の業務執行を行うわけではなく、また、会社の契約内容等を決定するわけではないので、監査役が、会社の事業の部類に属する取引を個人として第三者と行うとき（競業行為）も、監査役が会社と何らかの契約を締結するとき（直接利益相反取引）も、監査役の個人的な債務のために会社が第三者と保証契約や連帯保証契約を締結するときも、また、会社が

その財産に抵当権等を設定するとき（間接利益相反取引）も特別な規制はありません。株主総会の承認決議は不要です。

4 会社の経営方針・会社の対内的経営事項・会社の対外的経営事項および契約の締結 point-20d

監査役は会社の経営方針に関与できません。ただし、取締役や株主総会が決定した経営内容が具体的に法令に違反する場合には、その旨を指摘して方針を撤回させ（違法性監査権限）、取締役や株主総会が決定した経営内容が著しく妥当性を欠く場合にはその旨を指摘して再考を促さなければなりません。

5 監査役の義務・会社に対する責任 point-20e

会社法は、監査役が会社に対し、監査を行うに当たり善管注意義務（330条、民644条）を尽くすべきことを定めています。監査役が注意を怠ること（＝過失）によりこのような義務に違反し、会社に損害が生じたときは、会社は監査役に対し損害賠償責任を追及することができます[*1]。

6 監査役に対する株主代表訴訟 point-20f

監査役が任務懈怠等により会社に責任を負った場合、実際に会社がその責任を追及するためには、会社が監査役に対し損害賠償請求の意思表示をし、さらには、裁判所に損害賠償を請求する旨の訴えを提起しなければなりません。しかし、本章の監査役設置型株式会社では、監査役に対し訴えを提起するか否かの決定を行うのは取締役であり、取締役が訴えを提起しない場合が考えられます。そこで、株主Aまたは株主Bは会社に代わって裁判所に監査役の責任追及の訴えを提起することができます（847条）。

---

*1 監査役の責任についての詳しい解説は、1部11章2節4を参照。

7 監査役に対する株主の差止請求権 point-20g

監査役に対する株主の差止請求権はありません。

8 監査役の責任の免除および責任の一部免除 point-20h

監査役が任務懈怠により会社に損害を発生させた場合、監査役は会社に対して損害賠償責任を負います（423条）。このような責任から監査役を解放するために、会社が監査役の責任を免除することが考えられます。

(1) 責任の全額免除

責任の免除としては、総株主の同意により、監査役の会社に対する責任を全額免除することができます（424条）。

(2) 責任の一部免除

株主総会の特別決議により、監査役の会社に対する責任について、最低責任限度額を残して、免除することができます（425条）。

9 監査役の第三者に対する責任 point-20i

監査役も、職務を行うについて悪意または重過失があるときは、そのことによって損害を被った会社以外の第三者に対して損害を賠償する責任を負います（429条）。

監査役が作成した監査報告に記載すべき重要な事実について虚偽の記載をした場合などにおいて、その虚偽記載を真実と信じて行動し損害を被った第三者は、監査役に対して損害賠償責任を追及することができます（429条2項3号）。この責任は、監査役の故意または過失を要件とします。なお、監査役の第三者に対する責任は、総株主の同意により免除することができません。

第7節 計算・配当の関係

1 完全一人会社と同様となる事項

　計算・配当の関係ですが、監査役設置型株式会社においては、会計帳簿の作成・保管 point-21 、貸借対照表等の公告 point-23 、計算書類等の備置きおよび閲覧等 point-24 、配当の定め方 point-25 は、完全一人会社の各pointと同様になります。

　計算書類等の作成・監査・確定 point-22 については、監査役の監査が必要になりますので、新たな解説が必要になります。

2 計算書類等の作成・監査・確定 point-22

(1) 取締役による計算書類の作成

　取締役による計算書類の作成については、完全一人会社の計算書類等の作成・監査・確定 point-22 の(1)と同様になります。

(2) 監査役による計算書類・事業報告等の監査

　会計監査人を置かない場合、監査役（この監査役は、業務監査権限と会計監査権限を有する監査役、および、会計監査権限のみを有する監査役の両者を意味する（436条1項））は計算書類および事業報告ならびにこれらの附属明細書を監査しなければなりません（436条1項、計規122条～124条）。取締役会非設置会社において監査役のみがいる場合、取締役は、監査役の監査を受けた計算書類・事業報告および監査報告を株主総会に提出しなければなりません（436条1項、438条1項1号）。このうち計算書類について原則として株主総会の承認を受けなければならず（438条2項）、事業報告については取締役がその内容を株主総会で報告しなければなりません（438条3項）。

(3) 株主総会での承認等、剰余金の配当、計算書類等の保存

完全一人会社の計算書類等の作成・監査・確定 point-22 の(3)株主総会での承認、(4)剰余金の配当、(5)計算書類の保存と同様になります。

第8節 株主の変動の関係

株主の変動の関係ですが、監査役設置型株式会社においては、株主の変動 point-26 、株式の譲渡 point-27 は、完全一人会社の各pointと同様になります。新株の発行 point-28 については、有限会社型株式会社の point-28 と同様になり、新株予約権 point-29 については、擬似一人会社の新株予約権 point-29 と同様になります。

第9節 組織再編等・解散・清算の関係

組織再編等の関係ですが、監査役設置型株式会社においては、合併・会社分割・事業譲渡等 point-30 は、完全一人会社の point-30 と同様になります。

解散・清算の関係ですが監査役設置型株式会社においては、解散・清算 point-31 は、完全一人会社の point-31 と同様になります。

第 5 章

複数取締役型株式会社

　本章の**複数取締役型株式会社**とは、非公開会社である取締役会非設置会社であって、取締役2人以上、株主2人以上である株式会社をいう。ちなみに、株主の数は2人以上であれば、100人以上でも同じ原理に服することになる。また、取締役の数についても、2人以上はもとより、10人以上の場合も同じ原理に服することになる。なお、かつて有限会社においては、社員（株主）の総数は原則として最大50人と定められていた（有限会社法8条1項）。株主の人数の場合とは異なり、取締役の人数が多い場合は、意思決定の統一の必要から自然と取締役会の設置が求められることになろう。ただし、特に、取締役が1人、株主が2人以上の場合を、2部3章で**有限会社型株式会社**として解説したので、取締役が2人以上、株主が2人以上の場合を区別して、本章で解説する。その意味では、「複数取締役・有限会社型株式会社」と称するのが正確であるが、あまりに長いので、**複数取締役型株式会社**と称することにする。

　なお、論理的に分類するとき、取締役が2人以上であって、株主が1人という会社形態もあり得ることになる。しかし、そのような会社が存在することははあまり考えられないので、特に独立した章を設けて解説することはしない。取締役が2人以上であって、株主が1人という会社については、本章（複数取締役型株式会社）の解説と、完全一人会社または擬似一人会社の解説を合わせて読んでいただければ十分に理解できると考える。

　また、複数取締役・複数株主・監査役設置の株式会社については、本章（複数取締役型株式会社）の解説と監査役設置型株式会社（2部4章）の解説を合わせて読んでいただければ十分に理解できると考える。

　資本金の額については、完全一人会社の冒頭の解説を参照されたい。

複数取締役型株式会社についても、「株式会社」を省略して、たんに複数取締役型と称することがある。

```
┌─複数取締役型株式会社──────┐
│ ・非公開会社              │
│ ・取締役会非設置会社        │
│ ・資本金1万円             │
│ ・取締役2人（A＋B）、（A＋P）、│
│   もしくは、（P＋Q）または3人以上│
│ ・株主2人（A＋B）または2人以上 │
└──────────────────┘
```

株主、取締役などが知っておくべき必須事項

複数取締役型株式会社における必須事項は、全て完全一人会社の必須事項と同じである。

第1節 複数取締役型株式会社　はじめに

本章が対象とする**複数取締役型株式会社**は、機関構成に関しては、機関構成の表（1部3章2節**2**）の1番目の株式会社です。つまり、機関として株主総会と取締役を備えます。そして、取締役は2人以上、株主も2人以上である株式会社です。

第2節 設立の関係

設立の関係ですが、複数取締役型においては、設立手続 point 1 、定款と株式の関係 point-2 、株式と株券 point-3 は、完全一人会社の各pointと同様になります。

第3節　株式・種類株式

　株式・種類株式 point-4 、株主の関係 point-5 は、基本的には有限会社型株式会社（2部3章）の各pointと同様になります。

第4節　株主総会の関係

1　有限会社型株式会社と同様となる事項

　株主総会 point-6 の関係ですが、(3)取締役による株主総会の招集を除き、そのほかは、有限会社型の株主総会 point-6 の(1)から(10)までと同様になります。取締役が2人以上であることから、(3)のみ、内容が異なることになります。したがって、ここでは、新たに「取締役による株主総会の招集」を解説します。また、少数株主の権利 point-7 については、有限会社型の少数株主の権利 point-7 と同様になります。

2　取締役による株主総会の招集

　株主総会の招集の決定は、定款でいずれかが決定する旨の定めがある場合を除き、取締役Aと取締役Bの合意により、取締役が3人以上いる場合にはその過半数による決定により、行うことになります（348条2項）。①株主総会を行う日時・場所、②株主総会の議題が具体的に予定されているときは議題、③株主総会に出席しない株主に書面または電磁的方法による議決権行使を認めるか否か、などを決定します（298条1項）。

第5節 取締役の関係

1 有限会社型株式会社、完全一人会社または擬似一人会社と同様となる事項

　取締役の資格・任期・選任・解任・辞任 point-8 ですが、資格・任期・選任・解任については有限会社型の point-8 と同様ですが、辞任について新たな解説が必要となります。会社の対内的経営事項 point-12 については、取締役が2人以上いるため、意思の決定が必要となり、新たな解説が必要となります。また、会社の対外的経営事項および契約の締結 point-13 の中の(2)会社代表権について、取締役が2人以上いるため、新たな解説が必要になります。

　このほか、取締役の報酬 point-9 、取締役の競業行為・利益相反取引 point-10 、取締役の第三者に対する責任 point-18 については、完全一人会社の各pointと同様になります。

　会社の経営方針 point-11 、会社の対外的経営事項および契約の締結 point-13 の(1)、取締役の義務および会社に対する責任 point-14 、株主代表訴訟 point-15 、株主の差止請求権 point-16 、取締役の責任の免除と一部免除 point-17 、法人格否認の法理 point-19 については、擬似一人会社の各pointと同様になります。

2 取締役の資格・任期・選任・解任・辞任 point-8

(1) 取締役の資格・任期・選任・解任・辞任

　有限会社型の取締役の資格・任期・選任・解任 point-8 の(1)と同様となります。辞任については、次の(2)で述べるようになります。

(2) 取締役が辞任を望む場合

　会社と取締役の関係は委任関係ですから、取締役はいつでも自らの意思により辞任することができます。定款に取締役の最小員数の定めがないときは、会社法上、取締役は最小限1人でよいと定められるので、取締役Aまたは取締役

Pはいつでも自らの意思により取締役を辞任することができます。しかし、定款に取締役の最小員数を2名とする定めがあるときは、後任の取締役が就任するまでの間、辞任した取締役は引き続き取締役としての権利を有し取締役としての義務を負います（346条1項）。

3　会社の対内的経営事項 point-12

　株式会社の経営には、対内的な経営事項と対外的な経営事項とがあります。対外的経営事項については次の4で解説します。

　対内的経営事項には、経営戦略・経営方針・特定のプロジェクトの決定、特定の取引や特定のプロジェクトの担当者の決定、従業員（労働者）の採用・昇進・配置・異動の決定など多くの事項があります。これらについての最終判断は、原則として、取締役が決定することになります（348条1項）。取締役が2人以上いる複数取締役型株式会社では、決定は取締役の過半数の同意により行われます（348条2項）。会社法は過半数と定めますから、取締役が2人の場合には、両者で合意する必要があります。なお、取締役過半数の同意により、特定の取締役に決定を委ねることも可能です。

　取締役会非設置会社では、株主総会にも経営事項の決定権が認められます。通常の場合、取締役の決定により会社の経営が行われますが、特定の経営事項について、株主総会で何らかの意向を内容とする決議がなされた場合には、取締役は自己の見解と異なる場合であっても、株主総会の決議に従わなければなりません。取締役は株主総会決議を遵守すべき義務を負うからです（355条）。

4　会社の対外的経営事項および契約の締結 point-13

(1)　対外的経営事項と取引相手

　複数取締役型株式会社の場合、完全一人会社の会社の対外的経営事項および契約の締結 point-13 の(1)と同様となります。

(2) 取締役の代表権

　取締役会非設置会社では、原則として各取締役は代表権を有することになります（349条1項）。複数取締役型株式会社では取締役は2人（または2人以上）であり、定款の定め、定款の定めに基づく取締役の互選、または、株主総会の決議により、取締役2人（または2人以上）の中から、1人だけが代表権を有すると定めることができます（349条3項）。また、取締役が3人以上の場合に、複数の者が代表権を有すると定めることもできます。このような定めがなければ、各取締役が会社の代表権を有することになります。

第6節 | 監査役 point-20

　本章の複数取締役型株式会社では監査役を設置しないものとして解説します。したがって、監査役を設置する場合は、監査役設置会社を解説する2部4章を参照してください。

第7節 | 計算・配当の関係

　計算・配当の関係ですが、複数取締役型株式会社においては、会計帳簿の作成・保管 point-21 、計算書類等の作成・監査・確定 point-22 、貸借対照表等の公告 point-23 、計算書類等の備置きおよび閲覧等 point-24 、配当の定め方 point-25 は、完全一人会社の各pointと同様になります。

第8節 | 株主の変動の関係

　株主の変動の関係ですが、複数取締役型株式会社においては、株主の変動 point-26 、株式の譲渡 point-27 は、完全一人会社の各pointと同様になります。また、新株の発行 point-28 は、有限会社型の point-28 、新株予約権 point-29 は、

擬似一人会社の point-29 と同様になります。

第9節 組織再編等・解散・清算の関係

組織再編等の関係ですが、複数取締役型株式会社においては、合併・会社分割・事業譲渡等 point-30 は、完全一人会社の point-30 と同様になります。

解散・清算の関係ですが、複数取締役型株式会社においては、解散・清算 point-31 は、完全一人会社の point-31 と同様になります。

第 6 章

取締役会設置一人会社

　本章の**取締役会設置一人会社**とは、非公開会社である取締役会設置会社であって、取締役3人以上、株主1人の株式会社をいう。理論的には公開会社である取締役会設置一人会社もありうるが、本書は非公開会社を対象とするので、これについては触れない。1人の株主が取締役を兼ねる場合と兼ねない場合がある。なお、非公開会社である取締役会設置会社は、必ず、監査役か会計参与を設置しなければならない（327条2項）。本章の取締役会設置一人会社は、監査役を設置するものとする。

　資本金の額は1万円としてある。資本金の額については、完全一人会社の冒頭の解説を参照されたい。

```
┌─取締役会設置一人会社─────┐
│ ・非公開会社              │
│ ・取締役会設置会社         │
│ ・監査役設置会社           │
│ ・資本金1万円             │
│ ・取締役3人（A＋P＋Q）、   │
│　 または、（P＋Q＋R）      │
│ ・株主1人（A）            │
│ ・監査役（K）             │
└──────────────────┘
```

株主、取締役、監査役などが知っておくべき必須事項

　取締役会設置一人会社においては、**必須事項1**と**必須事項3**は以下のようになるが、それ以外の必須事項は、完全一人会社の必須事項と同じである。

　なお、取締役会設置一人会社は本書における7類型のひとつであるから、当

然に中小規模の株式会社をイメージすることになる。しかし、株式会社三菱東京ＵＦＪ銀行は、資本金額1兆7119億円の取締役会設置一人会社である（なお、唯一の株主は、上場会社である株式会社三菱ＵＦＪフィナンシャル・グループ）。したがって、本章に述べる内容は中小規模の会社についての解説であるが、同時に、わが国の巨大なコンツェルンの中に位置する大企業である株式会社についても当てはまる場合があるものである。

経営の関係

必須事項1 取締役会設置会社では、原則として、取締役会が会社の経営を決定し、第三者と行う契約等の内容を決定し、代表取締役が契約を締結する。株主総会は原則として会社の経営に関与できない。

なお、取締役と会社の利益相反取引の承認、取締役の競業行為の承認については、取締役会の承認決議が必要となる。取締役の報酬の決定については、株主総会の決議が必要となる。

株式の関係

必須事項3 株主がその有する株式の全部または一部を第三者に譲渡する場合、譲渡を承認するか否かを決めるのは取締役会である。取締役会の決議により承認しないこととなった場合は、株主が譲渡等承認請求の手続をした日から2週間以内にその旨を通知しなければならない（145条1号）。なお、判例は、株主が1人しかいない株式会社の場合、株式の譲渡についての取締役会は不要とする。

第1節　取締役会設置一人会社　はじめに

本章が対象とする**取締役会設置一人会社**は、機関構成に関しては、機関構成の表（1部3章2節**2**）の8番目の株式会社です。つまり、機関としては、株主

総会と取締役会と監査役を備えます。そして、取締役は3人以上、株主は1人の株式会社とします。

なお、非公開会社である取締役会設置会社は、必ず、監査役か会計参与のいずれかを設置しなければなりません（327条2項）。本章の取締役会設置会社は監査役を設置することにします。非公開会社に限り、監査役の権限を会計監査権限に限定する旨を定款に定めることができますが（389条1項）、本章の監査役は会計監査権限のみならず業務監査権限も有するものとします。

第2節　設立の関係

設立の関係ですが、取締役会設置一人会社においては、設立手続 point-1 、定款と株式の関係 point-2 、株式と株券 point-3 は、完全一人会社の各 point-1 と同様になります。

株式・種類株式 point-4 、および、株主の関係 point-5 ですが、取締役会設置一人会社においては、種類株式を発行するとしても発行しないとしても、発行する全ての株式を1人の株主が有しますから、擬似一人会社の場合と同様に、特に解説する必要はないので省略します。株式・種類株式 point-4 、および、株主の関係 point-5 は、株主が2人以上の株式会社において問題となるからです。

第3節　株主総会の関係

1　株主総会 point-6

株主総会 point-6 の関係ですが、**取締役会設置一人会社**では、基本的に、擬似一人会社の株主総会 point-6 と同様になります。ただし、取締役会非設置型の場合に取締役が決定すべきとされた事項の多くが、取締役会設置型においては取締役会決議により決定しなければならないことになります。

(1) 定時株主総会と臨時株主総会

完全一人会社の株主総会 point-6 の(1)と同様です。

(2) 株主総会の開催手続の概要

株主総会は株式会社の最高決定機関ですから、本来は、開催手続や決議方法は大変に重要です。そのため、会社法は株主総会の開催の手続や決議方法に関して詳細な規定を設けています[*1]。すなわち、取締役会設置会社においては、①取締役会による開催日時等の決定、②代表取締役による株主総会招集通知の発出、③株主総会の開催、④株主総会議事録の作成、という手続になります。

(3) 株主総会の招集

株主総会の招集の決定は取締役会が行います。①株主総会を行う日時・場所、②株主総会の議題、③株主総会に出席しない株主に書面または電磁的方法による議決権行使を認めるか否か、などを決定します（298条1項）。

(4) 招集通知

代表取締役は、上記の取締役会の決定に基づいて、株主総会の開催日の1週間前までに招集通知を発出しなければなりません（299条、定款でこれを下回る期間を定めることができる）。招集通知は、書面または電磁的方法によることができます（299条2項～4項）。

取締役会設置会社では、招集通知に議題を記載しなければなりません。この点が、取締役会非設置会社との大きな違いです。株主総会は、招集通知に記載された議題についてのみ決議を行うことができます（309条5項）。株主は、招集通知に記載された議題の範囲内であれば、株主総会の席上で、新たな議案を提出することができます[*2]（304条）。

取締役会設置一人会社の場合、株主が1人ですから、その者が出席すれば株主総会が成立し、その者が出席しなければ株主総会は成立しません。なお、1

[*1] 株主総会の手続についての詳しい解説は、1部7章4・5節を参照。
[*2] 招集通知の議題と議案、議題と決議の関係についての詳しい解説は1部7章4節(4)、1部7章5節■、および、1部7章7節を参照。

人しかいない株主が、招集手続不要として株主総会を開催することも可能です。法律上は、株主全員の同意による招集手続の省略[*3]された株主総会の開催ということになります（300条）。

以下、(5)株主総会の決議、および、(6)株主総会議事録の作成については、擬似一人会社の株主総会 point-6 の(3)擬似一人会社の株主総会、および、(4)株主総会議事録の作成と同様となります。

2　少数株主の権利 point-7

取締役会設置一人会社では株主が1人ですから、少数株主の権利や保護を考察する必要がありません。したがって、少数株主の権利 point-7 は省略します。

第4節　取締役の関係

1　完全一人会社と同様となる事項

取締役の資格・任期・選任・解任・辞任 point-8 のうち、資格・任期・選任・解任については完全一人会社のそれらと同様ですが、辞任および代表取締役について新たな解説が必要となります。取締役の報酬 point-9 は完全一人会社の point-9 と同様になります。

取締役の競業行為・利益相反取引 point-10 、会社の経営方針 point-11 、会社の対内的経営事項 point-12 、会社の対外的経営事項および契約の締結 point-13 について新たな解説が必要になります。

---

*3　招集手続の省略についての詳しい解説は、1部7章4節(7)を参照。

2 取締役の資格・任期・選任・解任・辞任 point-8

(1)取締役の資格、(2)取締役の任期、(3)取締役の選任・解任は、完全一人会社の(1)、(2)、(3)と同様です。

(4) 取締役の辞任

取締役が辞任を望む場合、会社と取締役の関係は委任関係と定められていますから、取締役はいつでも自らの意思により辞任することができます。しかし、取締役会設置会社で取締役が3人の場合、または、会社の定款に3人以上の一定の数が定められている場合で、現在の取締役の数が3人または定款で定められている数のときは、取締役は辞任してもただちに会社との関係を絶つことはできません。後任の取締役が就任するまでの間、辞任した取締役は引き続き取締役の権利を有し取締役の義務を負うことになります（346条1項）。

(5) 取締役の数

取締役会設置会社の場合、取締役の員数は最少でも3人となります（331条5項）。会社の定款により、取締役の員数を3人より多く定めることができます。3人より少なく定めたときは、その定めのみが無効となります。

(6) 代表取締役と取締役

取締役会設置会社の場合、各取締役には代表権が認められません。取締役会がその決議により取締役の中から代表取締役を選定し（362条3項）、選定された代表取締役のみが代表権を有します。

代表取締役でない取締役の主たる職務は、取締役会に参加し、審議および決議に加わることとなります。また、代表取締役でない取締役は、代表取締役や他の取締役の職務の執行について監督・監視をしなければなりません（362条2項2号）。

❸ 取締役の競業行為・利益相反取引 point-10

　取締役が、会社の事業の部類に属する取引を、個人として第三者と行うときは、取締役会の承認決議が必要です（356条1項1号、365条1項）。

　取締役が会社と何らかの契約を締結するときは、取締役会の承認決議が必要です（356条1項2号、365条1項）。取締役の個人的な債務のために、会社が第三者と保証契約や連帯保証契約を締結するとき、または、会社がその財産に抵当権等を設定するときは、取締役会の承認決議が必要です（356条1項3号、365条1項）。

❹ 会社の経営方針 point-11

(1) 取締役会

　取締役会設置の株式会社においては、原則として取締役会が会社の経営方針を決定します。取締役会設置会社の場合、株主総会は法令に定める事項および定款に定める事項についてのみ決定権限を有します（295条2項）。したがって、原則として、取締役会設置会社の株主総会の権限は、経営事項および管理事項に及びません（295条2項の反対解釈）。ですから、通常、株主総会の決議によって何らかの経営方針が決定されることはありません。

　取締役は、会社法の定める様々な義務、例えば、法令・定款・株主総会決議遵守義務[*4]（355条）、経営を行うに当たり尽くすべき善管注意義務（330条、民644条）、会社の利益を優先すべき忠実義務（355条）などを遵守しながら、取締役会における審議および決議を通じて経営に関する決定を行うことになります。取締役が注意を怠ること（＝過失）によりこのような義務に違反し、会社に損害が生じたときは、取締役は会社に対して損害賠償責任を負います。したがって、会社は取締役に対し損害賠償責任を追及することができます。また、取締役は、職務を行うについて悪意または重過失があるときは、そのことによって損害を被った会社以外の第三者に対して損害賠償責任を負います（429

[*4] 取締役の法令・定款・株主総会決議遵守義務についての詳しい解説は、1部9章1節❷を参照。

(2) 取締役をコントロールする方法

取締役が取締役会の決議内容に従わない場合、会社および株主はどのように対処することができるかという問題があります。

① 第1に、取締役が株主総会の決議内容や取締役会の決議内容に反する行動をする場合、株主は、取締役の行為の差止めを求めて裁判所に訴えを提起することができます[*5]。

② 第2に、取締役が株主総会の決議内容や取締役会の決議内容に反する行動をする場合、監査役は、取締役の行為の差止めを求めて裁判所に訴えを提起することができます[*6]。

③ 第3に、株主総会の決議内容や取締役会の決議内容を実行しない取締役に対して、株主は、株主総会の決議により、ただちに取締役を解任することができます[*7]。

④ 第4に、株主総会の決議内容や取締役会の決議内容に取締役の行為が違反し会社に損害が生じた場合、会社は取締役に損害賠償を請求することができます[*8]。

⑤ ④の場合に、株主は取締役に対して株主代表訴訟を提起することができます[*9]。

5 会社の対内的経営事項　point-12

株式会社の経営には、対内的な経営事項と対外的な経営事項とがあります。対外的経営事項については次の**6**で解説します。

対内的経営事項には、経営戦略・経営方針・特定のプロジェクトの決定、特定の取引や特定のプロジェクトの担当者の決定、従業員（労働者）の採用・昇

[*5] 取締役に対する差止請求についての詳しい解説は、1部10章2節**3**を参照。
[*6] 監査役の取締役に対する差止請求についての詳しい解説は、1部11章2節**2**(2)(カ)を参照。
[*7] 取締役の解任についての詳しい解説は、1部8章1節**6**(4)を参照。
[*8] 取締役の会社に対する損害賠償責任についての詳しい解説は、1部9章2節**2**を参照。
[*9] 取締役に対する代表訴訟の提起についての詳しい解説は、1部10章2節**1**を参照。

進・配置・異動の決定など多くの事項があります。これらについての最終判断は、原則として、取締役会がその決議によって決定することになります（362条2項1号）。なお、取締役会の決定により、特定の取締役に決定を委ねることも可能です。

6　会社の対外的経営事項および契約の締結　point-13

(1)　対外的経営事項と取引相手

対外的経営事項は、2つの局面に分解されます。第1に、会社を取り巻く外部の法人・自然人のいずれと取引を行うかを決定するという問題があります。例えば、会社が製造した商品をどこの問屋、どこの小売店に出荷するかを決定しなければなりません。この問題は、相手方が存在しますので、価格・数量・引渡時期等について、何度も相手方と交渉を行うことが予想されますが、最終的には原則として取締役会が決定します。

(2)　会社代表権の問題

対外的経営事項については、会社内で決定された事項を、誰が相手方に伝え、契約の締結等を行うかという問題があります。株式会社は法人ですから、原則として、代表権のある取締役でなければなりません。取締役会設置会社では、原則として、取締役は代表権を有さず（349条1項・2項）、代表取締役のみが代表権を有します。

(3)　代表権の制限

定款の定め、株主総会の決議、または、取締役会の決議により、代表取締役の代表権に制限[*10]を課すことができます。当該代表取締役にはそれを遵守する義務がありますから、遵守しなかったときは、423条の任務懈怠責任が生じます。もっとも、そのような代表取締役が定款・株主総会決議等・取締役会決議等による制限を逸脱して第三者と契約を締結した場合、第三者が制限がある

[*10]　取締役の代表権に関する制限についての詳しい解説は、1部8章4節**2**を参照。

ことについて善意（＝当該代表取締役の代表権に制限があることを知らない第三者）であれば、会社は当該第三者に対して代表権に制限があったことを主張できず（349条5項）、契約は有効に成立します。

7　その他の事項

　取締役の義務および会社に対する責任 point-14 については、完全一人会社の point-14 と同様になります。

　株主代表訴訟 point-15 、株主の差止請求権 point-16 、取締役の責任の免除および一部免除 point-17 については、監査役設置型株式会社（2部4章）の各pointと同様になります。なお、取締役会設置一人会社では株主が1人ですから、いつでも容易に、総株主の同意による責任の免除（424条）が可能になります。したがって、本章の取締役会設置一人会社では、一部免除を検討する必要はほとんどありません。

　取締役の第三者に対する責任 point-18 および法人格否認の法理 point-19 については、擬似一人会社の各pointと同様になります。

第5節｜監査役　point-20

　監査役の関係ですが、原則として、監査役設置型株式会社（2部4章）の監査役と同様になります。

第6節｜計算・配当の関係

1　完全一人会社と同様となる事項

　計算・配当の関係ですが、取締役会設置一人会社においては、会計帳簿の作成・保管 point-21 、貸借対照表等の公告 point-23 、配当の定め方 point-25 は、

完全一人会社の各pointと同様になります。

　計算書類等の作成・監査・確定 point-22 、計算書類等の備置きおよび閲覧等 point-24 については、新たな解説が必要となります。

2　計算書類等の作成・監査・確定 point-22

(1)　取締役による計算書類作成

　(1)については、完全一人会社の計算書類等の作成・監査・確定 point-22 の(1)と同様になります。

(2)　株主総会への提出

　取締役会設置会社では、取締役が作成した計算書類および事業報告ならびにこれらの附属明細書について取締役会がその決議により承認をしなければなりません（436条3項）。取締役会設置会社は、原則として監査役設置ですから、取締役は取締役等が作成した計算書類および事業報告を、監査のため、監査役に提出しなければなりません（435条2項、436条1項）。

　会計監査人を置かない場合、監査役（この監査役は、業務監査権限と会計監査権限を有する監査役、および、会計監査権限のみを有する監査役の両者を意味する（436条1項括弧書））は計算書類および事業報告ならびにこれらの附属明細書を監査し、監査報告を作成しなければならず（436条1項、計規122条～124条）、取締役は、監査役の監査を受けた計算書類・事業報告および監査役が作成した監査報告を株主に提供しなければりません（436条1項、437条）。

(3)　株主総会での承認

　(2)の計算書類（＝貸借対照表・損益計算書・株主資本変動計算書・個別注記表）およびこれらの附属明細書は、その内容を確定するために、株主総会の承認決議が必要となります（438条2項）。事業報告については取締役がその内容を株主総会で報告することになります（438条3項）。

(4)剰余金の配当、および、(5)計算書類の保存については、完全一人会社の計算

書類等の作成・監査・確定 point-22 の(4)、(5)と同様になります。

3 計算書類等の備置きおよび閲覧等 point-24 *11

　株式会社は、①各事業年度に係る計算書類・事業報告およびこれらの附属明細書を、定時株主総会の日の2週間前の日（319条1項による株主総会決議の省略の場合には、同項の提案があった日）から5年間、②臨時計算書類をその作成日から5年間、その本店に備え置かなければなりません（442条1項）。

　会社の株主および債権者には、会社の営業時間内であれば、いつでも、計算書類等についての閲覧および謄本抄本交付の請求が認められます。

第7節　株主の変動の関係

1 完全一人会社と同様の事項

　株主の変動の関係ですが、取締役会設置一人会社においては、株主の変動 point-26 は、完全一人会社の point-26 と同様になります。しかし、株式の譲渡 point-27 については、原則として株主総会に代わって取締役会の決議が必要となりますから、新たな解説が必要となります。　新株の発行は、取締役会設置会社における手続は、取締役会非設置会社におけるそれと少し異なりますから、新しい解説が必要となります。

2 株式の譲渡 point-27

　ほとんどの中小規模の株式会社は非公開会社です。非公開会社とするためには、発行する株式の全てに譲渡制限の定めを置かなければなりません。方法は2つあります。第1は、発行する全ての株式に譲渡制限を課す旨を定款に定め

---

*11　計算書類の備置き・閲覧等についての詳しい解説は、1部13章3節を参照。

る方法です（107条1項1号）。第2は、何種類かの種類株式を発行することを将来の計画とし、それぞれの種類株式の性質として譲渡制限を課す旨を定款に定めておく方法です（108条1項4号）。

譲渡制限株式（107条1項1号所定の譲渡制限株式と108条1項4号所定の譲渡制限種類株式を合わせて譲渡制限株式という（2条17号））を譲渡する場合の手続ですが、原則として、株主名簿上の現在の株主が、その有する株式の中から株式何株を誰に譲渡したいとしてその承認を求める旨を会社に通知することになります。

取締役会設置会社の場合、承認するかしないかは取締役会の決議で決めます。ただし、2週間以内に、承認しない旨の通知を発しないときは、会社が承認したとみなされてしまいます。手続は複雑ですので、1部5章3節**3**にある譲渡制限株式の譲渡の手続の図を参照してください。

なお、会社法の規定は以上の通りですが、最高裁は、取締役会設置会社であっても株主が1人の場合には、株式の譲渡について取締役会決議は必要なく、当該株主の承認だけで足りるとする判断をしています。

3 新株の発行 point-28

(1) 株主総会の特別決議

非公開会社が募集株式を発行する場合（＝会社設立後の株式の発行および自己株式の処分）、発行される株式は譲渡制限株式（107条1項1号）か譲渡制限種類株式（108条1項4号）となります。この場合、その都度、原則として株主総会の特別決議により発行を決定しなければなりません（199条1項・2項、309条2項5号）。

(2) 種類株式発行会社における種類株主総会の特別決議

非公開会社である種類株式発行会社が種類株式の募集をするときは、株主総会の特別決議に加えて、当該種類株主総会の特別決議が必要となります（ただし、当該種類の株式を引き受ける者の募集について当該種類株主総会の決議を要しない旨の定款の定めがある場合、および、当該種類株主総会において議決権を行使でき

る種類株主がいない場合は除かれる（199条4項、324条2項2号））。なお、株主割当てによる発行の場合には、種類株主総会の決議は不要となります（202条5項）。

(3) 募集事項決定権限の取締役会への委任

募集事項の決定については、株主総会の特別決議により募集事項の決定を取締役会に委任することができます（200条1項、309条2項5号）。

(4) 有利発行

募集株式の払込金額が募集株式を引き受ける者に特に有利な金額である場合には、募集事項の決定は必ず株主総会の特別決議でなければならず、取締役はその株主総会において当該払込金額（つまり、特に有利な払込金額）によりその者の募集をすることが必要である旨の理由を説明しなければなりません（199条3項）。特に有利な金額であっても株主割当発行の場合には理由の説明は不要となります（202条5項）。なお、非公開会社においては、有利発行であるか否かを問わず、募集発行および第三者割当発行のときは、定款の定めにより募集事項等の決定を取締役会に委ねることはできません。ただし、株主総会の特別決議により募集事項等の決定を取締役会に委任することができます（200条1項、309条2項5号、上述(3)参照）。

(5) 株主割当発行

会社は、既存の株主にその有する株式の数に応じて募集株式の割当てを受ける権利を与えることができます（202条1項・2項）。非公開会社では原則として株主総会の特別決議が必要であり（202条3項4号、309条2項5号）、例外として、取締役会設置会社において当該募集事項等を取締役会の決議によって定めることができる旨の定款の定めがあるときは取締役会の決議となります（202条3項2号）。

第6章 取締役会設置一人会社

4 新株予約権（ストックオプションとしての新株予約権）point-29

　特定の株主、取締役、会社の使用人などに成功報酬の意味で、すなわちストックオプションとして新株予約権を与えることがあります。この場合、無償で与えることが多いといわれます。

　新株予約権を発行するにあたり、非公開会社では株主総会の特別決議により募集事項を定めなければなりません（238条2項、309条2項6号）。なお、株主総会の特別決議により、一定の制限の下に、新株予約権の募集事項の決定を取締役会に委任することができます（239条1項）。委任できる期間は1年間です（239条3項）。

　新株予約権の目的である株式が譲渡制限種類株式の場合、当該新株予約権に関する募集事項の決定については、当該種類株主を構成員とする種類株主総会の決議を要しない旨の定款の定めがある場合を除き、当該種類株主総会の決議が必要となります（239条4項）。

　新株予約権の詳細は1部16章を参照してください。

第8節 組織再編等・解散・清算の関係

　組織再編等の関係ですが、取締役会設置一人会社の場合、合併・会社分割・事業譲渡等 point-30 の手続において、原則として、株主総会の承認決議の前に取締役会の承認が必要となります。そのほかは、概ね、完全一人会社の point-30 と同様になります。合併についての詳細は1部17章、会社分割についての詳細は1部18章、株式交換・株式移転についての詳細は1部19章、事業譲渡等についての詳細は1部20章を参照してください。

　解散・清算の関係ですが、取締役会設置一人会社の場合、解散・清算 point-31 の手続において、清算人会が成立します。このほかは、概ね、完全一人会社の point-31 と同様になります。解散・清算についての詳細は、1部21章を参照してください。

355

第 7 章

取締役会設置型株式会社

　本章の**取締役会設置型株式会社**とは、非公開会社であって取締役会を設置し、取締役3人以上、株主2人以上である株式会社をいう。会社法における取締役会設置会社こそが、本来、会社法が想定している形態であり、平成17年改正前商法の下における株式会社の原則的な形態であった。株主は取締役を兼ねる場合と兼ねない場合もある。なお、本書は非公開会社のみを対象とするので、公開会社には触れない。非公開会社である取締役会設置会社は、必ず、監査役か会計参与のいずれかを設置しなければならない（327条2項）。本章の取締役会設置型株式会社は、監査役を設置するものとする。

　資本金の額は、1万円としてある。資本金の額については、完全一人会社の冒頭の解説を参照されたい。

　なお、以下では、短縮して、**取締役会設置会社**と称することもある。

```
┌─取締役会設置型株式会社─┐
│・非公開会社            │
│・取締役会設置会社       │
│・監査役設置会社         │
│・資本金1万円           │
│・取締役3人（A＋B＋P）、（A＋P＋Q） │
│  または（P＋Q＋R）      │
│・株主2人（A＋B）または2人以上 │
│・監査役（K）            │
└────────────────┘
```

株主、取締役などが知っておくべき必須事項

　取締役会設置型株式会社においては、**必須事項1**および**必須事項3**は前章の取

締役会設置一人会社の必須事項と同じであり、それ以外の必須事項は完全一人会社の必須事項と同じである。

第1節 取締役会設置型株式会社　はじめに

　本章が対象とする**取締役会設置型株式会社**は、機関構成に関しては、機関構成の表（1部3章2節**2**）の8番目の株式会社です。つまり、機関としては、株主総会と取締役会と監査役を備えます。そして、取締役は3人以上、株主は2人以上の株式会社です。このとき、取締役の全員が株主である場合も、取締役の一部が株主である場合も、また、取締役が誰も株主でない場合も考えられます。

第2節 設立の関係

　設立の関係ですが、取締役会設置型株式会社においては、設立手続 point-1 、定款と株式の関係 point-2 、株式と株券 point-3 は、完全一人会社の各pointと同様になります。

　なお、非公開会社である取締役会設置会社は、必ず、監査役または会計参与を設置しなければなりません（327条2項）。本章の取締役会設置会社は監査役を設置することにします。非公開会社に限り、監査役の権限を会計監査権限に限定する旨を定款に定めることができますが（389条1項）、本章の監査役は会計監査権限のみならず業務監査権限も有するものとします。

第3節 株式・種類株式

　本章が対象とする**取締役会設置型株式会社**では、株主が2人以上ですから、株式・種類株式の問題は重要です。ここでの株式・種類株式の関係は、有限会社型（2部3章）の株式・種類株式 point-4 および株主の関係 point-5 と同様になります。

第4節 株主総会の関係

　株主総会の関係ですが、株主総会 point-6 は、取締役会設置型一人会社の株主総会 point-6 と同様になります。
　少数株主の権利 point-7 は、有限会社型（2部3章）の少数株主の権利 point-7 と同様になります。

第5節 取締役の関係

　取締役会設置型株式会社では、取締役の資格・任期・選任・解任・辞任 point-8 、取締役の競業行為・利益相反取引 point-10 、会社の経営方針 point-11 、会社の対内的経営事項 point-12 、会社の対外的経営事項および契約の締結 point-13 については、取締役会設置一人会社（2部6章）の各pointと同様になります。
　取締役の報酬 point-9 、取締役の義務および会社に対する責任 point-14 については、完全一人会社（2部1章）の各pointと同様になります。
　株主代表訴訟 point-15 、株主の差止請求権 point-16 、取締役の責任の免除と一部免除 point-17 については、監査役設置型株式会社（2部4章）の各pointと同様になります。
　取締役の第三者に対する責任 point-18 、および、法人格否認の法理 point-19 につきましては、擬似一人会社（2部2章）の各pointと同様になります。

第6節 監査役 point-20

　監査役の関係ですが、原則として、監査役設置型株式会社（2部4章）の監査役と同様になります。

第7節 計算・配当の関係

　計算・配当の関係ですが、取締役会設置型株式会社においては、会計帳簿の作成・保管 point-21 、貸借対照表等の公告 point-23 、配当の定め方 point-25 は、完全一人会社の各pointと同様になります。

　計算書類等の作成・監査・確定 point-22 、計算書類等の備置きおよび閲覧等 point-24 については、取締役会設置型一人会社の各pointと同様になります。

第8節 株主の変動の関係

　株主の変動の関係ですが、取締役会設置型複数株主会社においては、株主の変動 point-26 は、完全一人会社の point-26 と同様になります。

　株式の譲渡 point-27 、新株の発行 point-28 、新株予約権 point-29 については、取締役会設置型一人会社の各pointと同様になります。

第9節 組織再編等・解散・清算の関係

　組織再編等の関係ですが、取締役会設置型株式会社の場合、合併・会社分割・事業譲渡等 point-30 の手続において、原則として、株主総会の承認決議の前に取締役会の承認が必要となります。そのほかは、概ね、完全一人会社の point-30 と同様になります。合併についての詳細は1部17章、会社分割についての詳細は1部18章、株式交換・株式移転についての詳細は1部19章、事業譲渡等についての詳細は1部20章を参照してください。

　解散・清算の関係ですが、取締役会設置型株式会社の場合、解散・清算 point-31 の手続において、清算人会が成立します。このほかは、概ね、完全一人会社の point-31 と同様になります。解散・清算についての詳細は、1部21章を参照してください。

事項索引

【あ～お】

預合い……………………………………31
1株1議決権の原則…… →「ひとかぶ～」
一人会社…………………………………12
委任状…………………………………110
いわゆる分割対価……………………244
営利社団法人……………………………11
Ｍ＆Ａ……………………………………53
黄金株……………………………………49

【か】

会計監査………………………………173
　　―権限のみの監査役……………178
会計参与………………………………180
　　―の職務…………………………181
　　―の責任…………………………181
会計帳簿………………………………183
解散……………………………………263
　　―後の会社………………………265
会社の支配権……………………………95
会社の種類………………………………2
会社の能力………………………………13
会社の不存在……………………………36
会社不成立………………………………34
会社分割………………………………241
会社法……………………………………3
合併……………………………………231
　　―契約等備置開始日……………234
　　―自由の原則……………………231
　　―対価……………………………244
　　―における債権者保護手続……236
　　―の意義…………………………231
　　簡易吸収―………………………237
　　吸収―……………………………232
　　新設―……………………………232

略式―…………………………………238
株券…………………………………64,66
　　―喪失登録制度…………………69
　　―発行会社……………………65,68
　　―不所持制度……………………66
　　―不発行会社…………………68,79
　　―を発行していない会社………79
株式……………………………………37
　　―の意義…………………………37
　　―の共有…………………………86
　　―の消却…………………………81
　　―の譲渡……………………59,68,291
　　―の譲渡制限……………………60
　　―の内容についての特別な定め…39
　　―の分割…………………………80
　　―の併合…………………………78
　　―の無償割当て…………………81
　　―売却制度………………………59
株式移転………………………………256
　　―の効果…………………………259
株式買取請求権………………………52
株式交換………………………………251
　　―の効果…………………………255
株式等売渡請求………………………92
株主……………………………………85
　　―の議案提出権…………………113
　　―の議題提案権…………………113
　　―の義務…………………………86
　　―の権利…………………………85
　　―の権利行使……………………90
株主資本等変動計算書………………186
株主全員の同意………………………105
株主総会………………………………94
　　―招集通知の省略………………101
　　―での報告事項…………………103

361

―の延期・続行 ……………… 117
―の議事録 ………………… 117
―の議題 …………………… 100
―の議長 …………………… 117
―の決議事項 ……………… 103
―の決議の瑕疵 …………… 118
―の権限 …………………… 95
定時― ……………………… 97
臨時― ……………………… 97
株主総会決議 ………………… 103
―遵守義務 ………………… 142
―等による取締役の解任 …… 126
―取消しの訴え …………… 119
―の特則 …………………… 105
―不存在確認の訴え ……… 121
―無効確認の訴え ………… 121
株主総会招集手続 …………… 98
株主代表訴訟 ………………… 163
―の意義 …………………… 163
株主提案権 …………………… 113
株主平等の原則 ……………… 87
株主名簿 ……………………… 54
―の名義書換え …………… 56
株主有限責任の原則 ………… 87
株主割当て …………………… 213
簡易吸収合併 ………………… 237
監査報告 ……………………… 176
監査役 ………………………… 171
―の権限 …………………… 173
―の責任 …………………… 177
―の独立性 ………………… 172
―の報酬 …………………… 177
会計監査権限のみの― …… 178
設立時― …………………… 32
監査役設置型株式会社 ……… 322
完全一人会社 ………………… 273
監督監視義務 ……………… 144,168

【き】
議案の要領の通知請求権 …… 114
機関構成の組合せ …………… 21
機関構成の変更 ……………… 206
議決権行使の自由 …………… 109
議決権制限株式 ……………… 44
議決権の不統一行使 ………… 109
擬似一人会社 ………………… 295
擬似発起人 …………………… 19
基準日後に発行された株式 … 108
キャッシュアウト… →「株式等売渡請求」
吸収合併 ……………………… 232
―の効果 …………………… 237
―の効力発生日 …………… 236
吸収分割 ……………………… 247
―の効果 …………………… 249
休眠会社 ……………………… 265
共益権 ………………………… 38
競業避止義務 ………………… 145
業務監査 ……………………… 173
業務執行権 …………………… 128
業務執行取締役 ………… 139,162
業務執行取締役等 …………… 162
拒否権付種類株式 …………… 49

【け】
経営判断の原則 ……………… 143
計算関係書類 ………………… 182
計算書類 ………………… 182,183
―等の閲覧 ………………… 193
―等の開示 ………………… 192
―等の監査 ………………… 191
―等の作成 ………………… 190
―等の承認 ………………… 191
―等の備置き ……………… 193
―等の謄写 ………………… 193
臨時― ……………………… 192
決算の手続 …………………… 190
検査役 ………………………… 115

362

事項索引

　　　―の調査 …………………… 27
　　　総会― ……………………… 115
現物出資 …………………… 25, 212
権利株 ………………………… 31

【こ】

公開会社 ……………………… 21
交換対価 …………………… 244
公証人 ………………………… 29
個別注記表 ………………… 190
債権者保護手続 …………… 236

【さ・し】

財産引受 ……………………… 25
残余財産 …………………… 269
　　　―の分配 ……………… 290
　　　―の分配について内容の異なる種
　　　　類株式 ………………… 44
自益権 ………………………… 38
事業譲渡 …………………… 261
事業報告 …………………… 190
自己株式 ……………………… 70
　　　―処分無効の訴え …… 215
　　　―の取得 …………… 70, 74
　　　―の処分 ………………… 78
　　　―の保有 ………………… 77
執行役 ……………………… 139
執行役員 …………………… 139
支払見込みのない手形の濫発 … 168
資本金 ………………………… 23
　　　―の額 ………………… 202
　　　―の額の減少 ………… 203
　　　―の額の増加 ………… 205
社外取締役 ………………… 139
取得条項付株式 ……………… 41
取得条項付種類株式 ………… 46
取得請求権付株式 …………… 41
取得請求権付種類株式 ……… 45
種類株式 …………………… 42, 51

拒否権付― …………………… 49
残余財産の分配について内容の異
　　なる― …………………… 44
取得条項付― ………………… 46
取得請求権付― ……………… 45
譲渡制限― …………………… 45
全部取得条項付― …………… 47
取締役・監査役の選任権付― … 50
みなし― ……………………… 88
種類株主総会 …………… 50, 106, 210
準備金 ……………………… 185
　　　―の額の減少 ………… 204
　　　―の額の増加 ………… 205
招集通知の省略 …………… 101
少数株主権 ………………… 89
少数株主による臨時株主総会の招集手
　続 ………………………… 101
譲渡制限株式 ……………… 40
譲渡制限種類株式 ………… 45
賞与 ………………………… 152
剰余金 ……………………… 194
　　　―の処分 ……………… 205
　　　―の分配可能額 ……… 196
剰余金の配当 …………… 194, 286
　　　―等に関する責任 …… 198
　　　―について内容の異なる種類株式
　　　 ………………………… 43
　　　―の方法 ……………… 195
所在不明株主 ………………… 58
書面投票制度 ……………… 110
シリコンバレー型ベンチャー企業 … 42
新株発行 …………………… 207, 291
　　　―不存在確認の訴え … 216
　　　―無効の訴え ………… 215
新株予約権 ………………… 219
　　　―の行使 ……………… 228
新設合併 …………………… 232
新設分割 …………………… 243
　　　―の効果 ……………… 246

363

【す〜そ】

- ストックオプション……………152, 222
- 清算……………………………………266
  - ―結了の登記………………270
  - ―の終了……………………270
- 清算人……………………………………266
- 清算人会…………………………………266
- 責任限定契約……………………………162
- 責任の免除………………………………158
- 絶対的記載事項…………………………22
- 設立………………………………………19
  - ―の登記………………………33
  - ―の登記………………………278
  - ―の無効………………………35
  - 募集―…………………………19
  - 発起―…………………………19
- 設立時監査役……………………………32
- 設立時取締役……………………………32
- 設立費用…………………………………26
- 善意取得…………………………………67
- 善管注意義務……………………………142
- 全部取得条項付種類株式………………47
- 総会検査役………………………………115
- 相互保有株式……………………………108
- 相対的記載事項…………………………24
- 損益計算書………………………………186

【た〜て】

- 貸借対照表………………………………184
  - ―等の公告……………………192
- 退職慰労金………………………………153
- 代表権……………………………………128
- 代表訴訟…………………………………163
  - ―の意義………………………163
- 代表取締役………………………………135
  - ―の業務執行権………………136
  - ―の代表権……………………136
- 代理人による議決権の行使……………109
- 多重代表訴訟……………………………165

- 多段階代表訴訟…………………………165
- 単元株制度………………………………82
- 単独株主権………………………………89
- 中間配当…………………………………198
- 忠実義務…………………………………144
- 調査者……………………………………115
- 定款………………………………………20
  - ―自治…………………………28
  - ―遵守義務……………………142
  - ―の備置き……………………30
  - ―の認証………………………29
  - ―変更…………………………206
- 定時株主総会……………………………97

【と】

- 特殊決議…………………………………105
- 特定責任追及の訴え……………………165
- 特別決議…………………………………104
- 取締役……………………………………122
  - ―の違法行為等の差止め……167
  - ―の員数………………………123
  - ―の会社に対する義務………141
  - ―の会社に対する責任………154
  - ―の解任………………………126
  - ―の株主総会決議遵守義務…142
  - ―の監督監視義務…………144, 168
  - ―の競業避止義務……………145
  - ―の資格………………………123
  - ―の終任………………………125
  - ―の賞与………………………152
  - ―の責任の免除………………158
  - ―の善管注意義務……………142
  - ―の選任………………………124
  - ―の第三者に対する責任……167
  - ―の退職慰労金………………153
  - ―の忠実義務…………………144
  - ―の定款遵守義務……………142
  - ―の取締役会決議の遵守義務…142
  - ―の内部統制義務……………144

事項索引

——の任期……………………124
——の報酬……………………150
——の法令遵守義務……………142
設立時——……………………32
取締役・監査役の説明義務………116
取締役・監査役の選任権付種類株式… 50
取締役会………………………130
——の議事録……………………134
——の決議………………………132
——の決議の瑕疵………………134
——の権限………………………130
——の招集手続…………………131
取締役会決議の遵守義務…………142
取締役会設置一人会社……………341
取締役会設置会社………………21, 122
取締役会設置型株式会社…………356
取締役会非設置会社……………21, 122

【な・に】
内部統制義務……………………144
二段階代表訴訟…………………165
任意積立金………………………186
——の計上………………………205
——の取崩し……………………205
任意的記載事項…………………28

【は〜ほ】
背後者……………………………286
非業務執行取締役………………162
非公開会社………………………21
必要的記載事項… →「絶対的記載事項」
1株1議決権の原則………………107
表見代表取締役…………………138
複数取締役型株式会社……………334
普通決議…………………………104
分割………→「会社分割」「株式の分割」

分割対価……→「いわゆる分割対価」
弁済見込みのない契約の締結………168
変態設立事項……………………24
報告事項に関する特則……………106
報酬……………………………151
監査役の——……………………177
取締役の——……………………150
発起人の——……………………26
法人格……………………………12
——否認の法理…………………13
放漫経営…………………………168
法令遵守義務……………………142
募集株式…………………………207
——発行等の差止め……………214
募集設立…………………………19
発起設立…………………………19
発起人……………………………19
——の報酬………………………26

【み】
見せ金……………………………31
みなし種類株式…………………88

【ゆ】
有限会社……………………………2
有限会社型株式会社……………307
有限責任……………………………4
優先株式……………………………43

【り・れ】
利益供与…………………………90
利益相反取引……………………147
略式合併…………………………238
臨時株主総会……………………97
臨時計算書類……………………192
劣後株式……………………………43

365

〈著者紹介〉

柴田 和史（しばた かずふみ）・法政大学法科大学院教授

 1978 年　東京大学法学部卒業
 1986 年　東京大学大学院法学政治学研究科博士課程修了（法学博士）
 1986 年　法政大学法学部助教授
 1991 年〜1993 年　スタンフォード大学法科大学院客員研究員
 1992 年　法政大学法学部教授
 2004 年　法政大学法科大学院教授（現職）
 2008 年〜2010 年　法政大学法科大学院研究科長

〈主な社会的活動〉

 厚生労働省 中央労働委員会公益委員
 法務省 旧司法試験委員・新司法試験委員
 経済産業省 産業構造審議会企業法制研究会座長
 経済産業省 企業価値研究会委員
 日本私法学会理事
 日本海法学会理事
 信託法学会理事

〈主な著書〉

 会社法詳解〔第 2 版〕（商事法務・2015 年）
 ビジュアル 図でわかる会社法（日本経済新聞出版社・2014 年）
 現代会社法入門〔第 4 版〕（共著、有斐閣・2015 年）
 ポイントレクチャー会社法〔第 2 版〕（共著、有斐閣・2015 年）
 デイリー六法（共編、三省堂・2013 年版〜）
 ビジュアル 株式会社の基本〔第 3 版〕（日本経済新聞社・2009 年）
 会社法の実践的課題（共著、法政大学出版会・2011 年）
 会社法の現代的課題（共著、法政大学出版会・2004 年）
 三省堂 新六法（共編、三省堂・2000 年版〜2011 年版）

類型別　中小企業のための会社法　第2版

2012年 3月30日　初版第1刷発行
2015年 5月 1日　第2版第1刷発行

著者　　柴　田　和　史

発行者　　株式会社　三　省　堂
　　　　代表者　北口克彦

印刷者　　三省堂印刷株式会社

発行所　　株式会社　三　省　堂
〒101-8371　東京都千代田区三崎町二丁目22番14号
電話 編集　(03)3230-9411
　　 営業　(03)3230-9412
振替口座　00160-5-54300
http://www.sanseido.co.jp/

〈2版中小企業会社法・384pp.〉Ⓒ K.Shibata 2015　Printed in Japan

落丁本・乱丁本はお取替えいたします。
ISBN 978-4-385-32341-1

Ⓡ本書を無断で複写複製することは、著作権法上の例外を除き、禁じられています。本書をコピーされる場合は、事前に日本複製権センター（03-3401-2382）の許諾を受けてください。また、本書を請負業者等の第三者に依頼してスキャン等によってデジタル化することは、たとえ個人や家庭内での利用であっても一切認められておりません。